Schriften zum Sozial- und Arbeitsrecht

Band 37

Die freien Berufe zwischen Arbeits- und Wirtschaftsrecht

Materiale Kriterien des Arbeitnehmerbegriffs

Von

Dr. Friedbert Rancke

DUNCKER & HUMBLOT / BERLIN

Gedruckt 1978 bei Buchdruckerei Bruno Luck, Berlin 65
Printed in Germany
ISBN 3 428 04204 2

Meiner Frau

Vorwort

Die Entwicklung neuer Arbeitstechniken, Erkenntnisse der betriebswirtschaftlichen Organisationslehre und die zunehmenden Qualifikationsanforderungen haben das Bild des „typischen" Arbeitnehmers im Laufe der letzten Jahrzehnte gründlich verändert. Auf der anderen Seite schaffen Konzentrationsprozesse, strukturelle Krisen und Vermachtungserscheinungen vornehmlich im tertiären Sektor zulasten vieler freier Berufe soziale, wirtschaftliche und persönliche Abhängigkeiten in bisher nicht erlebtem Ausmaß. Als Folge dieser Veränderungen verlieren die arbeits- und wirtschaftsrechtlichen Personenbegriffe — Arbeitnehmer, arbeitnehmerähnliche Person und Unternehmer — in ihrer herkömmlichen Definition die Fähigkeit, ihre jeweils in Betracht kommenden Regelungsadressaten sachgerecht und präzise zu beschreiben. So kommt es zu Systemüberschneidungen (Beispiel: § 12 a TVG), begrifflicher Unsicherheit (Beispiel: die arbeitnehmerähnliche Person) und schematischer Konfliktlösung, die dem Telos der jeweiligen Rechtsmaterie sachlich häufig nicht entspricht (Beispiel: Honorarrichtlinien von Verbänden freier Mitarbeiter als Verstoß gegen § 1 GWB).

Aufgabe und Ziel der vorliegenden Arbeit ist es, über die in den letzten Jahren im Schrifttum diskutierten Einzelanalysen hinaus eine Gesamtbetrachtung des Problems zu versuchen, um so zu einer tragfähigen Grundlage für einen einheitlichen Arbeitnehmerbegriff, der im Schnittpunkt von Arbeits- und Wirtschaftsrecht steht, zurückzukehren. Um die juristische Begrifflichkeit möglichst realitätsnah zu gestalten, mußten die Aussagen und Ergebnisse sozialwissenschaftlicher Forschung besonders beachtet werden. Insofern mag die vorliegende Arbeit zugleich als ein Versuch zur Einbeziehung der Sozialwissenschaften in die juristische Normenbildung anzusehen sein.

Die Arbeit hat dem Fachbereich Rechtswissenschaft der Freien Universität Berlin im Wintersemester 1976/77 als Dissertation vorgelegen. Sie ist stellenweise überarbeitet und auf den Stand vom Dezember 1977 gebracht worden.

Herrn Prof. Dr. Dr. Franz-Jürgen Säcker, der das Thema anregte und die Arbeit betreute, möchte ich an dieser Stelle besonders danken. Herzlichen Dank auch Frau Gisela Klimek und Frau Uschi Klinkhammer, die das Manuskript schnellstmöglich zu Papier gebracht haben. Und schließlich schulde ich auch dem Verlag Duncker & Humblot Dank für die Aufnahme der Arbeit in die „Schriften zum Sozial- und Arbeitsrecht".

Berlin, im Februar 1978 *Friedbert Rancke*

Inhaltsverzeichnis

Abkürzungsverzeichnis[1]

AGG	=	Arbeitsgerichtsgesetz von 1926
AP	=	Arbeitsrechtliche Praxis
ARS	=	Entscheidungssammlung (Bensheimer) des Reichsarbeitsgerichts
ARSP	=	Archiv für Rechts- und Sozialphilosophie
AuR	=	Arbeit und Recht
BABl	=	Bundesarbeitsblatt
BÄO	=	Bundesärzteordnung
BB	=	Betriebsberater
BK	=	Bonner Kommentar
Blf dt u intern Politik	=	Blätter für deutsche und internationale Politik
BlStSozVArbR	=	Blätter für Steuer-, Sozialversicherungs- und Arbeitsrecht
BRAO	=	Bundesrechtsanwaltsordnung
Breith.	=	Breithaupt: Sammlung von Entscheidungen der Sozialversicherung, Versorgung und Arbeitslosenversicherung
BSG	=	Bundessozialgericht
DAngVers	=	Die Angestelltenversicherung
DB	=	Der Betrieb
DBetrVerf	=	Die Betriebsverfassung
DuR	=	Demokratie und Recht
EzA	=	Entscheidungssammlung zum Arbeitsrecht
FAZ	=	Frankfurter Allgemeine Zeitung
FR	=	Finanz-Rundschau
FuR	=	Film und Recht
GMH	=	Gewerkschaftliche Monatshefte
HFF	=	Hörfunk, Fernsehen, Film
JöR	=	Jahrbuch des öffentlichen Rechts der Gegenwart
JurA	=	Juristische Analysen
JuS	=	Juristische Schulung
JW	=	Juristische Wochenschrift
KJ	=	Kritische Justiz
LZ	=	Leipziger Zeitschrift für Deutsches Recht
MDR	=	Monatsschrift für Deutsches Recht
MEW	=	Marx-Engels — Werke

---

[1] Die weiteren, im Text verwandten Abkürzungen wurden Hildebert Kirchner, Abkürzungsverzeichnis der Rechtssprache, 2. Aufl., Berlin 1968, entnommen.

NJW	=	Neue juristische Wochenschrift
NZfArbR	=	Neue Zeitschrift für Arbeitsrecht
OGH	=	Österreichischer Oberster Gerichtshof
RABl	=	Reichsarbeitsblatt
RAG	=	Reichsarbeitsgericht
RdA	=	Recht der Arbeit
SAE	=	Sammlung arbeitsrechtlicher Entscheidungen
Ufita	=	Archiv für Urheber-, Film-, Funk- und Theaterrecht
VersR	=	Versicherungsrecht
WarnR	=	Warneyers Rechtssprechung
WdA	=	Welt der Arbeit
WM	=	Wertpapiermitteilungen
WPO	=	Wirtschaftsprüferordnung
ZAkDR	=	Zeitschrift der Akademie für Deutsches Recht
ZAS	=	Zeitschrift für Arbeitsrecht und Sozialrecht
ZBH	=	Zentralblatt für Handelsrecht
ZfA	=	Zeitschrift für Arbeitsrecht
ZHR	=	Zeitschrift für das gesamte Handelsrecht
ZSR	=	Zeitschrift für Sozialreform

1. Einleitung und Problemeinführung

Eine ganze Reihe von Berufen weitgehend gleichartiger Sozialstruktur ist in den letzten Jahren verstärkt Gegenstand von sozial-[1] und rechtswissenschaftlicher[2] Forschung geworden. Die Palette der verschiedenen Berufe reicht vom Dirigenten, Sänger, Schriftsteller und freien Mitarbeiter in den unterschiedlichsten Funktionen (Ansager, Regisseur, Reporter, Moderator, etc.) über Zeitungsausträger, Zählerableser, Hörerwerber für die Rundfunkanstalten und andere kleine Handels-, Versicherungsvertreter und Eigenhändler bis zu den Dienstleistungsberufen der Ingenieure, Ärzte, Architekten und Rechtsanwälte[3]. Unternimmt man einen ersten Versuch zur Bestimmung von Gemeinsam-

[1] Zu den Problemen der Autoren (zum Begriff s. Fn. 15) sowie der in den verschiedensten Bereichen künstlerisch Tätigen vgl. z. B. Fohrbeck / Wiesand (Autorenreport) und (Künstler-Report); Schwenger (Schriftsteller); Abhängigkeit in der Kulturindustrie, in: Kürbiskern 1972, 4, 531 ff.; König / Silbermann (Künstler); Künstler und Gesellschaft, Sonderheft 17 der Kölner Zeitschrift für Soziologie und Sozialpsychologie, hrsg. v. A. Silbermann und R. König, Opladen 1974. Aus der älteren Literatur vgl. z. B. „Die geistigen Arbeiter“, Bd. 2, München und Leipzig 1922 und „Die Zukunft der Sozialpolitik“, Schriften des Vereins für Sozialpolitik, Bd. 163, München und Leipzig 1923, insbes. S. 165 ff. Einen Überblick über die soziale Situation der Autoren und Künstler sowie einige Ergebnisse des Autoren-Reports vermittelt „Der Spiegel“ (Schriftsteller: Ende einer schönen Fiktion), Nr. 37/1972, S. 110 ff. Spezifisch sozialwissenschaftliche Forschungsansätze bei der Untersuchung handelsberuflich tätiger Gruppen finden sich bei Schüller, ORDO XIX (1968), 171 ff.; Arndt (Macht), S. 29, 42 und 51; Möller (Recht); Sombart (Volkswirtschaft), S. 457 ff. und Hirsch (Typ); z. T. auch bei Plander, in: RdA 1973, 234 ff. und Ballerstedt (Marktmacht). Zur Soziologie des ärztlichen Berufs im Rahmen der hier interessierenden Problematik vgl. Stockhausen (Beruf), S. 89 ff.; Jansen, in: Kürbiskern 1972, 758 ff.; Eiken, Bl. f. dt. u. intern. Politik 1971, 1272 ff.

[2] Zu nennen sind hier für den Bereich der Autoren die Darlegungen von Maus, in: RdA 1968, 367 ff.; Rehbinder und Kunze, in: Freie Mitarbeiter in den Rundfunkanstalten, München 1973, S. 17 ff., 55 ff.; Söhnen (Selbständigkeit); Fohrbeck / Wiesand / Woltereck (Arbeitnehmer); Woltereck, in: AuR 1973, 129 ff.; Lieb, in: RdA 1974, 257 ff.; für den Bereich der Handelsvertreter und Eigenhändler Schwerdtner, in: BlStSozVArbR 1972, 17 ff.; Rehbinder (Tankstellenvertrag); Stolterfoth (Selbständigkeit); Ballerstedt (Marktmacht); Plander; Hirsch; Nippold (Tankstellenvertrag); v. Kistowski (Tankstellenvertrag); sowie für den Bereich des Arztes Zacher, in: ZSR 1966, 129 ff.; Uhlenbruck, in: RdA 1972, 327 ff.; Marowski, in: Gewerkschaftsspiegel 1972, 2, 14 ff.

[3] Die Aufzählung ist keineswegs vollständig. Weitere Nachweise finden sich bei Sieg, in: SGb 1968, 511 ff.; Hoffmann, in: DB 1958, 1072; Palme, in: BlStSozVArbR 1968, 221; Lewenton, in: FuR 1966, 287; in: Kürbiskern 1972, 4, 551 ff.; Lattmann, in: WdA Nr. 22 v. 2. 8. 1972, S. 6.

keiten dieser Berufe, so erkennt man schnell, daß es sich im wesentlichen um Angehörige der sogenannten freien Berufe handelt.

Der Begriff des freien Berufs an sich ist nicht sehr aussagekräftig[4], weil die Zahl der Definitionen der Vielzahl verschiedenartigster Forschungsansätze entspricht. Es verwundert daher nicht, wenn auch die juristische Diskussion über den Begriff durchaus kontrovers ausgetragen wird.

Schon die Frage, ob der Begriff des freien Berufs überhaupt einen Platz innerhalb der rechtswissenschaftlichen Systematik beanspruchen kann[5], wird man kaum als gelöst ansehen können. Einig ist man sich, soweit ich sehe, lediglich darüber, daß der Begriff systematisch aus dem Berufsrecht entwickelt werden muß[6]. Hier ist er auch Gegenstand der zur Berufsordnung erlassenen Gesetze — § 1 Abs. 2 BÄO; § 2 Abs. 2 BRAO; § 1 Abs. 2 WPO und die verschiedenen Länderarchitektengesetze[7]. Definiert wird er durch die Gesetze nicht.

Deneke, der sich wohl am gründlichsten mit dem Problem der freien Berufe auseinandergesetzt hat[8], unterscheidet in historischer Rückschau immerhin vier unterschiedliche Definitionen zu je verschiedenen Zeiten mit ihren voneinander abweichenden Gesellschaftsstrukturen[9] — *Heuss* (1916), *Feuchtwanger* (1922), *Deneke* (1956) und *Deneke u. a.* (ab 1969)[10] — und nennt drei unerläßliche und ausschließliche Bestandteile des modernen[11] freien Berufsbegriffs; es müssen (1.) ideelle Leistungen und Lieferungen, (2.) persönliche Leistungen und Ergebnisse persönlicher Leistung erbracht werden in (3.) wirtschaftlicher Selbstän-

---

[4] Allgemeine Meinung: vgl. etwa König / Silbermann, S. 24; Heuss (Organisationsprobleme), S. 237; Herschel (Beruf), S. 30; Raisch (Voraussetzungen), S. 209; Kairat (Professions), S. 13; Rittner (Unternehmen), S. 18 Fn. 50; Lach (Formen), S. 2 f. und R. Schmidt (Berufe), S. 3 f.

[5] Als „materialer Rechtsbegriff" wird der freie Beruf angesehen von Rittner, S. 14 und Fleischmann (Berufe), S. 105; dagegen BVerfGE 10, 354 ff. (364) und KG, in: DB 1960, 407 ff. (408) und Rauschenbach, in: Anwaltsbl. 1973, 275; Herschel, S. 30; Maus, 370; und Starck, in: Ortskrankenkasse 1964, 614.

[6] So Rittner, S. 19.

[7] s. dazu Ganten, in: DVBl. 1974, 550 ff. und Lach, S. 9 Fn. 4.

[8] Vgl. dazu seine beiden grundlegenden Untersuchungen: Die freien Berufe, 1956, und Klassifizierung der freien Berufe, 1969. Hinzu kommt eine Fülle von Aufsätzen in den Fachzeitschriften der freien Berufe, im wesentlichen in Klassifizierung zitiert, in denen er sich als beredter Befürworter und Verfechter des freiberuflichen Gedankens betätigt (z. B. in: Deutsches Ärztebl. 1974, 1829 ff., „Gesellschaft ohne freie Berufe?").

[9] (Klassifizierung), S. 15 ff.

[10] Heuss, S. 237 ff.; Feuchtwanger (Berufe); Deneke (Berufe); ders. (Klassifizierung).

[11] Den begründeten Einwänden, die gegen Denekes Begriffsbildung erhoben werden (vgl. dazu etwa Stieglitz (Auftrag), S. 67; Kairat, S. 13 f.; Rittner, S. 19 Fn. 50 a. E.; Schwenger, S. 80 ff.), kann im Rahmen dieser Arbeit nicht weiter nachgegangen werden. Siehe weiter im Text.

digkeit[12]. Wichtig ist der Begriff vor allem, um zu zeigen, welche Gruppen der Gesellschaft von der vorliegenden Untersuchung erfaßt werden[13], und um den definitorischen Bezugspunkt für die weiter unten noch auszuwertenden soziologischen Untersuchungen, die vielfach mit dem Begriff arbeiten, herzustellen. Ein weiteres Eingehen auf definitorische Einzelheiten erübrigt sich jedoch, da — wie noch zu zeigen sein wird — der Begriff des freien Berufs im Definitionskatalog des Arbeits- und Wirtschaftsrechts keine wissenschaftliche Relevanz erlangt hat.

Trotz aller begrifflichen Unschärfe sollte die Kategorie „freier Beruf" hinreichend bestimmt sein, um einer *vorläufigen* soziologischen Qualifizierung der zu untersuchenden Berufe zu genügen, zumal die subjektive Komponente der Begriffsbildung, die Selbsteinschätzung der Betroffenen und die Fremdeinschätzung durch die Gesellschaft sich bei den freien Berufen in hohem Maße entsprechen, wie neuere sozialwissenschaftliche Untersuchungen erwiesen haben[14], wodurch sich die Gefahr eines Mißverständnisses verringert, solange der Begriff nicht zum Vehikel subtiler Unterscheidungen wird.

Insbesondere die juristischen Diskussionen wurden ausgelöst durch einige spektakuläre Aktionen der freiberuflich Tätigen. Seit langem war bekannt, daß die ökonomisch-soziale wie rechtliche Situation der Autoren[15] und anderen Künstler weit hinter den Standards der allgemeinen gesellschaftlichen Entwicklung zurückgeblieben war[16]. Daran änderte sich auch nach der Gründung der BRD nichts. Versuche, hier und da Autoren, Künstler, Ärzte und andere freie Berufe in eine ge-

---

[12] Deneke (Klassifizierung), S. 24; so auch W. Müller (Einbeziehung), S. 32.

[13] Die Handels- und Versicherungsvertreter als Teil der Handelsberufe werden manchmal nicht zu den freien Berufen gezählt. Historisch gesehen erscheint das einleuchtend, definitorische Gründe lassen sich nur schwer finden. Vgl. dazu die wenig überzeugenden Begründungsversuche von Deneke (Klassifizierung), S. 72 (a. A. auch Stolterfoth, S. 118; wie hier Brunn (Reform), S. 3), die sich keinesfalls auf die allgemeinen Darlegungen zu den Begriffsvoraussetzungen (S. 24 ff.) gründen lassen. Wie unbrauchbar der Begriff zur Bestimmung von Grenzfällen ist, zeigt der Versuch von Hahn (Alterssicherung), S. 30 f., den Apotheker, der überwiegend wie der Handelsvertreter durch reine Verkäufertätigkeiten bestimmt ist, den freien Berufen zuzurechnen.

[14] Daheim (Vorstellungen), S. 255 f., 267 f.; Hamilton (Einkommen), S. 80; Hofbauer (Gliederung), S. 157 ff. (159); ähnlich auch Projekt Klassenanalyse, S. 304.

[15] Autor wird hier verstanden als Oberbegriff für den wortproduzierenden Schriftsteller und freien Mitarbeiter (vgl. Schwenger, S. 7 ff. und Fohrbeck / Wiesand, S. 28 ff.).

[16] So kam bereits die „erste grundlegende sozialwissenschaftliche Studie unseres Jahrhunderts zu dieser Frage" (Schwenger, S. 13), „Die geistigen Arbeiter" (s. Fn. 1), zu dem nüchternen Ergebnis einer sozialen Gleichstellung der „geistigen" Arbeiter mit den Industriearbeitern. In der rechtswissenschaftlichen Literatur wurde das nie zur Kenntnis genommen.

werkschaftliche Organisation einzubeziehen, wie in Bayern und Hessen gleich nach dem 2. Weltkrieg[17], scheiterten.

Erst der für die Betroffenen immer bedrohlicher werdende Konzentrationsprozeß im Medienbereich und eine durch die Studentenbewegung in Gang gesetzte verstärkte Reflexion über die eigene Stellung in der Gesellschaft und im Produktionsprozeß veränderte Ende der sechziger Jahre die Situation. Konnte man in den früheren Bestrebungen der Autoren, einer Gewerkschaft beizutreten, noch deutlich einen elitären, ständisch geprägten Berufsbegriff erkennen, der mit dem Gewerkschaftsgedanken der Arbeitnehmer nichts zu tun hatte[18], so ist die heutige gewerkschaftliche Organisierung weit eher Ausdruck des Bewußtseins „echter" Arbeitnehmerabhängigkeit[19]. Herausragende Zeichen auf dem Weg dieser Entwicklung waren der erste Streik „geistiger Arbeiter" im Bühnenbereich 1922[20], der erste Streik freier Mitarbeiter um ihre Arbeitsbedingungen bei der „Süddeutschen Zeitung" im Jahre 1970[21], die Gründung des „Verbands deutscher Schriftsteller" (VS) 1969 und dessen Beschluß im Januar 1973, der IG Druck und Papier beizutreten.

Aufmerksam geworden durch die Aktionen der Betroffenen, begannen auch die Juristen, die Bedingungen einer Veränderung der gesellschaftlichen Sozialstruktur für die rechtswissenschaftliche Dogmatik, hier speziell der arbeitsrechtlichen Begriffsbildung, zu analysieren. Im Gefolge von *Maus*[22], dem das Verdienst gebührt, die juristischen Diskussionen über die rechtliche Situation in der Bundesrepublik in Gang gebracht zu haben, erschienen einige Arbeiten, die einen ersten Einblick in diesen Problembereich gebracht haben[23]. Übereinstimmend wird von allen, die sich mit der Problematik auseinandergesetzt haben, festgestellt: Die rechtliche Situation der Autoren ist gekennzeichnet

---

[17] Schwenger, S. 147.

[18] Kron, in: Kürbiskern 1972, 4, 535, 546; Hitzer, in: Kürbiskern 1972, 4, 557; Schütte (Notwendigkeit), S. 171; ähnlich äußern sich Heuss, S. 242 f. und Deneke (Berufe), S. 68 f. allgemein bezogen auf die freien Berufe. Zur Entwicklung der Schriftstellerorganisationen vgl. Kron (Schriftsteller).

[19] Koch, in: Informationsdienst-Gewerkschaftspresse Nr. 120 v. 26. 8. 1971, S. 6; Schuhler, in: Kürbiskern 1972, 4, 642; Wiedfeld, in: Börsenbl. f. d. Dt. Buchhandel 1973, 148; Schwenger, S. 130 f., 190 f. Daß sich ein Teil der Kulturberufe mit einer weit verbreiteten romantischen Neigung zum „Proletkult" identifiziert (vgl. dazu Wiesand, in: GMH 1973, 287; König / Silbermann, S. 95 und Heuss, S. 237 f.), kann die genannte grundlegende Erkenntnis nicht in Frage stellen.

[20] Schwenger, S. 104.

[21] Eder, in: Kürbiskern 1972, 4, 644.

[22] In: RdA 1968, 387 ff.

[23] Woltereck, 129 ff.; Rehbinder (Sicherung), S. 17 ff. und Kunze (Stellung), S. 5 ff. in dem Sammelband: „Freie Mitarbeiter in den Rundfunkanstalten"; Lieb, in: RdA 1974, 257 ff.

durch einseitig festgesetzte und einseitig abänderbare Vertragsbedingungen[24]. Sie können ihre Dienst- und Arbeitsleistungen nicht frei auf dem Markt anbieten und verwerten[25], kurz, sie sind in ihrer sozialen Struktur mit dem typischen Arbeitnehmer vergleichbar[26].

Konzentrationsprozesse, strukturelle Krisen und Vermachtungserscheinungen im tertiären Sektor[27] waren es auch, die in den letzten Jahren in diesem Dienstleistungsbereich einschneidende Veränderungen bewirkten. Besonders betroffen sind hiervon als die zahlenmäßig größten Gruppen die Tankstellenhalter, die von der h. M. als Handelsvertreter — soweit sie nicht sogenannte freie Tankstellenhändler sind — angesehen werden[28], und die Gastwirte, rechtlich als Eigenhändler qualifiziert[29]. Beide Branchen zeichnen sich durch weitgehende Subordination und wirtschaftliche Verflechtung mit den großen Öl- und Brauereiunternehmen aus[30]. Alleinbezugsverpflichtungen in der Form langfristiger Bierlieferungsverträge, oft gekoppelt mit einer Darlehensgewährung an den Gastwirt, was zu drückenden Rückzahlungsbedingungen führen kann[31], sind hier die Regel[32].

Auch die Tankstellenhalter sind einer rigiden Vertragsgestaltung von seiten der Treibstoffunternehmen ausgesetzt, die sie meist in vorher aufgesetzten, weitgehend brancheneinheitlichen Formularverträgen[33] verpflichten, Treib- und Schmierstoffe ausschließlich von dem vertragsschließenden Unternehmen zu beziehen[34]. Die einseitig okkupierte, er-

---

[24] Maus, 368; Gerschel, in: FuR 1973, 540; Funke (IG Druck), S. 110; Kunze, S. 57; Lattmann (Stellungnahmen/Mediengewerkschaft), S. 296; v. Olenhusen, in: Kürbiskern 1972, 4, 55; Schuhler, 641; Ady, in: FuR 1974, 93; Drews-Bernstein (Mitarbeiter), S. 185; Dannenhaus / Riepenhausen (Mitarbeiter), S. 37.

[25] Maus, 373; Schuhler, 642; Ady, 94; e. s. n., in: HFF Nr. 2/1972, S. 8 f.; Rehbinder, S. 37; vgl. auch den Bericht in: „Der Spiegel“, S. 110 ff., 114 f.

[26] Rehbinder, S. 22; Maus, 374; Ady, 94; Oppinger, in: DAngVers 1973, 97; ähnlich auch Kunze, S. 60 f.

[27] So der Titel von Schüllers einschlägiger Untersuchung, in: ORDO XIX (1968), 171 ff.

[28] Rehbinder (Tankstellenvertrag), S. 7; Hirsch, S. 189; Stolterfoth, S. 182, 229 ff.; weiter dazu ausführlich Nippold, S. 19 ff., 50; BGHZE 42, 244, 245 und NJW 1969, 1662 ff., 1663.

[29] Schwartz, in: Gemeinschaftskommentar, § 18 Rdnr. 40.

[30] Schüller, 198, 244 ff.; Rehbinder, S. 16; Nippold, S. 15; Hessel, in: RdA 1952, 410; Lohmüller, in: Handels- und Versicherungsvertreterrecht, S. I/6; ähnlich auch Stolterfoth, S. 241; a. A. Klaas, in: BB 1974, 1099.

[31] So etwa Gemeinschaftskommentar, § 18 Rdnr. 41.

[32] Rehbinder, S. 25; Schüller, S. 225; Nippold, S. 7 f., 51. Die großen Bierunternehmen beginnen erst in letzter Zeit, sich verstärkt der Ausschließlichkeitsbindung, die vorher vor allem in der Hand kleiner und mittlerer Unternehmen dieser Branche zu einem operablen Instrument der Absatzsicherung geworden war, zu bedienen; vgl. „Die Zeit“ v. 10. 3. 1972.

[33] Nippold, S. 16; Beine, in: ZAkDR 1941, 75; Rehbinder, S. 13.

[34] Auch in der Treibstoffbranche ist es üblich, daß die Betriebsstoffgesellschaften „ihren“ Tankstellenhaltern Kredite für die Errichtung von neuen

drückende Regelungsmacht der Treibstoffunternehmen widerspricht der gesetzlich fixierten Voraussetzung einer „sozialen Parität" der Vertragsparteien[35], entzieht dadurch der Vertragsfreiheit den realen Geltungsgrund und schafft sich so die Möglichkeit zum Vertragsdiktat.

Welchen wirtschaftlichen Belastungen die Betroffenen tatsächlich ausgesetzt sind, wird schlaglichtartig erhellt durch die „Verzeiflungsschritte", die sie unternommen haben, um auf ihre Situation aufmerksam zu machen und ihre Vorstellungen gegenüber ihren Vertrags„partnern" durchzusetzen. Am 9. 5. 1973 legten Augsburger Gastronomen einen „gemeinsamen Ruhetag" ein, wie es die Nachrichtenagentur ddp vorsichtig umschreibt[36], um gegen eine Erhöhung der Getränkesteuer zu protestieren.

Ähnliche Bestrebungen zeigen sich auch in der Tankstellenbranche. Bis 1966 waren die Provisionen der Tankstellenhalter zehn Jahre lang nicht erhöht worden[37]. Außerdem wuchs die Zahl der Tankstellen. Der Benzinverbrauch nahm zwar ebenfalls zu, führte aber, durch den schnellen Anstieg der Betriebskosten bedingt, nicht zu einer Gewinnsteigerung bei den Tankstellenhaltern[38]. Diese nur kurz skizzierte Situation veranlaßte die Tankstellenhalter 1968 zu einer, meines Wissens ersten Protestdemonstration[39] in dieser Branche. In der Folge dieses Ereignisses kam es, zum Teil nur in einzelnen Regionen des Bundesgebietes und West-Berlins, immer wieder zu Ankündigungen von öffentlichkeitswirksamen Aktionen seitens des Spitzenverbandes des Tankstellen- und Garagengewerbes, die oft nur in letzter Minute dadurch verhindert werden konnten, daß sich staatliche Stellen in die Auseinandersetzungen einschalteten[40].

Während die Ölgesellschaften auf der einen Seite den Tankstellenhaltern „Abwehrmaßnahmen" und „rechtliche Konsequenzen" androh-

Anlagen und sonstigen Bauten auf dem Tankstellengelände unter der Bedingung, die Ausschließlichkeitsbindung zu akzeptieren und einzuhalten, gewähren; vgl. dazu Nippold, S. 17.

[35] Im Ergebnis ebenso Rehbinder, S. 16; Schüller, 224 ff.; Nippold, S. 15; Koch, 5.

[36] Die Meldung erschien im „Tagesspiegel" v. 10. 5. 1973 unter der Überschrift: „Augsburger Wirte streiken".

[37] Ludwig, in: DB 1966, 1972 Fn. 8.

[38] Nippold, S. 5.

[39] s. dazu „Der Tagesspiegel" v. 13. 2. 1972.

[40] Die Entstehungsgeschichte einer solchen Aktion in West-Berlin wird chronologisch durch die Berichte des „Tagesspiegels" v. 13. 2., 25. 2. und 5. 4. 1972 nachgezeichnet. Eine Kampfmaßnahme konnte letztlich nur durch die Einschaltung des Wirtschaftssenators als Vermittler und des Preisamtes, das einen Fragebogen zur Datenerhebung über die wirtschaftliche Situation der Tankstellenhalter erstellen sollte, verhindert werden. Vgl. auch Rehbinder (Sicherung), S. 34 und Schüller, 246 Fn. 235.

ten, weil die zeitweilige Schließung der Tankstellen als rechtswidrige Handlungen und Vertragsverletzungen anzusehen seien, denn die Tankstellenhalter seien als Handelsvertreter, die das Interesse der Ölgesellschaften zu fördern verpflichtet seien, und nicht als Arbeitnehmer mit dem Recht zum Streik tätig, berief sich das Tankstellengewerbe auf seine Freiheit zur Wahrnehmung des Demonstrationsrechts, dessen Ausübung auf einer „Generalversammlung" beschlossen werden würde[41].

Weniger spektakulär stellt sich die Situation im Moment (noch)[42] für eine andere große Gruppe der freiberuflich Tätigen, die Rechtsanwälte, Architekten[43] und Ärzte dar. Doch die Geschichte lehrt, daß auch die Angehörigen dieser Berufsgruppen gezwungen sein können, zu Kampfmaßnahmen zu greifen[44]. So wird denn auch in der juristischen Literatur seit einiger Zeit darüber diskutiert, ob etwa frei praktizierende Ärzte streiken dürfen[45].

Insbesondere lassen sich in der sozialen Situation des Kassenarztes, der in der Realität die dominierende Erscheinung des freiberuflichen Arztes ist[46], Anzeichen festzustellen, die die Betroffenen in der Zukunft zu kollektiven Aktionen zwingen könnten. Ca. 60 % der Ärzte erreichen den rechnerischen Durchschnittsumsatz aller ärztlichen Praxen nicht[47]. Die rechtliche und faktische Abhängigkeit der Kassenärzte gegenüber den Krankenkassen einerseits, aber auch gegenüber der Kassenärztlichen Vereinigung andererseits ist nicht unerheblich[48] und die Zahl der

---

[41] „Der Tagesspiegel" v. 25. 2. 1972. Zu diesem Streit s. auch Hanau / Adomeit (Arbeitsrecht), S. 123.

[42] Vieles deutet darauf hin, daß sich auch bei diesen freien Berufen Kollektivierungsbestrebungen zeigen (so auch Deneke (Berufe), S. 290 f., 289 und öfter; Fleischmann (Berufe), S. 49; Kairat (Professions), S. 19; Heuss (Organisationsprobleme), S. 243), die es wahrscheinlich machen, daß diese Berufsgruppe letztlich zu kollektiven Aktionen greifen wird. Dazu Hesse (Berufe), S. 5: „Neben den Ärzten sind es auch die Rechtsanwälte, ..., die in regelmäßigen Abständen zum ‚Kampf um höhere Honorarsätze' antreten."

[43] s. dazu neuestens den kurzen Bericht in: „Der Spiegel", Nr. 49 v. 2. 12. 1974, S. 89; FAZ v. 9. 7. 1976.

[44] Zur Geschichte des Ärztestreiks vgl. Zacher, in: ZSR 1966, 129 ff.; Eiken, in: Bl. f. dt. u. intern. Politik 1971, 1272 f.; Burkhardt (Standespflichten), S. 6 ff. „Festzustellen bleibt nur, daß die auf der Einschätzung der deutschen Ärzte als ‚bourgeois, ständisch gebunden und ethisch determiniert' beruhende Vorstellung, der deutsche Arzt streike nicht, schon im Hinblick auf die Historie falsch war", Uhlenbruck, in: RdA 1972, 329. Vgl. die Notiz in der FAZ v. 20. 12. 1975.

[45] Burkhardt, S. 20 ff.; Zacher, 129 f.; Uhlenbruck, 327 ff.; Stark, in: Ortskrankenkasse 1964, 613 f.

[46] Zacher, 163 f.

[47] Stockhausen (Beruf), S. 89 f.

[48] Vgl. dazu Naschold (Kassenärzte), S. 101; Zacher, 99 f.; W. Müller (Einbeziehung), S. 96 ff. Wie in allen anderen tarifpolitischen Auseinandersetzungen der letzten Jahre wird diese Feststellung natürlich auch hier (in diesem

frei praktizierenden Ärzte stagniert, während die der abhängig Beschäftigten sprunghaft gestiegen ist[49]. Dies könnte langfristig auf einen Prozeß der Umstrukturierung ärztlicher Dienstleistungen, von der Einzelpraxis hin zu medizinisch-technischen Gesundheitszentren[50], mit allen sozialen Folgeerscheinungen für die betroffenen Kassenärzte hindeuten[51].

Bei allen Überlegungen darf jedoch nicht übersehen werden, daß *im Moment* „streikähnliche Maßnahmen frei praktizierender Ärzte unaktuell und vom praktischen Standpunkt aus gesehen uninteressant sind", wie *Reuß*[52] meint.

Die Aktionen der freien Berufe sind in den Medien aufmerksam registriert worden[53]. Zum Teil läßt es sich dadurch erklären, daß Angehörige der freien Berufe selbst einen großen Teil der Nachrichten- und Meinungsproduzenten stellen und offensichtlich sehr empfindsam strukturelle Veränderungen im Gefüge ihrer eigenen Schicht registrieren[54]. Andererseits aber könnte die schnelle[55] Reaktion gesellschaftlich relevanter Institutionen[56] wie Parteien und Gewerkschaften auf diese

---

Fall von den Krankenkassen) bestritten. Eine Zusammenstellung der beiderseitigen Argumente in der aktuellen Tarifauseinandersetzung findet sich in dem Artikel: „Verdienen die Ärzte zuviel?", in: „Die Zeit" v. 20. 12. 1974.

[49] Jansen, in: Kürbiskern 1972, 761.

[50] Mir kommt es hier nicht auf die Diskussion allgemeiner und Propagierung bestimmter gesundheitspolitischer Argumente an, sondern auf die Darstellung der sich wandelnden Situation der Kassenärzte, die die meisten der damit befaßten Autoren zu Feststellungen kommen läßt wie: „Freiberuflichkeit der Ärzte ist zu einer leeren Hülse geworden", Jansen, 765; „... der Kassenarzt ... bei aller *Ähnlichkeit* (kein) Arbeitnehmer), Zacher, 158; „Verträge der Kassenärzte mit den Krankenkassen ... sollten als Tarifverträge im Rechtssinn aufgefaßt werden", Potthoff (Diskussionsbeitrag), S. 215; ähnlich Däubler (Grundrecht), S. 189 Fn. 65; „... langsame Verwandlung der Arztprofession von der eines freien Unternehmers in die eines bezahlten Angestellten ...", Eiken, 1280; ähnlich Marowski, in: Gewerkschaftsspiegel 1972, 17 f. und Klassenstruktur, Teil I, S. 223; Melsbach (Arbeitsrecht), S. 24, zählte schon 1923 die Kassenärzte zu den Arbeitnehmern („Kopfarbeiter").

[51] Jansen, 762; Eiken, 1276 ff., 1279 f.; Marowski, 17.

[52] In: RdA 1972, 322; so auch Burkhardt, S. 20.

[53] Abgesehen von Artikeln in den Zeitungen und Zeitschriften der Berufsverbände (z. B. in: Deutsches Ärzteblatt, Pharmazeutische Zeitung, Der Handelsvertreter und Handelsmakler, etc.) ist eine wahre Flut von Berichten und Kommentaren in den Tages- und Wochenschriften regionaler sowie überregionaler Zeitungen erschienen, die nicht alle ausgewertet werden konnten. Vgl. dazu die Zitate im Text sowie die Fußnoten, die die m. E. wichtigsten Artikel anführen.

[54] Vgl. dazu Dieter E. Zimmer, in: „Die Zeit" v. 12. 4. 1974 zum einen und zum anderen Ulrich Greiner, in: „FAZ" v. 18. 11. 1974.

[55] Dazu sollte man wohl auch die ausdauernden Versuche zur Schaffung eines neuen § 12 a TVG durch den parlamentarischen Gesetzgeber seit dem Jahre 1971 (Gesetzentwurf eines 2. Arbeitsrechtsbereinigungsgesetzes des Bundesarbeitsministeriums, abgedr. in: RdA 1971, 355 ff., 357), jedenfalls in der Anfangsphase, zählen.

[56] Dazu zähle ich hier auch die Medien.

Vorgänge beweisen, wie stark Veränderungen der freien Berufe die traditionelle Differenziertheit der Systeme sozialer Sicherung und Einflußnahme — von der Mittelstandspolitik mit dem Ziel selbständig handelnder Wirtschaftssubjekte hin zur, im weitesten Sinn kollektiven Gegenmachtbildung einer Gewerkschaftsorganisation — beeinflussen und damit die Machtverteilung gesellschaftlicher Institutionen verschieben können. Die Gewerkschaften jedenfalls haben die Zeichen der Zeit erkannt, wenn erklärt wird[57], daß die Gewerkschaften sich immer mehr als solidarischer Zusammenschluß von Abhängigen verstünden und daß es Abhängigkeiten geben könne, die krasser seien als „Lohnabhängigkeit im engeren Sinne", besonders bei denen, deren wirtschaftliche Abhängigkeit ausgenutzt werde, um geistige Freiheit und damit Meinungen zu unterdrücken oder zu manipulieren.

Wenigstens ein kurzer Blick auf einige andere kapitalistische europäische Staaten sollte die Einführung in die soziale wie rechtliche Situation eines großen Teils der freien Berufe abrunden. Denn auch in anderen Ländern scheint diese Schicht in Bewegung geraten zu sein. Wenn auch die Vergleichbarkeit gleicher Berufstätigkeiten wegen differierender Rechtssysteme und möglicherweise unterschiedlicher Statusbeurteilung der betreffenden Gruppe in den einzelnen Staaten nur bedingt gegeben ist[58], lassen die Fakten doch eine einheitliche Tendenz erkennen.

Die wohl bedeutsamsten Aktionen im europäischen Ausland sind in Belgien im Oktober 1972 in Form einer umfassenden Solidarisierungsbewegung des breiten Mittelstandes unter Einschluß der freien Berufe in Gang gekommen[59]. Der Ausstand umfaßte Ärzte, Apotheker, kleine Einzelhändler und Tankstellenhalter im Kampf um Ladenschlußgesetze und Steuergesetzgebung. Auch hier wird von „Verzweiflungsschritt" und „letzter Waffe" gesprochen. Als ein Bereich sozialer Instabilität scheint sich das Tankstellengewerbe im gesamten europäischen Raum etabliert zu haben. In Belgien haben die Tankstellenhalter gestreikt, hatten allerdings keinen Erfolg, weil die Regierung eingriff[60]. Im Januar 1974 machten es ihnen die französischen[61], im Frühjahr, Sommer

---

[57] Franz Woschech: „Von der anderen Seite", in: „Die Zeit" v. 25. 6. 1971.

[58] Einen Überblick über die ausländischen Rechtsordnungen, soweit sie das hier angeschnittene Problem tangieren, geben Tomandl (Wesensmerkmale), S. 150 ff., Söhnen (Selbständigkeit), S. 40 ff. und Mayer-Maly (Arbeiter), S. 30 ff. Zum italienischen Recht vgl. Echterhölt, in: BArbBl. 1972, 239 ff.; zum französischen Recht Köhler, „Der Handelsvertreter im französischen Recht, Diss. iur. Göttingen 1971; zum schwedischen Recht Folke Schmidt: The law of Labour Relations in Sweden, 1962, insbes. S. 54 ff., 58, 67 ff.

[59] Vgl. dazu „Der Tagesspiegel" v. 3. 10. 1972.

[60] Rehbinder (Sicherung), S. 34.

[61] „Der Tagesspiegel" v. 19. 1. 1974.

und Spätherbst 1974 die italienischen[62] Tankstellenhalter nach. Italien war auch der Schauplatz einer Arbeitsniederlegung der 40 000 Kassenärzte an zwei Tagen im Dezember 1974 sowie 1 Woche lang im Mai 1975. Sie protestierten gegen den Beschluß der italienischen Regierung, trotz 25%iger Inflation die Tarife so lange einzufrieren, bis die vorgesehene Reform des Gesundheitswesens durchgeführt sei[63]. Die Veränderungen innerhalb der freien Berufe, die für die BRD und West-Berlin konstatiert werden konnten, scheinen also auch andere vergleichbare Gesellschaften erfaßt zu haben.

Von einiger Bedeutung können daher die Fragen sein, die eine Antwort des Rechts, und damit auch der Rechtswissenschaft, zu den Problemen der Veränderung der gesellschaftlichen Sozialstruktur suchen.

Die in einer ersten Übersicht kurz skizzierte sozio-ökonomische Lage eines großen Teils der freien Berufe läßt in ihrer Tendenz, auf juristische Kategorien projiziert, nur einen Schluß zu: Dieser Teil der freien Berufe befindet sich auf der „Wanderung" vom selbständig handelnden Wirtschaftssubjekt zum sozial, wirtschaftlich und rechtlich abhängigen Arbeitnehmer[64]. Im Ergebnis und in der Prognose künftiger Entwicklung der freien Berufe stimmen darin auch die Autoren überein, die etwa feststellen: „Arbeitnehmer und arbeitnehmerähnliche freie Mitarbeiter und Handelsvertreter sind soziologisch verbunden, in der Interessenlage gleichgerichtet"[65]; „sie haben ein ähnliches Bedürfnis der Existenzsicherung"[66]; „beide unterscheiden sich im Status kaum voneinander"[67]; „man sollte auf die Tankstellenhalter die Schutzvorschriften des Arbeitsrechts anwenden"[68] und „die Leistungen der freien Mitarbeiter und Arbeitnehmer sind weitgehend austauschbar"[69].

---

[62] „Der Tagesspiegel" v. 14. 5. 1974 und 27. 11. 1974.

[63] „FAZ" v. 30. 12. 1974 und 23. 5. 1975.

[64] So ausdrücklich Maus, 370 Fn. 20 und überwiegend zustimmend Kunze (Stellung), S. 66 Fn. 51; ähnlich auch Funke (IG Druck und Papier), S. 110; Potthoff (Diskussionsbeitrag), S. 216 und Hick (Agent), S. 1.

[65] Maus, 374; Kunze, 61; Ady, in: FuR 1974, 94; Beine, in: ZAkDR 1941, 75.

[66] Kunze, 61.

[67] Maus, 373; Gerschel, in: FuR 1973, 539 f.; Ady, 95; ähnlich Schüller, 220 f. und Zeuner, in: RdA 1975, 85.

[68] Rehbinder (Tankstellenvertrag), S. 40; teilweise übereinstimmend Nippold, S. 59.

[69] Gerschel, 539; Seidel, in: BB 1970, 973; Koch, 4; ähnlich argumentiert v. Sell (Funktion), S. 46, allerdings nur unter dem Aspekt der „Zweckdienlichkeit" und weitestgehenden Austauschbarkeit im Sinne von Verfügbarkeit über die Arbeitskraft des freien Mitarbeiters, was dazu führt, daß die freien Mitarbeiter einer ihnen fremden Sachgesetzlichkeit des Programms und damit natürlich den leitenden Redakteuren völlig ausgeliefert sind. Sehr instruktiv sind hier auch die Ausführungen in: „Der Spiegel": „Schriftsteller — Ende einer schönen Fiktion", Nr. 37 v. 4. 9. 1972, S. 115 und die Berichte über die Erfahrungen einiger freier Mitarbeiter z. B. Rolf Schulz: „Nachruf

Will die sozialstaatlich verfaßte Gesellschaft ihrem eigenen Anspruch gerecht werden, muß sie Regelungsmechanismen bereitstellen, die es in der Reaktion auf sich ändernde soziale Sachverhalte ermöglichen, daß Teile der Gesellschaft, die aufgrund der Veränderungen im Dienstleistungsbereich ihre angestammte Stellung in der Sozialstruktur zu verlieren drohen, sich zusammenschließen können, um in kollektiven Aktionen ein weiteres Absinken ihrer gesellschaftlichen Position zu verhindern und die neuen Standards ihres sozialen Status gemeinsam zu „finden" und zu verteidigen. Andersherum gesagt: „Es ist absurd, daß in einer Zeit, in der das echte Arbeitnehmerverhältnis aus würdeloser Sklaverei herausgeführt worden ist, bei den wirtschaftlich unselbständigen Dienstleistungszweigen eine gegenläufige Entwicklung zu beobachten ist[70]." Soll diese Entwicklung verhindert werden, dann ist danach zu fragen, welchen Beitrag das Arbeitsrecht hierzu leisten kann.

Am Anfang jeder Diskussion über die rechtlichen Möglichkeiten zur Bewältigung der Probleme, die die sozio-ökonomische Lage eines großen Teils der freien Berufe aufwirft, muß die Frage stehen, ob die freien Berufe Teil der Regelungsadressaten des Arbeitsrechts sind. Hierfür bieten sich zwei Lösungswege an.

Zunächst kann man untersuchen, welche Kriterien im Laufe der Entwicklung des Arbeitsrechts aufgestellt worden sind, um die diesem Rechtsgebiet herkömmlicherweise unterfallenden Personengruppen in „wissenschaftlicher und praktisch brauchbarer Weise"[71] abzugrenzen. Da heute das Arbeitsrecht ganz allgemein[72] als das Sonderrecht der unselbständigen Arbeitnehmer angesehen wird, geht es in erster Linie um exakte Erfassung des Arbeitnehmerbegriffs. Daran anschließen muß sich die Prüfung des Arbeitnehmerbegriffs auf seine Fähigkeit, Veränderungen im Kreis seiner Regelungsadressaten in der Begriffsbildung flexibel widerzuspiegeln, d. h., konkret gesprochen, die Einbe-

---

auf einen freien Autor?", in: Das Parlament, Nr. 1/2 v. 8. 1. 1972, S. 16, oder Erich Kröhnke: „Dienert und gehorcht: der ‚freie' Autor", in: Das Parlament, Nr. 12 v. 18. 3. 1972, S. 16, oder Herbert Knopp: „Schreib-Praxis und gesellschaftliche Praxis", in: Das Parlament, Nr. 26 v. 24. 6. 1972, S. 14.

[70] Schüller, 246. Die Bemerkung Schüllers wird auch in den einschlägigen Untersuchungen anderer Autoren immer wieder zustimmend zitiert, z. B. bei Rehbinder (Tankstellenvertrag), S. 38 und Schwerdtner, in: BlStSozVArbR 1972, 22.

[71] So auch A. Hueck, in: Hueck / Nipperdey I, S. 42 Fn. 15.

[72] A. Hueck, S. 3; Nikisch I, S. 3 f.; Kaskel / Dersch, S. 1; Söllner (Lehrbuch), S. 13; Bulla, Arbeitskammer 1961, 407; Ostheim (Weisung), S. 5; Geffken, in: DuR 1973, 109; Erman / Küchenhoff, Vorbem. zu § 611, Rdnr. 72; Staudinger / Nipperdey / Mohnen / Neumann, Vorbem. zu § 611, Rdnr. 2; *a. A.* sind Wolf (Arbeitsverhältnis), S. 15; Richardi, in: ZfA 1974, 23 und Wiethölter (Rechtswissenschaft), S. 281, deren teilweise völlig anderer Ansatz der Fragestellung noch behandelt wird.

ziehung der freien Berufe in das Arbeitsrecht zu ermöglichen. Wie sich zeigen wird, kann dieser Weg keine befriedigende Lösung des Problems erreichen (unter 3., 4. d)).

Um dem Problem, das sich infolge ständigen Wandels der Sozialstruktur dem Arbeitsrechtler immer wieder neu stellen wird und damit von grundsätzlicher Bedeutung für das Arbeitsrecht ist, gerecht zu werden, muß der eigene Lösungsansatz die bisherigen Bemühungen radikal in Frage stellen und einen Weg aufzeigen, der die angebliche Dynamik[73] des Arbeitsrechts nicht in einem formalistischen Fortschreiben reiner Begrifflichkeit sieht, sondern die Grundprinzipien des Arbeitsrechts in die von der Verfassung vorgegebene Wertordnung einbezieht und so die Möglichkeit eröffnet, den Arbeitnehmerbegriff durch einen *wertenden*[74] Vergleich der überkommenen mit der neu gebildeten Sozialstruktur *inhaltlich* auszufüllen. Auf diese Weise schafft die Überprüfung der in der Realität vorgefundenen, von der Soziologie beschriebenen Veränderung der gesellschaftlichen Sozialstruktur an der Normativität der Verfassung den Maßstab für einen neuen materialen Arbeitnehmerbegriff (unten 5., 5 c))[75]. Erst wenn dieses grundsätzliche Problem gelöst sein wird, ist es möglich, neue Kriterien zu entwickeln, die dem gewandelten Inhalt des Arbeitnehmerbegriffs entsprechen und somit der Bedeutung des Arbeitsrechts auch für neue soziale Sachverhalte gerecht werden (unten 5 b) γ), 5 c) cc)).

---

[73] Darauf berufen sich insbes. Mayer-Maly, in: BB 1974, 1127; G. Hueck, in: RdA 1969, 217 und Kaskel / Dersch, S. 2. Seltsam unbestimmt und unpräzis bleiben aber auch die Aussagen von Blanke, in: KJ 1973, 349 ff., der trotz seines Versuchs einer materialistischen Gesellschaftskritik nur konstatiert, daß sich das Arbeitsrecht „in beständiger Veränderung" befinde (S. 349). So groß kann die Dynamik, jedenfalls im hier interessierenden Bereich, denn doch nicht sein, wenn man bedenkt, daß etwa der Abschnitt über den Arbeitnehmerbegriff in einem der angesehensten Lehrbücher des Arbeitsrechts seit fast vierzig Jahren nahezu unverändert blieb (Hueck / Nipperdey I, S. 34 ff., 1963, und Hueck / Nipperdey I, 1. Aufl., 1928, S. 32 ff.).

[74] Die Wertausfüllungsbedürftigkeit des Arbeitnehmerbegriffs wird seit neuestem von fast allen mit dem Problem befaßten Autoren betont; z. B. Wolterek, in: AuR 1973, 134; G. Hueck, 217; Stolterfoth, S. 113 ff.; s. auch den Diskussionsbericht (Freie Mitarbeiter) von Krüger, S. 87; ähnlich auch Dietz / Richardi, § 5 Anm. 16 und Erman / Küchenhoff, Vorbem. zu § 611, Rdnr. 73; früher schon Kreller, in: AcP 122, S. 5. Freilich kann die abstrakte Allgemeinheit dieser Aussage zu völlig entgegengesetzten Ergebnissen führen (einerseits Wolterek, 135: „... muß zu einem § 1 a vor jedes Arbeitsgesetz führen", andererseits Stolterfoth, S. 118: „... vermag keine Einordnungsaufgaben zu erfüllen".) Die Stichhaltigkeit der Aussage kann sich daher erst mit ihrer konkreten Ausführung erweisen (dazu unten 5.).

[75] „Sie (die Rechtswissenschaft, d. Verf.) begreift als normanwendende Wissenschaft die Wirklichkeit durch das Wirklichkeitsverständnis des Gesetzgebers; denn sie ist an die normativen Wertungen des Gesetzgebers gebunden (Art. 20 Abs. 3 GG)", Säcker, in: ARSP 1972, 215.

2. Der Arbeitnehmerbegriff in der herkömmlichen Ausgestaltung

„Sieht man im Arbeitsrecht ... das Sonderrecht der unselbständigen Arbeitnehmer, so ist für dasselbe der Begriff des Arbeitnehmers von grundlegender Bedeutung. Denn die Anwendbarkeit der arbeitsrechtlichen Normen wird dann dadurch bedingt, daß an dem zu beurteilenden Tatbestand ein Arbeitnehmer direkt oder indirekt beteiligt ist." Dieser Satz von *A. Hueck*[1] kann wohl stellvertretend für die Auffassungen der meisten heutigen Arbeitsrechtler von der Bedeutung des Arbeitnehmerbegriffs für unser Arbeitsrecht gelten[2]. Der Begriff Arbeitnehmer an sich ist jedoch noch viel zu unbestimmt[3], um die Gruppe von Personen zu definieren, auf die das Arbeitsrecht angewendet werden soll. Abgesehen von zahlreichen anderen Begriffs„verfeinerungen", die noch vorgenommen werden müssen, um das Arbeitsrecht definitorisch von anderen Rechtsgebieten und deren spezifischen Sachverhalten abzugrenzen, sind auch für den hier in Frage stehenden personellen Geltungsbereich weitere Kriterien notwendig[4].

Schon seit langem ist sich ein großer Teil der Arbeitsrechtswissenschaft darüber einig, daß „die Arbeit im *Dienst eines anderen* geleistet werden (muß). Dadurch unterscheidet sich der unselbständige oder abhängige Arbeitnehmer von Personen, die sich zwar auch zu Arbeitsleistungen verpflichten, aber nicht in ein Abhängigkeitsverhältnis treten, insbesondere vom selbständigen Unternehmer. Es muß also eine *persönliche Abhängigkeit* (Hervorhebung im Original, d. Verf.) vorliegen, ..."[5]. Davon abgesehen, daß die Arbeit im Dienst eines anderen in der Regel ein gewisses Abhängigkeitsverhältnis mit sich bringt, aber nicht zwingend logisch („also") zu einer *persönlichen* Abhängigkeit führen muß, sondern auch zu einer organisatorischen, sozialen, wirtschaftlichen und/oder anders gearteten Abhängigkeit führen kann, meinen

[1] In: Hueck / Nipperdey I, S. 34; anders dagegen noch Ph. Lotmar (Arbeitsvertrag), S. 72 ff., der alle Vertragstypen als zusammengehörig betrachtet, die die entgeltliche Leistung menschlicher Arbeit zum Gegenstand haben.

[2] Siehe unter 1. Fn. 72.

[3] Daß der Begriff „Arbeitnehmer" die tatsächlichen Verhältnisse auf den Kopf stellt, hat schon F. Engels, in: Vorwort zur 3. Aufl. des 1. Bandes „Das Kapital" von K. Marx, MEW 23, 34, erkannt. Da er jedoch seit mehr als siebzig Jahren Verwendung findet, erscheint es aussichtslos, einen neuen Begriff an seine Stelle setzen zu wollen; so auch Geffken, in: DuR 1973, 112; Rich (Mitbestimmung), S. 45 f.; Haemmerle (Grundriß), S. 37 f.

[4] Vgl. etwa Nikisch I, S. 5 f.

[5] A. Hueck, S. 41.

Lehre und Rechtsprechung in dem Merkmal der persönlichen Abhängigkeit, die sich in einem gewissen Grad der Weisungsgebundenheit äußern soll, schlechthin *das* Kriterium zur Definition des Arbeitnehmerbegriffs gefunden zu haben[6]. Der Satz von *A. Hueck* weist gleich auf die zweite Funktion, sozusagen die Kehrseite des Kriteriums der persönlichen Abhängigkeit hin. Wer die Leistung von Diensten gemäß §§ 611 ff. BGB verspricht und dadurch nicht in ein persönliches Abhängigkeitsverhälnis zu seinem Dienstberechtigten gerät, ist selbständig (unabhängig, eigenbestimmt, etc.). Der Begriff der Selbständigkeit hat in dieser Sicht keine eigenständige Bedeutung, sondern muß — als Pendant zur persönlichen Abhängigkeit — im Sinne von persönlicher Selbständigkeit gelesen werden[7].

Die Kriterien, die zur rechtlichen Qualifizierung der sozialen Situation eines Menschen als entweder abhängig oder selbständig führen, betrachten *ausschließlich* und, wie sich noch zeigen wird, rein formal die Beziehungen dieser Personen zu einer anderen nur in ihren Auswirkungen auf den persönlich-gegenständlichen Lebensbereich. Die umfassende soziale und wirtschaftliche Bedingtheit der Situation wird in dem Subsumtionsprozeß, dessen klassisches Exerzierfeld § 84 I 2, II HGB ist[8], ausgeblendet[9]. Dennoch hat der Dualismus dieses alternativen Begriffspaares (persönliche Abhängigkeit — Selbständigkeit) die Diskussion um die begriffliche Erfassung des Arbeitnehmerbegriffs bis heute gekennzeichnet[10].

Jetzt wird auch deutlich, warum der Begriff des freien Berufes keine Relevanz für die Unterscheidung des Arbeits- vom Wirtschaftsrecht

[6] Aus der nahezu unüberschaubaren Literatur s. z. B. A. Hueck, S. 41; Kaskel / Dersch, S. 26; Siebert, in: BB 1949, 746; G. Hueck, in: RdA 1969, S. 219 f.; Zeuner, in: RdA 1975, 84 ff.; Ordemann, in: BB 1963, 499; Palme, in: BlStSozVArbR 1968, 221; Trinkhaus, in: RdA 1958, 12; Tomandl (Wesensmerkmale), S. 66 ff., 182 ff., 190; Adomeit (Rechtsquellenfragen), S. 99; Hick (Agent), S. 6; Rehbinder (Sicherung), S. 20 f.; Erman / Küchenhoff, Vorbem. zu § 611 Rdnr. 57; Staudinger / Nipperdey / Mohnen / Neumann, Vorbem. zu § 611 Rdnr. 15; Dietz / Richardi, § 5 Rdnr. 13 ff.; ständige Rechtspr. seit RAG ARS 8, 451; 10, 594; 29, 35; LAG Bremen, in: AuR 1969, 123; LAG Saarbrücken, AP Nr. 10 zu § 611 — Film; LAG Düsseldorf / Köln, in: BB 1969, 580; BFH, in: RdA 1953, 78; BSG, AP Nr. 5 zu § 611 BGB — Abhängigkeit; BAG, AP Nr. 1, 3, 6, 12, 21 zu § 611BGB — Abhängigkeit; AP Nr. 7 zu § 611 BGB — Lehrer, Dozenten; BGHZE 10, 187 ff., 190; 36, 142 ff., 143; 43, 108.

[7] Dazu etwa Stolterfoth (Selbständigkeit), S. 6 und Fn. 22; Raisch (Voraussetzungen), S. 181 f.; Tomandl, S. 85 ff.

[8] Trinkhaus, 11; Tomandl (Metamorphose), S. 445.

[9] So ausdrücklich Lepsius (Sozialstruktur), S. 285. Die Begriffe werden deshalb in der soziologischen Diskussion von einem Teil der Autoren zu Recht als ökonomisch-rechtliche „Oberflächen"-kategorien bezeichnet (so z. B. Klassenstruktur I, S. 129), deren ideologiekritische Auflösung und Rückführung auf die Klassen- und Schichtverhältnisse notwendig ist, wenn, wie hier, Veränderungen in ihrem sozialen Substrat zum Anlaß einer grundsätzlichen Überprüfung und Kritik genommen werden.

[10] Stolterfoth, S. 99 f., weist auf die Vorzüge dieser Methode hin.

besitzt (s. oben unter 1.). Denn in der arbeitsrechtlichen Begriffsbildung kommt es ganz entscheidend auf die Alternative Abhängigkeit — Selbständigkeit an. Wenn aber in dieser Arbeit, in Übereinstimmung mit den Autoren, die sich eingehend mit dem Problem unter arbeits- und wirtschaftsrechtlichen Aspekten befaßt haben[11], der freie Beruf als Personengruppe[12] nur im Sinn einer wirtschaftlichen Selbständigkeit definiert wird[13], so werden doch dadurch nicht die Schwierigkeiten beseitigt, den Begriff der *wirtschaftlichen* Selbständigkeit nahtlos in die obige Alternative mit dem Merkmal der persönlichen Selbständigkeit — Unselbständigkeit einzupassen. Für die *juristische*[14] Begriffsbildung soll daher auf die Kategorie freier Beruf verzichtet werden, weil anders auch eine Auseinandersetzung mit der juristischen Literatur, die einmütig auf die persönliche Selbständigkeit — Unselbständigkeit rekurriert, wegen Verständnisschwierigkeiten scheitern müßte.

a) Kurzer historischer Abriß der Entwicklungsgeschichte des Arbeitnehmerbegriffs

Will man verstehen, welche Funktion und Tragweite der Begriff der persönlichen Abhängigkeit in der Sicht der heutigen Arbeitsrechtswis-

[11] So etwa Deneke (Klassifizierung), S. 27 f., wenn er betont, daß die Ausübung des freien Berufs für abhängig Beschäftigte nur in einem Durchgangsstadium möglich sei. Er hat sich damit offensichtlich von seiner früher (in: Berufe, S. 116) vertretenen grundsätzlichen Parität zwischen dem engen nationalökonomisch-steuerrechtlichen und dem weiten sozialethischen Begriff zugunsten jenes getrennt (das betont auch Hahn, Alterssicherung, S. 29). Im Ergebnis ebenso für die juristische Nomenklatur Fleischmann (Berufe), S. 33, 109, 112; W. Müller (Einbeziehung), S. 26 f., 272, und öfter auch Bolte (Berufsstruktur), S. 108; Starck, in: Ortskrankenkasse 1964, 614; R. Schmidt (Berufe), S. 3 Fn. 6. *A. A.* sind Stolterfoth, S. 26 Fn. 116; Stieglitz (Auftrag), S. 149 f.; Rittner (Unternehmen), S. 30, und Lach (Formen), S. 8, 10, der freilich den ganz anderen Aspekt der rechtlichen Handlungsfreiheit freier Berufe untersucht. Auch Herschel (Berufe), S. 28 ff., ist der Ansicht, daß der freie Beruf im Abhängigkeitsverhältnis ausgeübt werden kann, stimmt aber im Ergebnis mit der hier vertretenen Ansicht insofern überein, als er betont, daß dieser Begriff nichts über das Arbeitsverhältnis und damit wohl auch über den Arbeitnehmerbegriff aussagen könne (S. 30).

[12] Darauf weisen besonders Deneke, (Klassifizierung), S. 24, 28, und W. Müller, S. 32, hin. Ebenso wie der einzelne Arbeitnehmer nicht notwendig alle Merkmale seiner Gruppe erfüllen muß, um die arbeitsrechtlichen Normen auch auf ihn anzuwenden (Heuck / Nipperdey I, S. 46; Rehbinder, S. 21; Stolterfoth, in: DB 1973, 1069), knüpft der Begriff des freien Berufes nicht so sehr an das Individuum als an das Kollektiv, die Berufsgruppe an.

[13] Siehe oben unter 1. bei Fn. 12. Es muß hier noch einmal (s. schon oben unter 1. bei Fn. 14 und unter 2. bei Fn. 11) darauf hingewiesen werden, daß die Funktion des freien Berufsbegriffs in der juristischen Systematik völlig ungeklärt ist. Es wird sich später zeigen, daß die von mir übernommene Definition des freien Berufs als *wirtschaftlich* selbständige Tätigkeit auch für die Abgrenzung von Arbeits- und Wirtschaftsrecht zu sachgerechten, klaren Ergebnissen führen wird.

[14] Zur Begriffsfunktion unter soziologischem Aspekt siehe oben unter 1. bei Fn. 14.

senschaft hat, so ist es unerläßlich, die gesellschaftlichen Bedingungen, die zur Entwicklung dieses Begriffs geführt haben, wenigstens kurz zu skizzieren. Denn das Arbeitsrecht ist in seinen wichtigsten Institutionen juristischer Ausdruck[15] der gesellschaftlichen Produktionsverhältnisse[16] und wesentlich das Produkt der Kämpfe[17] seiner Regelungsadressaten um die Sicherung und Verbesserung der Arbeitsbedingungen und sozialen Situation[18, 19]. „Arbeitsrecht als Sonderrecht läßt sich mithin wiederum nur in historischen und gesellschaftlichen Zusammenhängen und Kategorien begreifen, in Zusammenhängen und Kategorien des ‚Rechts' ... dagegen schlechterdings nicht[20]." Um die Entwicklung, die dazu geführt hat, den Begriff der persönlichen Abhängigkeit zum entscheidenden Kriterium werden zu lassen, nachzuzeichnen, sollen drei bestimmende „Momente" dieser Entwicklung als für die Analyse entscheidend herausgestellt werden.

---

[15] Die Marx'sche These des Basis-Überbau-Verhältnisses, die hier in der Frage nach der gesellschaftlichen Qualität von Recht angesprochen wird, kann in dieser Arbeit nicht weiter ausgeführt werden. Ein erster Überblick über die These als Erkenntnismethode findet sich bei F. Tomberg: Basis und Überbau im historischen Materialismus, in: ders.: Basis und Überbau, Neuwied 1974, S. 9 ff. m. w. N. und, speziell unter rechtswissenschaftlichen Aspekten, bei Römer, in: Neue politische Literatur 1970, 310 ff. m. w. N.

[16] Marx, MEW 13, 8 f.; MEW 23, 99 und öfter Engels, MEW 20, 89; Stucka (Rolle), S. 112 ff.; Korsch (Buchbesprechung), S. XI und öfter; Rosenbaum, in: KJ 1971, 149; Römer, a.a.O., 312 f. Allgemein zur juristischen Ideologiebildung mittels Verschleierung ökonomischer Kategorien durch das Privatrecht s. Mückenberger, in: KJ 1971, 252 ff. und Römer, a.a.O., 316 f. Daß die Arbeitsrechtswissenschaft in Fragen des Arbeitnehmerbegriffs ideologisch gehandelt hat, heben Zöllner, in: RdA 1969, 67 und Wiethölter (Rechtswissenschaft), S. 286, hervor. Vgl. im übrigen Schwerdtner (Fürsorgetheorie), S. 66 ff.

[17] „Das Arbeitsrecht ist aus Klassenkampf entstanden. Es markiert die erreichten Positionen der Emanzipation des vierten Standes" (Wiethölter, S. 290 und öfter). In der herrschenden Sicht der Arbeitsrechtswissenschaft wird dieser Sachverhalt zwar auch gesehen, jedoch völlig unzureichend, rein plakativ beschrieben, wenn auf die „Selbsthilfe" der Arbeiterschaft hingewiesen wird (vgl. etwa Kaskel / Dersch, S. 8; Biedenkopf (Entwicklung), S. 320 und schon 1928 A. Hueck (in: Hueck / Nipperdey I, 1. Aufl., S. 4), denn dieser Terminus verhindert es, etwaige Gesetzmäßigkeiten in der gesellschaftlichen Bedingtheit von Recht zu erkennen.

[18] Wiethölter, S. 284, 289; Blanke, in: KJ 1973, 354 ff.; Fraenkel (Soziologie), S. 30 f.; Sinzheimer (Grundzüge), S. 4.

[19] Freilich ist hiermit nur das Prinzip angesprochen. Es soll nicht verkannt werden, „daß eine grobe Formel, die die Beziehungen von Ökonomie und Recht auf Ursache und Wirkung reduziert, der Sache nicht gerecht werden kann" (Kahn-Freund, Einführung, S. 4). Andererseits vernebelt das undifferenziert gebrauchte Wort von der „Wechselbeziehung" oder dem „dialektischen Verhältnis" von Basis und Überbau das Problem. Zum Problem vgl. die in Fn. 16 Genannten.

[20] Wiethölter, S. 281. Sehr unbestimmt bleiben demgegenüber die Aussagen von Schwerdtner (Fürsorgetheorie), „möglichst weitgehende Einbeziehung der wirtschaftlichen und sozialen Situation" (S. 43, 132 f.) und Steindorff, in: RdA 1965, 257, „es ist fraglich, ob das Arbeitsrecht die tatsächlichen Verhältnisse so weitgehend unberücksichtigt lassen darf".

Als erstes müssen die realen gesellschaftlichen Verhältnisse, die grundlegend für die Herausbildung des Arbeitsrechts, insbesondere der spezifischen Form seines persönlichen Geltungsbereichs waren, aufgezeigt werden. Danach muß der Einfluß von bestimmten ideengeschichtlichen Konzeptionen und der „idealistischen" Auffassung der bürgerlichen Arbeitsrechtswissenschaft überhaupt auf die arbeitsrechtliche Begriffsbildung und zum Schluß die Rolle der Rechtsprechung, insbesondere der höchstrichterlichen für dieses Problem untersucht werden. Alle drei Punkte sollen hier nur kurz in ihrer Bedeutung für die Entwicklung des Begriffs der persönlichen Abhängigkeit dargestellt werden, zumal sich bereits andere Autoren, wenigstens in Teilaspekten, hiermit befaßt haben[21].

Entscheidend für die anfängliche Beschränkung des personellen Geltungsbereichs arbeitsrechtlicher Normen auf den größten Teil der Industriearbeiterschaft war die Entwicklung der spezifischen Form von kapitalistischer Warenproduktion[22]. Die wirtschaftliche Expansion, die Mitte des 19. Jahrhunderts einsetzte, und die enorme quantitative Steigerung der industriellen Produktion liefen parallel mit einer „qualitativen" Veränderung der Wirtschaftsgebilde. Wenn auch über das zahlenmäßige Anwachsen der Arbeiterschaft in den beiden Jahrzehnten zwischen 1850 und 1870 kaum exakte Angaben zu finden sind, so läßt sich doch feststellen, daß in den sechziger Jahren des vorigen Jahrhunderts der durchschnittliche Betrieb in Deutschland etwa 30 bis 100 Arbeiter bei einer Gesamtzahl von etwa 9 Mill. Arbeiter umfaßte. Dieses Stadium einer Vielzahl gleichgroßer Unternehmen wurde jedoch relativ schnell durchlaufen. Schon 1873 waren in dem Werk von Krupp ca. 16 000 Arbeiter beschäftigt. Dieser zweite Expansionsprozeß, begrün-

[21] z. B. Unterseher (Arbeitsvertrag); Fraenkel, S. 23 ff.; Rottleuthner (Rechtswissenschaft), S. 42 ff.; Wiethölter, S. 281 ff.; Schwerdtner, S. 22 ff.

[22] Die Darstellung folgt im wesentlichen den Ausführungen von H. Grebing: Geschichte der deutschen Arbeiterbewegung, München 1970, insbes. S. 48 f., 70 ff., 94 ff., 100 ff., 154 ff.; Autorenkollektiv: Geschichte der deutschen Arbeiterbewegung, Kapitel III, von 1871 bis zum Ausgang des 19. Jahrhunderts, Berlin 1966, insbes. S. 19 ff., 47 ff., 98 ff., 137 ff. und R. Dahrendorff: Gesellschaft und Demokratie in Deutschland, München 1965, insbes. S. 48 ff. Vgl. im übrigen die Darstellung bei H. Cunow: Allgemeine Wirtschaftsgeschichte, 4. Bd., Berlin 1931, insbes. S. 75 ff., 99 ff., 156 ff. und F. Lütge: Deutsche Sozial und Wirtschaftsgeschichte, 3. Aufl., Berlin u. a. 1966, insbes. S. 404 - 527. Weitere Einzelheiten, auf die im Text bezug genommen wird, finden sich bei J. Habermas: Strukturwandel der Öffentlichkeit, Neuwied 1965, S. 158 f.; Steiner (Strukturveränderungen), S. 9 ff.; Hofbauer (Gliederung), S. 97 ff.; D. Schneider, „Der Streik. Begriff und Geschichte", in: Zur Theorie und Praxis des Streiks, Frankfurt a. M. 1971, S. 7 ff. (32 ff.); F. Zunkel: Die Entfesselung des neuen Wirtschaftsgeistes 1850 bis 1875, in: Moderne deutsche Wirtschaftsgeschichte, Köln / Berlin 1966, S. 42 ff. Vgl. die kursorischen Darstellungen der Geschichte des Arbeitsrechts in den Lehrbüchern von Hueck / Nipperdey I, S. 6 ff.; Nikisch I, S. 13 ff.; Kaskel / Dersch, S. 7 ff.; Söllner, S. 18 ff.

stigt durch die Reichsgründung von 1871 mit der Schaffung eines einheitlichen Wirtschaftsgebietes, führte schon bald zu einer stattlichen Anzahl großer und größter leistungsfähiger Industrieunternehmen mit einer jeweils großen Zahl von abhängig Beschäftigten. Für die Industriearbeiterschaft freilich bedeutete der Aufschwung der Industrie und der mit ihm verbundene industrielle Konkurrenzkampf, der zu den wirtschaftlichen Wirren der Gründerzeit mit katastrophalen sozialen Folgeerscheinungen führte, eine beispiellose Verschlechterung ihrer sozialen Lage.

Die starke Zentralisierung der Masse der Arbeiter im Bergbau, in der Hüttenindustrie und im Maschinenbau auf der einen und die lokale Konzentration auf das westliche Deutschland auf der anderen Seite schufen jedoch gleichzeitig die idealen Voraussetzungen zum organisierten Abwehrkampf gegen die Verschlechterung der sozialen Existenzbedingungen. Die Großbetriebe wurden so zum natürlichen Organisationszentrum der Arbeiterbewegung. Diese gesellschaftlich-ökonomischen Bedingungen waren unentbehrliche Voraussetzung für die Entstehung der Gewerkschaften und Arbeiterparteien. Wenn das *Industrie*proletariat also wesentliche Bedingung für das Entstehen von Gewerkschaften war und die Gewerkschaften sich demzufolge als Vereinigung der industriellen Arbeiterschaft verstanden, dann ist es selbstverständlich, daß sie Regelungen anstrebten, die den *Industrie*arbeiter als Adressaten ansprachen. Genauso mußte demzufolge der bürgerliche Staat handeln, wenn er auf die emanzipatorischen Bemühungen der Arbeiterschaft und ihrer Organisationen reagierte und durch gesetzliche Bestimmungen den gesellschaftlichen Status quo sowie den ungestörten Ablauf der industriellen Produktion sichern wollte. Das Spannungsverhältnis dieser antagonistischen Bewegungen findet also seinen Ausdruck in der industrialisierten, kapitalistischen Produktionsweise und in der Person des industriellen Lohnarbeiters. So war es nur folgerichtig, wenn zwei der wichtigsten und frühesten Sozialgesetze der damaligen Zeit, die Gewerbeordnung von 1869 und das Preußische Allgemeine Berggesetz von 1865, die Rechtsverhältnisse der beiden größten Arbeitergruppen regelten.

Die organisierte, arbeitsteilige und hochspezialisierte Produktionsweise der bürgerlichen Warengesellschaft hat jenen Zustand der Entfremdung im Arbeitsprozeß bewirkt, dessen ökonomische und gesellschaftliche Ursachen bekanntlich *Karl Marx* analysierte[23]. Die Entfrem-

[23] Grundsätzliche Ausführungen hierzu finden sich in der zeitlichen Reihenfolge ihrer Entwicklung in: Deutsche Ideologie, Neuveröffentlichung des Kap. I des 1. Bd., in: Dt. Zs. f. Philosophie 10 (1966), 1192 ff.; Zur Kritik der Politischen Ökonomie, MEW 13, 7 ff. und „Das Kapital“, Bd. I, MEW 23, 11 ff. Eine kurze und gute Übersicht gibt das Marxistisch-Leninistische Wörterbuch der Philosophie, Bd. 1, Reinb. b. Hamburg 1972, unter dem Stichwort: Entfremdung.

dung aber beinhaltete wesentlich auch die Aussage, daß die Persönlichkeit des arbeitenden Menschen im Produktionsprozeß negiert wird und die *Person* des Arbeiters zum Anbieter seiner *Ware* Arbeitskraft reduziert (verdinglicht) wird. Auch in der bürgerlichen Wissenschaft sind die Symptome der Entwicklung, die *Marx* erklärt hat, erkannt worden, etwa, wenn es heißt: „Jener Versachlichungsprozeß, der zur Auflösung aller personalen Verbindungen geführt hat, um so die neue Freiheitsidee zu verwirklichen, hatte zu einer *Sachunfreiheit* (Hervorhebung im Original, d. Verf.) geführt, die drückender sein konnte, als persönliche Abhängigkeit[24]." *Lütge* stellte also gerade die sachlich bestimmte, umfassende Abhängigkeit des Industriearbeiters der persönlichen Abhängigkeit gegenüber.

Folgerichtig gingen dann auch die ersten Begriffsbestimmungsversuche einer noch jungen Arbeitsrechtswissenschaft nicht von dem, beim Industriearbeiter eben kaum noch erkennbaren persönlich-zwischenmenschlichen Verhältnis zu „seinem" Arbeitgeber aus[25], sondern bestimmten den Arbeitnehmerbegriff, an ökonomische Kategorien angelehnt, nach dem bedeutsamsten Merkmal seiner Klasse, der wirtschaftlichen Abhängigkeit[26] oder ähnlichen Termini, die jedoch sachlich nichts anderes sagten[27]. Auch die arbeitsrechtliche Rechtsprechung, insbesondere das *Reichsarbeitsgericht* (RAG), bestimmte den Arbeitnehmerbegriff bis in die dreißiger Jahre der Weimarer Republik nach diesem Kriterium[28], hin und wieder gleichrangig zusammen mit der persönlichen Abhängigkeit[29]. Wenn auch die Auseinandersetzungen um den Arbeitnehmerbegriff zeitlich mit dem Entstehen des neuen Rechtsgebiets zusammenfielen und die Rechtsprechung dadurch nicht als gefestigt anzusehen war[30], so kann man dennoch mit einiger Berechtigung von einer einheitlichen Tendenz in der Zeit bis 1930 etwa sprechen.

[24] Lütge, S. 501.

[25] Melsbach (Arbeitsrecht), S. 29.

[26] Rosin (Recht), S. 31 f., 35 f.; Melsbach, S. 21 f.; Dersch, BRG, § 10 Erl. 3 b und in (Anm.) S. 269; Flatow / Joachim, § 5 Anm. 1; ähnlich, aber wesentlich zurückhaltender Engländer (Angestelltenerfindung), Fn. 28, S. 5; auch der Arbeitsrechtsausschuß der Reichsregierung, der einen ersten Entwurf des AGG veröffentlichte (im 28. Sonderheft zum RABl, Berlin 1923, S. 10 f.), war dieser Auffassung; so auch noch A. Hueck (Handbuch), S. 21 im Jahre 1922; ähnlich auch Potthoff (Probleme), S. 5; z. T. auch Haemmerle (Grundriß), S. 35 f.; wenn er auch schon größeres Gewicht auf die persönliche Abhängigkeit legt, S. 21 f.

[27] Siehe dazu den Überblick bei Silberschmidt, in: LZ 1927, Sp. 286 ff. und Molitor, in: ZBH 1928, 34 ff.

[28] „Das RAG hat die wirtschaftliche und persönliche Abhängigkeit ökonomisch und sozial erfaßt, ..." (Kahn-Freund [Ideal], S. 194).

[29] z. B. RAG ARS 2, 145 ff.; 4, 143; 5, 27 ff.

[30] So tauchte der Begriff der wirtschaftlichen Abhängigkeit auch noch nach der Grundsatzentscheidung des RAG ARS 8, 451 (dazu gleich im Text) auf, z. B. ARS 9, 513; 13, 42; 13, 311; 13, 469 f.; 13, 480; 14, 333; 20, 183; 27, 326; 31,

Den Wendepunkt in der Entwicklung des Arbeitnehmerbegriffs stellt, jedenfalls vordergründig betrachtet[31], die Entscheidung des *RAG* vom 15. 2. 1930[32] dar, das für die Unterscheidung des selbständigen Handelsvertreters vom Angestellten das Kriterium der persönlichen Abhängigkeit als entscheidend hervorhob[33]. Die Antwort auf die Frage, warum Ende der zwanziger Jahre dieser terminologische „Umschwung" stattfand, ist bereits in der obigen Schilderung der gesellschaftlichen Entwicklung Ende des 19. Jahrhunderts enthalten. Mit dieser Antwort wird zugleich das zweite wichtige „Moment" für das Verständnis der Funktion des Kriteriums der persönlichen Abhängigkeit herausgestellt:

Die Tatsache nämlich, daß der größte Teil der Arbeitnehmer organisatorisch in großen Betriebseinheiten zusammengefaßt und damit einer einheitlichen Leitungs- und Weisungsgewalt unterworfen war, bot dem heute dominierenden, auch damals schon eher konservativen Zweig der Arbeitsrechtswissenschaft einerseits die willkommene Möglichkeit, an diese reale Erscheinung des Arbeitslebens anzuknüpfen, indem sie Grundlage für den Begriff der persönlichen Abhängigkeit wurde. Die persönliche Abhängigkeit war zwar im Gegensatz zur wirtschaftlichen Abhängigkeit nicht das wichtigste, schlechthin konstituierende Merkmal der Arbeiterschaft[34], aber übertrieb auch nicht die Abstraktion in

---

265 ff. Auf die Uneinheitlichkeit der Rechtspr. weist auch Dersch (Anm.), S. 268 ff., hin.

[31] Obwohl dem RAG wie überhaupt der arbeitsrechtlichen Rechtspr. bis heute für viele Teilmaterien, so auch für die Regelung der Begriffsabgrenzung die Funktion eines Ersatzgesetzgebers zukam (dazu noch unten unter 2. b)), waren die Ursachen dieser Entwicklung natürlich schon früher erkannt und diskutiert worden (dazu weiter im Text).

[32] RAG ARS 8, 451.

[33] Die Begriffsänderung hatte keineswegs nur terminologische Gründe, war nicht nur „Etikettenauswechslung", wie Stolterfoth, S. 92 und ähnlich Schwerdtner, S. 22 Fn. 37; Trinkhaus (Handbuch), S. 43 und Kaskel / Dersch, S. 26 f., meinen, sondern bewirkte *längerfristig* eine sachliche Beschränkung, wie sie vorher nicht gegeben war (so z. B. Trinkhaus, S. 43 Fn. 21 bzgl. der Regelung im § 84 Abs. 1 S. 2 HGB; *a. A.* ohne Begründung Schmidt, in: AuR 1961, 330). Dies wurde auch damals schon gesehen, jedenfalls was die Berufe, die kaum je persönlich, wohl aber in vielen Fällen wirtschaftlich abhängig geworden waren, anbetraf. So zählt etwa Melsbach, a.a.O., S. 24, der die wirtschaftliche Abhängigkeit favorisiert, die Kassenärzte und Dramaturgen zu den Arbeitnehmern; vgl. weiter Silberschmidt, a.a.O., 287; Kreller, in: AcP 122, 5; Hick (Agent), S. 46; Gierke, in: ZHR 117, 141. Demgegenüber stellt Kahn-Freund, S. 195, die wirtschaftliche Betrachtungsweise, die dem Urteil zugrundeliegen soll, als erfreulich heraus, was allerdings nur erhellt, daß die Zäsur *kurzfristig* keine bedeutende Änderung bewirkte. Erst rückblikkend betrachtet, zeigt sich die Bedeutung des Urteils.

[34] Daß die wirtschaftliche Abhängigkeit, oder wie ähnliche, der Sache nach gleiche Formulierungen lauten, z. B. der Ausschluß eigener unternehmerischer Disposition am Arbeitsmarkt (Wiedemann, Arbeitsverhältnis, S. 15; Lieb, in: RdA 1974, 260; ähnlich Ostheim, Weisung, S. 23 f.; BAG, AP Nr. 18 zu § 611 BGB — Abhängigkeit) oder die Orientierung des Arbeitsrechts am Leitbild einkommensschwacher Bevölkerungskreise (Rehbinder, Sicherung,

der Kriterienbildung, was den Legitimationszwang unnötig verstärkt hätte. Somit verschob man zwar den Anknüpfungspunkt ein wenig und entfernte sich begrifflich von der Realität, blieb aber im Grundsatz einer realistischen Betrachtungsweise treu, wodurch das eigentliche Ziel dieser Korrektur in den Hintergrund gedrängt werden konnte. Denn andererseits versetzte dieser „Kunstgriff“ die Arbeitsrechtswissenschaft, allgemeinen, auch rechtlichen[35] Restaurationstendenzen nach der mißlungenen Revolution von 1918 folgend[36], in die Lage, stärker als zuvor an den einzelnen Arbeitnehmer als Rechtspersönlichkeit anzuknüpfen[37] und die kollektive Grundlegung des Arbeitsrechts zugunsten einer individualistischen, stärker idealisierenden[38] Betrachtungs-

S. 25; G. Müller, in: Ufita 28, 136; Mayer-Maly, Arbeiter, S. 49) oder das mangelnde Verfügungsrecht über funktionales Eigentum und Kapital (Hessel, in: RdA 1952, 411; ähnlich Bley, in: SGb 1973, 243 f.; merkwürdig verwandt mit dieser Argumentation auch die Auffassung von Molitor, in: ZBH 1928, 36, aber auch S. 37 f.) bei den meisten Arbeitnehmern vorliegt und rechtspolitischer Anlaß zur Ausbildung des Arbeitsrechts war, wird fast allgemein anerkannt; vgl. etwa Müller, 148 f.; Kunze (Stellung), S. 66; Stolterfoth, S. 103; Adomeit (Rechtsquellenfragen), S. 99; Scheidt (Rechtsbegriff), S. 65; Haemmerle (Grundriß), S. 42 f.; Hueck / Nipperdey I, S. 26; Nikisch I, S. 10. Und BAG AP Nr. 6 zu § 611 BGB — Abhängigkeit.

35 Ramm (Bedeutung), S. 161, spricht in diesem Zusammenhang vom „Kapitel in der düsteren Geschichte der Justiz in der Weimarer Republik“ und von den Versuchen, „Gegengewichte gegen die Sozialgesetzgebung dieser Zeit zu schaffen“.

36 Vgl. dazu H. Grebing, S. 146 ff., 154 f.

37 Der bestimmende Einfluß der konservativen Arbeitsrechtlicher Weimarer Zeit hat das System unseres heutigen Arbeitsrechts in weiten Bereichen geprägt, was sich etwa daran zeigt, wie wenig die heute überwiegend der individualistischen Betrachtungsweise, wenn auch meist unreflektiert verhafteten Arbeitsrechtler mit dem gruppen-(bzw. klassen-)spezifischen Merkmal der wirtschaftlichen Abhängigkeit anfangen können (dazu unten unter 4. b) cc)), oder wie intensiv die Maximen dieser frühen Arbeitsrechtler auch heute noch lebendig sind, wenn es heißt, das Arbeitsrecht bezwecke „den Schutz der Persönlichkeit dessen, der dadurch, daß er sich ‚in den Dienst eines anderen‘ begibt, persönlich abhängig wird“ (G. Müller, S. 136 f. und ähnlich K. H. Schmidt, in: AuR 1961, 329, die hier den Gedanken von A. Hueck, Hueck / Nipperdey I, 1. Aufl., 1928, aufgreifen). Heute wird die Entwicklung von A. Hueck (Hueck / Nipperdey I, S. 128 ff.) selbst in diesem Sinne nachgezeichnet.

38 Wie der Versuch, die Person eines Menschen und seine Persönlichkeit in den Mittelpunkt rechtlicher Betrachtungen zu stellen, weil die Vorstellung vom Menschen als sachliche Verkörperung der Ware Arbeitskraft aus ethischen Gründen schlechterdings nicht zu ertragen ist (s. auch Melsbach, S. 28 Fn. 3), aussehen kann, ohne in eine idealisierende Betrachtung der Stellung des Arbeitnehmers zu verfallen, zeigen die Ausführungen Sinzheimers (Grundzüge), S. 59 ff.: „Ihr Personenbegriff (der einer Rechtsordnung, die das Menschentum in den Mittelpunkt stellt, d. Verf.) wird nicht einer abstrakten Vorstellung der ‚Person‘ entnommen, sondern der sozialen Existenz, ... (S. 59); „die soziale Existenz des Menschen ist durch seinen sozialen Stand gegeben ... Er wurzelt nicht in der Rechtsordnung, sondern in der Wirtschaftsordnung, ...“ (S. 60); „das Arbeitsrecht erfaßt die Arbeitnehmer zunächst als Angehörige eines sozialen Standes ...“ (S. 61) und „... weiterhin als Angehörige eines sozialen Verbandes“ (S. 63).

weise zurückzudrängen[39]. Der Satz von *A. Hueck*[40]: „Diese Abhängigkeit betrifft die Person des Arbeitnehmers; ... Die Person aber ist nach heutiger Rechts- und Moralauffassung grundsätzlich anders zu würdigen als die Sache; ...", dürfte als Manifestation dieses Umschwungs in die Literatur gelten.

Als Ausdruck einer sozial-konservativen, fürsorgerischen Haltung[41] sahen diese Arbeitsrechtswissenschaftler im Arbeitsverhältnis ein personenrechtliches Gemeinschaftsverhältnis, das den „Menschen in eine umfassende Abhängigkeit in Gestalt starrer Bindungen durch Recht und Sitte"[42] stellt, um so den „kollektiven, aktiven Eingriff der Arbeiterschaft als Klasse abzubiegen"[43]. Die Tatsachen sind bekannt[44], sie brauchen daher hier nicht weiter dargestellt zu werden.

Die Betonung der persönlichen Abhängigkeit des Arbeitnehmers als begriffskonstituierendes Merkmal unter gleichzeitiger Negierung seiner wirtschaftlichen Abhängigkeit stellt, zusammenfassend betrachtet, einen bedeutenden Wendepunkt in der Entwicklung dieses noch in den Anfängen begriffenen Rechtsgebietes dar, einen Wendepunkt, der die reaktiven Tendenzen eines Teils der damaligen Arbeitsrechtswissenschaft widerspiegelt. Für die Normen des Individualarbeitsrechts wurde die kollektive Fundierung der weithin eigentumslosen Arbeiterschaft in ihrer umfassenden wirtschaftlichen und sozialen Abhängigkeit *als Klasse* bestritten, indem die Beziehung des *einzelnen* Arbeitnehmers als Rechtspersönlichkeit zur Person des Arbeitgebers den ausschließlichen Bezugspunkt der rechtlichen Qualifizierung des Arbeitsvertrags darstellte. Damit hatte sich zwar die klassisch-liberale Idee eines auf der juristisch-formalen Gleichheit der Vertragsparteien aufbauenden bürgerlichen Privatrechts in einem weiteren Bereich des Individual-

---

[39] Sehr informativ dazu Kahn-Freund (Funktionswandel), S. 214, 216 und öfter. Als das RG in seiner berühmten Entscheidung vom 6. Februar 1923 in E 106, 272 ff. zur Betriebsrisikolehre sich kühn über die §§ 323, 615 BGB hinwegsetzte, das Ergebnis im wesentlichen aus „allgemeinen sozialen und wirtschaftlichen Gesichtspunkten heraus zu entscheiden" (A. Hueck, in: Dersch / Flatow / Hueck / Nipperdey, S. 336) versuchte und dabei „gegenüber dem individualistischen Standpunkt des früheren Rechts den kollektiven Charakter des modernen Arbeitsrechts in den Vordergrund stellt(e)" (A. Hueck, S. 344), vermochte auch A. Hueck dieser Sicht zuzustimmen, „wenn auch zu ihrem (der Arbeitnehmer, d. Verf.) Nachteil dieses kollektive Moment berücksichtigt wird", S. 344.

[40] In: Hueck / Nipperdey I (1. Aufl.), S. 25. Wesentlich abgeschwächt, auf seinen realen Stellenwert reduziert, erscheint dieser Gedankengang wieder in Hueck / Nipperdey I (7. Aufl.), S. 27 f.

[41] Kahn-Freund, S. 212, 214; Unterseher (Arbeitsvertrag), S. 34 f., 77.

[42] Schwerdtner (Fürsorgetheorie), S. 70.

[43] Kahn-Freund, S. 214.

[44] Vgl. etwa Schwerdtner, S. 22 ff., 40 ff.; Unterseher, S. 20 ff.; Simitis (Vertragsverhältnisse), S. 386 ff. und öfter; Kahn-Freund, S. 212 ff. und (Ideal), S. 194 ff.

arbeitsrechts durchgesetzt, ohne jedoch verhindern zu können, daß die Realität der Arbeitsbeziehungen in zunehmendem Maße mit diesem Normenprinzip in Widerspruch trat und den Weg für begriffliche „Verzerrungen“ und idealistische Konzeptionen ebnete[45].

Welche Möglichkeiten der Manipulation und Verkennung des realen sozialen Sachverhalts die persönliche Abhängigkeit erlaubt, sollte daher nicht unerwähnt bleiben, um die Gefährlichkeit eines Begriffs zu zeigen, der die Stellung des Arbeitnehmers in der Gesellschaft nicht exakt genug erfaßt.

Hatte die Idee des Gemeinschaftsverhältnisses schon in der Zeit der Weimarer Republik zahlreiche Anhänger gefunden, so wurde unter der Herrschaft des AOG, den geistigen Grundlagen des Nationalsozialismus folgend, hierin das wahre Wesen der Stellung des Arbeitnehmers[46] erblickt[47]. Die persönliche Abhängigkeit äußerte sich nicht mehr in einer individuellen Unterordnung des Einzelnen, sondern wurde durch überindividuelle Bindungen[48], die sich durch die Eingliederung in die betriebliche Gemeinschaft manifestierte, bestimmt. Die totale Einbindung des Einzelnen unter einem gemeinsamen Zweck, „das Einrücken in ein Beziehungsverhältnis spezifischer Art“[49], die Tendenz zur „Verdinglichung“ des Arbeitsverhältnisses[50], allgemein gesprochen, die Umkehrung[51] der Bewegung vom Status des Menschen zum Vertrag[52] ist jedoch nicht erst eine Folge der nationalsozialistischen Herrschaft[53], sie konnte bereits vor 1933 festgestellt werden[54]. Aber auch nach 1945 haben führende Vertreter der Arbeitsrechtswissenschaft an der Statustheorie festgehalten[55]. So betont *Nikisch* noch heute in seinem Lehrbuch[56], daß

---

45 s. auch Melsbach, S. 27 ff.

46 Der Begriff war damals allerdings verpönt, man sprach stattdessen von Gefolgschaftsmitgliedern, Beschäftigten, etc. (vgl. Hueck / Nipperdey I, S. 34 Fn. 1).

47 Vgl. hierzu und im folgenden Simitis, S. 334 ff. und Schwerdtner, S. 30 ff., jeweils m. w. N.

48 Kahn-Freund (Ideal), S. 192 f.; Simitis, S. 334.

49 Scheidt (Rechtsbegriff), S. 51.

50 Rottleuthner (Rechtswissenschaft), S. 214 und S. 214 Fn. 6.

51 Unterseher, S. 80.

52 Zur Bedeutung dieser Entwicklung für das Recht schlechthin vgl. Schwerdtner, S. 136 ff. und Unterseher, S. 79 ff.

53 Darin zeigen sich jedoch „Grundelemente der faschistischen Ideologie“ (Kahn-Freund, Ideal, S. 192).

54 So erkannte etwa K. Renner schon 1904 (Rechtsinstitute), S. 102: „Das früher rein vertragliche Arbeitsverhältnis ist zur ‚Stelle‘ geworden, ...“; vgl. auch Kahn-Freund 1932, S. 241, der eine solche „Verdinglichungs“-Tendenz schon in der Rechtspr. des RAG analysierte; ebenso in: (Ideal), S. 189 f.

55 Mit welcher Beharrlichkeit führende nationalsozialistische Arbeitsrechtlicher wie Siebert und Nikisch ebensolche Ideen, nur nicht ganz so pointiert

das Arbeitsverhältnis wesentlich auch ein Statusverhältnis sei. Allerdings kann diese Form der Statustheorie[57] als überwunden gelten[58]. Die wohl überwiegende Meinung geht heute davon aus, daß der antagonistische Charakter der Arbeitsvertragsparteien, oder wie es auch formuliert wird, der Interessengegensatz zwischen Arbeitnehmer und Arbeitgeber, typischer- und notwendigerweise die Arbeitswelt bestimmt[59].

Der Gesetzgeber hat die Terminologie der herrschenden Meinung durch die Novelle vom 10. 4. 1934[60] zum Arbeitsgerichtsgesetz vom 23. 12. 1926[61], die im Zusammenhang mit dem Erlaß des AOG stand, in die arbeitsrechtliche Gesetzessystematik aufgenommen, indem er in § 5 Abs. 1 Satz 2 den Arbeitnehmern die nur wirtschaftlich abhängigen arbeitnehmerähnlichen Personen gleichstellte. Dies bedeutet natürlich, daß die wirtschaftliche Abhängigkeit nicht das konstituierende Merkmal des Arbeitnehmerbegriffs sein konnte, wenn es wirtschaftlich abhängige Beschäftigte ohne Arbeitnehmerstatus geben sollte[62]. Damit wurden freilich Ausnahmevorschriften in das formelle[63], später auch durch § 2 Satz 2 BUrlG vom 8. 1. 1963 und § 12 a TVG vom 1. 11. 1974 in das materielle Arbeitsrecht eingeführt, deren Auslegung, Bedeutung und Zweckmäßigkeit bis heute umstritten sind[64].

b) Der heutige Stand in der Diskussion des Arbeitnehmerbegriffs

Wer den *aktuellen* Stellenwert der Formel von der persönlichen Abhängigkeit analysieren will, der stößt zwangsläufig auf das dritte wichtige „Moment" in der Entwicklung dieses Kriteriums, auf die Tätigkeit

---

formuliert, auch noch nach 1945 vertreten haben, kann den Beobachter nur erstaunen.

[56] I, S. 32; ebenso Siebert, in: RdA 1958, 367; entgegen verbreiteter Ansicht kann Bötticher, in: RdA 1955, 322, wohl nicht für diese Ansicht zitiert werden.

[57] Obwohl der Begriff bei Nikisch und Siebert nicht ganz klar ist, kann man hiervon eine andere Art der Statustheorie unterscheiden, von der weiter unten noch die Rede sein wird (6. c)).

[58] Dagegen auch Schwerdtner, S. 85 f.; Wiedemann, S. 39 und Wolf (Arbeitsverhältnis), S. 12.

[59] Vgl. nur Farthmann, in: RdA 1960, 6; Mayer-Maly (Erwerbsabsicht), S. 50; Schwerdtner, S. 56; Simitis, S. 387; Rich (Mitbestimmung), S. 45 f.; Koch, in: Informationsdienst-Gewerkschaftspresse 1971, 5.

[60] RGBl. I, 319.

[61] RGBl. I, 507.

[62] So auch Stolterfoth, S. 92; Nikisch I, S. 139 und Wahle (Tankstelleninhaber), S. 330.

[63] s. auch heute § 5 Abs. 1 S. 2 ArbGG und spezialgesetzlich für die Handelsvertreter Art. 3 des Handelsvertretergesetzes vom 6. 8. 1953 (BGBl. I, 771), geändert durch die Verordnung vom 20. 10. 1967 (BGBl. I, 998) u. die Verordnung vom 18. 12. 1975 (BGBl. I, 3153).

[64] s. dazu unten unter 4. b) dd).

der höchstrichterlichen Rechtsprechung. Da es trotz dreier Anläufe in der Arbeitsrechtsgeschichte (1919, 1938 und 1970) bis heute noch nicht gelungen ist, ein Gesetzbuch der Arbeit zu kodifizieren[65], und demzufolge eine gesetzliche Definition des Arbeitnehmerbegriffs fehlt[66], kommt (und kam) der Rechtsprechung in der Funktion des Ersatzgesetzgebers, wie in so vielen anderen Arbeitsrechtsmaterien, eine überragende Bedeutung zu. Abgesehen von der wichtigen politischen und sozialen Bedeutung dieser Tatsache und ihren Auswirkungen auf Grundfragen des Arbeitsrechts, wozu von anderer Seite bereits das Nötige gesagt worden ist[67], hat die Rechtsprechung, natürlich unter reger Beteiligung der Literatur, eine Reihe von grundsätzlichen Entscheidungen getroffen und eine Fülle von einzelnen Indizien zur näheren Ausgestaltung des Arbeitnehmerbegriffs und der persönlichen Abhängigkeit aufgestellt[68].

Wie schon oben angedeutet, befaßt sich der weitaus überwiegende Teil der ergangenen Entscheidungen mit der Abgrenzung des Arbeitsvertrages vom sogenannten freien Dienstvertrag (§§ 611 ff. BGB). Im Vordergrund steht also das alternative Begriffspaar Persönliche Abhängigkeit — Selbständigkeit. Die neben dem entscheidenden Kriterium der persönlichen in den meisten Fällen ebenfalls vorliegende wirtschaftliche Abhängigkeit ist für die Bestimmung des Arbeitnehmerbegriffs unwesentlich. Sie ist „weder erforderlich noch ausreichend"[69]. Demgegenüber tritt die Abgrenzungsproblematik zum Werkvertrag (§§ 631 ff. BGB), zur entgeltlichen Geschäftsbesorgung (§ 675 BGB) und zur bürgerlich-rechtlichen Gesellschaft (§§ 705 ff. BGB) zurück. Hauptanwendungsfälle stellen die Abwägung zwischen selbständigem Handelsvertreter und Angestelltem (§ 84 HGB) und zwischen freiem Mitarbeiter (selbständiger Dienstnehmer, § 611 BGB) und Arbeitnehmer dar[70]. Demnach umfaßt das Gebiet in rechtstatsächlicher Hinsicht nahezu alle die Personen und Personengruppen, deren soziale Problematik eingangs dargestellt wurde.

Angelpunkt für das Verständnis der Rechtsprechung und, ihr folgend, der überwiegenden Literaturmeinung ist die Methode, mit der sie

[65] Hueck / Nipperdey I, S. 16 f., 21, 25; Ramm, in: ZRP 1972, 13 ff.

[66] G. Hueck, in: RdA 1969, 217; Maus, in: RdA 1968, 367.

[67] An erster Stelle ist hier die Abhandlung von Kahn-Freund (Ideal), S. 149 ff. zu nennen; s. auch Fraenkel (Soziologie); Rottleuthner (Rechtswissenschaft), insbes. S. 91 ff. und neuerdings Däubler (Ideal), S. 30 und öfter.

[68] Eine erste informative Übersicht bieten Siebert, in: BB 1949, 746 ff. und in: BB 1950, 47 f.; G. Hueck, in: DB 1955, 384 ff. und in: RdA 1969, 216 ff.; Engels, in: BlStSozVArbR 1977, 33 ff. und Falkenberg, in: DB 1969, 1409 ff.; vgl. im übrigen die unter 1. in Fn. 2 Genannten.

[69] BAG AP Nr. 7 zu § 611 BGB — Lehrer, Dozenten, und AP Nr. 6 zu § 611 BGB — Abhängigkeit.

[70] Vgl. die unter 2. in Fn. 6 Genannten und Falkenberg, 1410 sowie Bogs, in: VersR 1977, 197 ff.

im konkreten Streitfall die Qualifizierung des Vertragsverhältnisses der Beteiligten vornehmen[71]. In bewährter[72] Tradition hat es die deutsche Arbeitsrechtsprechung seit je verstanden[73], einen streitigen Vertrag nicht nach seinem Wortlaut, sondern in einem „Durchgriff“ auf die tatsächliche Vertragsdurchführung entscheidend nach seinem materiellen Inhalt einzuordnen[74]. Als kennzeichnend für die allgemeine Meinung können die Sätze gelten, daß „die von den Parteien gewählte Bezeichnung unbeachtlich gegenüber der wirklichen Gestaltung des Verhältnisses ist“[75] oder daß „ein Rechtsverhältnis, das in seinem Gesamtbild ein Arbeitsverhältnis ist, nicht von den Parteien zu einem freien Dienstvertrag erklärt werden kann“[76]. So heißt es in der bekannten „Kameramann“-Entscheidung des BAG vom 8. 6. 1967[77]: „Das angefochtene Urteil verkennt nicht, daß ein Arbeitsverhältnis auch durch die tatsächliche Durchführung der Vertragsbeziehungen zwischen zwei Parteien begründet werden kann, und zwar selbst dann, wenn eine ausdrückliche Abrede besteht, es liege kein Arbeitsverhältnis vor, sondern eine Tätigkeit als freier Mitarbeiter. Denn maßgebend ist in erster Linie insoweit nicht, welche rechtliche Wertung die Parteien ihren Vertragsbeziehungen angedeihen lassen, sondern wie diese bei objektiver Betrachtung in Wahrheit rechtlich einzuordnen sind.“ Damit werden Grundprobleme der Willens- und Selbstbestimmungsfreiheit, allgemeiner gesprochen, der privatautonomen Gestaltungsfreiheit der Vertrags-

---

[71] Davon geht auch Stolterfoth (Selbständigkeit), S. 18 f. und öfter aus, der sich als wohl radikalster Kritiker dieser Methode erwiesen hat (s. nur S. 276 f.).

[72] Grundsätzlich a. A. ist Stolterfoth, S. 169 f., 217 ff., 221 ff., obwohl auch er die Leistung der Rechtspr. anerkennt (S. 216 f.).

[73] Als ein „sozial sehr erfreuliches Ergebnis“ begrüßt Kahn-Freund (Ideal), S. 195 diese Rechtsprechungspraxis des RAG. „Man kann wohl sagen, daß das RAG mit dieser Rechtsprechung ganze Gewerbezweige, die überwiegend auf Ausbeutung beruhten (K. / F. meint hier die Handelsvertreter, d. Verf.), auf neue wirtschaftliche Wege gelenkt hat“ (ebd. S. 195).

[74] Zur Rechtspr. des RAG vgl. die Angaben unter 2. in Fn. 6; unter 2. a) in Fn. 29, 30; s. auch BAG AP Nr. 1, 3, 6, 8, 12, 15 - 18, 21 zu § 611 BGB — Abhängigkeit; SAE 1974, 70; DB 1974, 1342; LAG Saarbrücken, AP Nr. 7 zu § 611 BGB — Abhängigkeit; BSG Breith. 1974, 459; 1974, 463 und BB 1974, 233. Kritisch zur Rechtsprechung des BSG Bogs, 200.

[75] Nikisch I, S. 97; Plander, in: RdA 1973, 237 f.; Falkenberg (Abgrenzung), S. 219; Palme, in: BlStSozVArbR 1968, 221; Ordemann, in: BB 1963, 499; Seidel, in: BB 1970, 971; Ady, in: FuR 1974, 93; Meissinger, in: DBetrVerf 1957, 66; Lewenton, in: FuR 1966, 289; Pakebusch, in: BlStSozVArbR 1964, 254, Hick (Agent), S. 27; *a. A.:* sind vor allem Stolterfoth, S. 20, 65 f. und öfter; Sieg, SGb 1968, 513 und wohl auch BGH NJW 1972, 1662 f.

[76] Vgl. etwa Schwerdtner, in: BlStSozVArbR 1972, 18; G. Hueck, 219 und 387; Herschel, in: Ufita 1962, 116 f.; Seidel, 971; Trinkhaus (Handbuch), S. 46, 79 f.; Tomandl (Wesensmerkmale), S. 76; Hübner (Sicherheit), S. 9; Kunze (Stellung), S. 68; BAG BB 1967, 959; BFH BStBl. 1969, II, 71.

[77] AP Nr. 6 zu § 611 BGB — Abhängigkeit.

parteien, die unter dem Gesichtspunkt ihrer Einschränkbarkeit aus Gründen sozialer Schutzbedürftigkeit einer Vertragspartei von besonderer Bedeutung für das Arbeitsrecht ist, angesprochen[78]. Freilich ist nur sehr selten und nur ansatzweise versucht worden, diese Praxis theoretisch zu legitimieren[79]. Daher ist die Kritik daran auch nie verstummt.

Wenn sich nun die objektiv-funktionale oder, von *Stolterfoth* sogenannte Schwerpunkttheorie[80] nicht in der planlosen Entscheidung von Einzelfällen verlieren wollte, mußte eine Systematik zur abgestuften Einordnung der verschiedenen Indizien, die aus einer Analyse der tatsächlichen Vertragsgestaltung und -durchführung gewonnen werden und die Einordnung eines Vertrags in die unterschiedlichen Typen ermöglichen sollen, gefunden werden. Im Anschluß an *Hick*[81] und *Trinkhaus*[82] wird bei der näheren Bestimmung der persönlichen Abhängigkeit zwischen echten (materiellen) und unechten (formellen) Kriterien unterschieden[83]. Die Bewertung der Kriterien soll „unter Gesamtwürdigung aller Umstände des Einzelfalls“[84] und „unter Berücksichtigung der Verkehrsauffassung“[85] erfolgen; das „durchschnittliche Erscheinungsbild eines Tuns in unserer gegenwärtigen Gesellschaft“[86] soll bestimmend sein. Weist ein Indiz unter vielen auf Selbständigkeit, ein anderes auf Abhängigkeit hin, so soll dasjenige entscheidend sein, welches zusammen mit anderen das Gesamtbild überwiegend gestaltet[87]. Sollte sich eine quasi „Patt“-Situation ergeben, dann wird dem übereinstimmenden Willen beim Vertragsschluß, der sich im Wortlaut äußern soll, die Funktion des Züngleins an der Waage zugebilligt[88]. Die wenigen

[78] Kunze, S. 68. Entgegen der Meinung von Stolterfoth, S. 65 bei Fn. 32 wird das Problem durchaus gesehen (vgl. etwa den „Diskussionsbericht“ von Krüger, S. 87; Mayer-Maly (Arbeitsrecht), S. 37; Sieg, 513; G. Hueck, Anm. 227; Schwerdtner, S. 22; G. Müller, in: Ufita 1959, 143 f.; Herschel, 116 f.; Woltereck, Anm. 191 f.; Plander, 237 f.; Meissinger, 66, wenn auch z. T. recht lapidar behandelt (vgl. auch Fn. 79).

[79] So auch Stolterfoth, S. 56. Ansätze finden sich bei den in Fn. 78 Genannten. Zur eigenen Stellungnahme s. u. unter 6. c).

[80] S. 18.

[81] S. 19 ff., 23 ff.

[82] (Handbuch), S. 46 und in: RdA 1958, 15.

[83] Vgl. zunächst die Übersicht bei Schaub, S. 127 f.

[84] BAG AP Nr. 6 zu § 611 BGB; AP Nr. 1 zu § 2 BUrlG; BSG AP Nr. 5 zu § 611 BGB — Abhängigkeit, und Maus, in: RdA 1968, 371; Hirsch (Typ), S. 185; Siebert, 747 f.

[85] BAG DB 1963, 345; 1969, 1420; Dersch / Volkmar, § 5 Rdnr. 77.

[86] Schnorr v. Carolsfeld (Anmerkung); Maus, 371; Hirsch, S. 185; Palme, 223; Nikisch I, S. 97; ähnlich auch Hick, S. 26; BFH VersR 1960, 204; BB 1962, 401; vgl. dazu auch Stolterfoth, S. 67 f.

[87] Vgl. nur Plander, 238; Stolterfoth, S. 18.

[88] BAG AP Nr. 6, 10 und 12, 1. Leitsatz; LAG Saarbrücken, AP Nr. 7 zu § 611 BGB — Abhängigkeit.

Zitate sollten genügen, um deutlich zu machen, warum die typologische Methode in ihrer spezifisch rechtlichen Prägung in diesem Bereich weitgehend angewendet wird[89]. Auch hier sind die Befürworter dieser Auffassung nur ganz vereinzelt um eine theoretische Fundierung bemüht, mit Ausnahme von *Herschel*[90], der schon seit längerem die Eignung des Typusbegriffs zur Lösung unseres Problems nachzuweisen versucht.

Das bei weitem wichtigste aller echten Kriterien zur Bestimmung der persönlichen Abhängigkeit ist die Weisungsgebundenheit[91] oder Fremdbestimmung[92] des Arbeitnehmers hinsichtlich Zeit, Ort und Art der Tätigkeit. Diejenigen, die sich wohl am gründlichsten mit dem Problem auseinandergesetzt haben, unterscheiden weiter zwischen persönlichen und sachlichen Weisungen[93], oder für die Unterscheidung des selbständigen Handelsvertreters vom Angestellten (§ 84 HGB), zwischen dem Direktionsrecht des Arbeitgebers und dem Weisungsrecht des Geschäftsherrn[94]. Weil auch der Werkunternehmer, der Handelsvertreter (§§ 675, 665 BGB) oder der Kommissionär (§ 385 I HGB) sachlichen Weisungen unterworfen sein kann, kurz,weil Weisungsbefugnis keineswegs nur ein Merkmal des abhängigen Arbeitsvertrags ist[95], soll nur derjenige Arbeitnehmer sein, der persönlichen Weisungen unterworfen ist. Dabei soll ein Spielraum eigenpersönlicher Entscheidung, wie er hauptsächlich und in der Regel bei hochqualifizierten Arbeitnehmern (Chefärzten, -piloten, etc.)[96] aber in zunehmendem Maße wegen der arbeitsteiligen

[89] Zur Diskussion um den Typusbegriff für das vorliegende Problem vgl. Stolterfoth, S. 166 ff.; Evans (Anwendung), S. 113 ff.; Raisch (Voraussetzungen), S. 36 ff.; Hirsch, S. 161 ff.; Tomandl (Metamorphose), S. 452 ff.; Söllner, S. 27 Fn. 19; Wolf (Arbeitsverhältnis), S. 9; Ballerstedt (Marktmacht), S. 19; Ganten, in: DVBl. 1974, 552 ff.

[90] (Methode), S. 229 f. und (Anmerkung), S. 73; s. auch Plander, 238 Fn. 58 und mit Einschränkungen Tomandl, S. 452 f.

[91] Vgl. die unter 2. in Fn. 6 Genannten und weiter insbesondere die Arbeiten von Ostheim (Weisungen), S. 5 ff.; Böttner (Direktionsrecht), S. 12 ff.; Böker (Weisungsrecht), S. 9; Birk (Leitungsmacht), S. 9 ff.

[92] So etwa Oppinger, in: DAngVers 1973, 97; Kehrmann, in: Die Quelle 1972, 25; Adomeit, S. 99; Bulla (Rechtsprechung), S. 18; Kaskel / Dersch, S. 26 Fn. 1; LAG Frankfurt, AP Nr. 4 zu § 611 BGB — Abhängigkeit; *a. A.* sind v. Sell (Funktion), S. 44; Hick, S. 8, weil damit das Problem nur auf eine andere Ebene geschoben werde; ähnlich auch Hessel, in: RdA 1952, 411. Im übrigen werden die beiden Begriffe identisch verwandt, es sollte mit Hick, daher beim ersten bleiben.

[93] Wohl zuerst Wahle (Tankstelleninhaber), S. 333; Tomandl (Metamorphose), S. 434 f.; Ostheim, S. 13 f. und für das österreichische Recht der OGH (Tomandl, Wesensmerkmale, S. 85).

[94] Siehe S. 50.

[94] Rehbinder (Tankstellenvertrag), S. 20; Schwerdtner, 18; Molitor, in: RdA 1959, 2 ff.; Pfennigstorf (Umfang), S. 10 f., 15.

[95] Nikisch I, S. 6; Molitor, 3; Pakebusch, 252; Zeuner, in: RdA 1975, 85; Wolf, S. 16; Böttner, S. 13 f.

Funktionsaufspaltung vormals einheitlicher Tätigkeiten auch in anderen Bereichen zu beobachten ist[97], diese Eigenschaften nicht ausschließen[98]. In der von der Rechtswissenschaft entwickelten Figur des „fachlich weisungsfreien Arbeitnehmers“[99] kann sich das Weisungsrecht des Arbeitgebers sogar soweit reduzieren, daß bei Diensten höherer Art lediglich die Zuweisung des Arbeitsgegenstandes übrigbleibt[100]. So gesehen, erscheint die Weisungsgebundenheit nur noch als funktional-organisatorische „Einbettung des Arbeitsablaufs in einen größeren hierarchischen Zusammenhang“[101]. Deutlich zeigen sich jetzt die mehreren zwangsläufigen Auswirkungen der spezifischen Entstehungsgeschichte der persönlichen Abhängigkeit, wie sie oben geschildert wurde. Die *Betriebsbezogenheit*[102] der abhängigen Arbeitsleistung ist die elementare Grundlage aller Begriffsabwandlungen und -verfeinerungen[103], oder wie *Wiedemann*[104] sagt, „der Typ ... des abhängigen Arbeitnehmers muß an ganztägig im gleichen Betrieb beschäftigten Personen orientiert sein“.

---

[96] Für Herschel (Anmerkung), S. 90 (ähnlich auch Hübner, S. 13 und Rehbinder, Sicherung, S. 25) bedeutet die Einbeziehung hochqualifizierter Arbeitskräfte in das Arbeitsrecht das „juristische Widerspiel der soziologischen Entwicklung“, welches aufgehört habe, rechtlicher „Ausdruck einer proletarischen Daseinsform zu sein“ (so schon das Postulat von Potthoff, Arbeitsrecht, S. 364). Mir scheint es demgegenüber aus sozialpolitischen Gründen sehr viel wichtiger zu sein, die existenzsichernde Funktion des Arbeitsrechts für Bevölkerungskreise, die bisher nicht dem Arbeitsrecht unterfielen, deren soziale Situation jedoch immer prekärer wird, stärker herauszustreichen. Die Frage einer Anwendbarkeit des Arbeitsrechts auf Spitzenkräfte ist dagegen zweitrangig. Langfristig gesehen scheint die Entstehung einer Kategorie der Leitenden Angestellten besonders in der engen Interpretation durch das BAG, ein Anzeichen für die Eliminierung dieser Gruppe aus dem Arbeitsrecht zu sein (vgl. auch Zeuner, 87).

[97] Böttner, S. 14; Zöllner, in: RdA 1969, 67; Maus, 370; Herschel (Beruf), S. 31; Woltereck, in: AuR 1973, 131; G. Hueck, 218.

[98] Herschel, in: Ufita 1962, 123; Zöllner, 67.

[99] Vgl. dazu Rehbinder (Sicherung), S. 28 f.

[100] Bley, in: SGb 1973, 244. Vgl. auch BAG, AP Nr. 16, 20 zu § 611 BGB — Abhängigkeit.

[101] Tomandl (Wesensmerkmal), S. 75, 81; im Ergebnis ebenso Ostheim, S. 29 f.; Engels, in: BlStSozVArbR 1977, 35 und Zeuner, 85.

[102] Deutlich klingt dieser Aspekt auch in den Urteilen des BAG in: BB 1973, 751; AP Nr. 2 zu § 717 ZPO und BSG in Breith. 1974, 459 f., 460 an.

[103] Böker, S. 26; Oppinger, 96 f.; Heußner, in: AuR 1975, 308 f.; ähnlich auch Herschel (Beruf), S. 28 f. und Deneke (Berufe), S. 177. Daß diese Auffassung von den Vertretern der „Eingliederungstheorie“ mehr oder weniger bewußt schon immer geäußert wurde, liegt auf der Hand (so etwa Maus, 371; Herschel, in: Ufita 1962, 118; Wahle, S. 330; Nikisch I, S. 92). Darin liegt jedoch kein besonderes Verdienst der „Eingliederungstheorie“, da das Faktum der Betriebsbezogenheit auch von Vertretern der „Vertragstheorie“ nie bestritten worden ist (s. o. unter 2. a)). Zu einigen anderen im Rahmen dieser Arbeit wichtigen Aspekten der „Eingliederungstheorie“ s. u. unter 3. d) aa).

[104] S. 16; ähnlich auch die Ausführungen von Biedenkopf (Entwicklung), S. 313 und Lieb, in: RdA 1974, 260.

Im einzelnen ist jedoch noch vieles streitig. Dem soll im Rahmen dieser Arbeit nicht weiter nachgegangen werden. Die hier interessierende Fähigkeit des Merkmals der persönlichen Abhängigkeit, auf Veränderungen in seinem sozialen Substrat definitorisch flexibel zu reagieren und dabei gleichzeitig die diesen Wandel legitimierenden Wertungsaspekte zu offenbaren, kann sich ohnehin erst dann zeigen, wenn konkret untersucht wird, ob die eingangs beschriebenen freien Berufe im Sinne der herkömmlichen Kriterien als Arbeitnehmer definiert werden können[105]. Im übrigen muß grundsätzliche Begriffskritik weit eher daran interessiert sein, die Hintergründe der Entwicklung, wie oben geschehen, und die aktuellen Tendenzen dieser Auffassung aufzuzeigen.

Als weitere echte Kriterien werden je nach dem Typ der in Frage stehenden Tätigkeit[106], die Pflicht zur persönlichen Arbeitsleistung, die Freiheit im Einsatz der eigenen Arbeitskraft, das Fehlen eines Unternehmerrisikos, die Pflicht zum regelmäßigen Erscheinen und zur Ausführung sonstiger Arbeiten genannt[107]. Zusammenfassend kann man drei Aspekte im Bereich der echten Kriterien feststellen: Es sind dies (1) die Weisungsgebundenheit des Arbeitnehmers hinsichtlich Zeit, Ort und Art der Tätigkeit, (2) das Merkmal der zeitlichen Inanspruchnahme des Beschäftigten oder der Arbeitsintensität und (3) die Bedeutung des Unternehmerrisikos, das nur der Selbständige tragen darf. Eigentlich entscheidende Bedeutung, das sei noch einmal hervorgehoben, besitzt in der Spruchpraxis der Gerichte jedoch vor allem das erste Merkmal[108].

Die Bedeutung der unechten Kriterien für die Vertragsqualifizierung ist aufgrund einiger Entscheidungen des BAG in jüngster Zeit stark zurückgegangen. Wurden früher einige dieser Kriterien hin und wieder gleichrangig mit echten Kriterien herangezogen, um eine Entscheidung nach dieser oder jener Seite zu finden und zu begründen[109], so erscheinen sie in neuester Zeit kaum noch oder werden als „rein formale Rechtskriterien", die unbeachtet bleiben, abgetan[110]. In der Regel wer-

---

[105] Zur Kritik der persönlichen Abhängigkeit am Beispiel der freien Berufe s. u. unter 4.

[106] Darauf weisen insbesondere BAG SAE 1974, 69 ff., 71 und LAG Frankfurt, AP Nr. 4 zu § 611 BGB — Abhängigkeit, hin.

[107] Vgl. BAG AP Nr. 6, 20 und 21 zu § 611 BGB — Abhängigkeit; LAG Saarbrücken, AP Nr. 7 zu § 611 BGB — Abhängigkeit; BSG, AP Nr. 5 zu § 611 BGB — Abhängigkeit, und die Übersichten bei Siebert, in: BB 1949, 747 f. und G. Hueck, in: DB 1955, 386 f. sowie speziell zum Handelsvertreterrecht bei Stolterfoth, S. 72 ff.

[108] Darauf wird dann auch in der Begründung das Hauptgewicht gelegt, vgl. nur BAG AP Nr. 1 und 10 zu § 611 BGB — Abhängigkeit; teilweise einschränkend in AP Nr. 20.

[109] RAG ARS 31, 381 ff., 383; BAG AP Nr. 3, 6 und 12 zu § 611 BGB — Abhängigkeit; LAG Frankfurt.

[110] BAG, AP Nr. 10 und 21 zu § 611 BGB — Abhängigkeit.

den die Vertragsbezeichnung durch die Parteien, die Art der Vergütung, die Abführung der Lohnsteuer und Sozialversicherungsbeiträge durch den Arbeitgeber, die Führung von Personalpapieren, die Führung einer eigenen Firma und die gewerbepolizeiliche Anmeldung des Geschäftsbetriebes beim Handelsvertreter zu den unechten Kriterien gezählt[111].

Nachdem in der rechtswissenschaftlichen Literatur schon seit längerem darauf hingewiesen worden war, daß es in diesem Problembereich wegen der Gefahr eines Zirkelschlusses grundsätzlich bedenklich sei, wenn von den Rechtsfolgen eines Rechtsverhältnisses auf den Tatbestand geschlossen werde[112], entschied das BAG[113], aus der Tatsache, daß vom Arbeitgeber z. B. keine Lohnsteuer abgeführt werde und keine Personalunterlagen geführt würden, könnten keine „Schlüsse auf die wahre Natur der Rechtsbeziehungen der Parteien" gezogen werden. Die Beteiligten zögen aus der Behandlung dieser Modalitäten „nur die Konsequenzen aus dem beiderseitig verschiedenen rechtlichen Standpunkt".

Damit hat sich die Rechtsprechung die Ergebnisse derjenigen zu eigen gemacht, die nach der Analyse von Handelsvertreterverträgen und der Untersuchung ihrer sozialen Situation feststellten[114], daß die von der h. M. geforderten Merkmale zum Erkennen eines Handelsvertreterverhältnisses nur Folge der Tatsache seien, daß der Handelsvertreter von Gesetzes wegen Unternehmer sein muß, wenn seine Tätigkeit vertraglich als solche eines Handelsvertreters bestimmt worden ist[115]. Sie sagen gar nichts über den erforderlichen, von beiden Seiten frei gebildeten Konsens hinsichtlich der Wahl eines bestimmten Vertragstyps aus und ergeben nichts für die Beurteilung der wirtschaftlichen Funktion und der rechtlichen Struktur der jeweilig vereinbarten Tätigkeit. Die unechten Kriterien sprechen also nicht für oder gegen ein bestimmtes Vertragsverhältnis im materiellen Sinn, sondern sind nur Folge einer ungleichen Machtverteilung zwischen den Vertragsparteien, die es dem einen in den allermeisten Fällen erlaubt, dem anderen schon in der Frage der Wahl des „richtigen" Vertragstyps seine Vorstellungen auf-

---

111 Die Aufzählung ist nicht vollständig. Sie läßt sich, je nach Art des Vertrages, fast beliebig verlängern. Die hier genannten Kriterien zählen jedoch zu den wichtigsten und am häufigsten genannten ihrer Art, vgl. nur BAG AP Nr. 6 zu § 611 BGB — Abhängigkeit und die in Fn. 107 Genannten.

112 Trinkhaus, in: RdA 1958, 13; Tomandl (Metamorphose), S. 447; Stolterfoth, S. 227. Grundsätzliche Bedenken gegen die Verwendung der unechten Kriterien äußern auch v. Kostowski (Tankstellenvertrag); S. 127; Schaub, S. 30; Schwerdtner, 18; Hirsch (Typ), S. 184 und, wenn auch aus anderen Gründen, Stolterfoth, S. 81 ff.; zweifelnd auch Rehbinder (Tankstellenvertrag), S. 20.

113 In: AP Nr. 10 zu § 611 BGB — Abhängigkeit.

114 s. o. unter 1. bei Fn. 2.

115 So insbesondere Schwerdtner, 18 und Hirsch, S. 184.

zuzwingen[116] und in der Praxis der Vertragsdurchführung aufrechtzuerhalten. Dadurch wird die vom BAG[117] intendierte Erkenntnis der „wahren Natur der Rechtsbeziehungen" vereitelt. Folgerichtig rückt es daher, nach und nach, von seinem früher vertretenen Rechtsstandpunkt ab. Man wird somit ohne Übertreibung sagen können, daß die unechten Kriterien zur Vertragsqualifizierung für die Auffassung und Methodik der überwiegenden Meinung heute weitgehend bedeutungslos geworden sind[118].

Zusammenfassend läßt sich die Bedeutung der persönlichen Abhängigkeit als entscheidendes Kriterium zur Bestimmung des Arbeitnehmerbegriffs in der Sicht der überwiegenden Meinung der arbeitsrechtlichen Lehre und Praxis noch einmal feststellen: Ausgehend von der sozialen Realität des späten 19. Jahrhunderts mußte das Arbeitsrecht mit seiner Begriffsbildung am vorherrschenden Typ des in einen Betrieb eingegliederten Industriearbeiters ansetzen. Der eher konservative Zweig der Weimarer Arbeitsrechtswissenschaft fand das begriffskonstituierende Merkmal des Arbeitnehmers nicht in der bis dahin vorherrschenden Ansicht von der wirtschaftlichen Abhängigkeit, sondern sah in der persönlichen Abhängigkeit des Arbeitnehmers das der damaligen Rechts- und Moralauffassung am ehesten entsprechende, ebenfalls geeignete Kriterium. In der Folgezeit übernahm das *Reichsarbeitsgericht* diesen Standpunkt und baute ihn zu einer gefestigten Rechtsprechung aus, so daß die bundesrepublikanische Gesetzgebung und Rechtsprechung relativ nahtlos daran anknüpfen konnte.

Eine Vielzahl von Entscheidungen und eine wahre Flut theoretischer Abhandlungen haben den Begriff der persönlichen Abhängigkeit immer stärker verfeinert, aufgegliedert und formalisiert. Durch einen forschen „Durchgriff" auf die tatsächliche Vertragsdurchführung (objektiv-funktionale Methode), weitgehend abstrahierend vom Wortlaut der Vertragsbezeichnung und vom darin zum Ausdruck kommenden, übereinstimmenden Willen der Parteien, werden die Indizien gewonnen, die die Einordnung des Vertrages in die konkreten Beziehungen der Beteiligten gewährleisten sollen. Entscheidendes Gewicht für die Arbeitnehmereigenschaft und damit die persönliche Abhängigkeit soll dabei

[116] So grundsätzlich für die Handelsvertreterverträge Schwerdtner, 18; Rehbinder, S. 29; Schüller, ORDO XIX (1968), 235, 237; Falkenberg, in: DB 1969, 1412; Hirsch, S. 171; Kahn-Freund (Ideal), S. 194 f. und für die freien Mitarbeiter Woltereck, in: AuR 1973, 133 und Maus, in: RdA 1968, 370; im übrigen siehe auch die Ausführungen oben unter 1.

[117] In: AP Nr. 10 zu § 611 BGB — Abhängigkeit.

[118] So heißt es etwa bei Schaub, S. 127, daß die formellen Merkmale „bei der Abgrenzung nur mit Vorbehalten anzuwenden sind"; vgl. auch die kurzen, aber prägnanten Ausführungen in BAG AP Nr. 12 zu § 611 BGB — Abhängigkeit.

der Weisungsgebundenheit des Beschäftigten zukommen. Obwohl die Weisungsgebundenheit grundsätzlich immer wieder als entscheidendes Indiz angeführt wird, hat sie doch so viele Durchbrechungen, die der Realität des Arbeitslebens Rechnung tragen mußten, erfahren, daß dahinter, getreu der ursprünglichen Entwicklung des frühen Arbeitsrechts der eigentliche Zurechnungsfaktor für den Arbeitnehmerstatus, die Typizität der Betriebsbezogenheit der Arbeitsleistung (Eingliederung des Arbeiters) oder des in einem Betrieb Beschäftigten erkennbar wird.

3. Kritik des heutigen Arbeitnehmerbegriffs

Ohne Zweifel ist es der arbeitsrechtlichen Wissenschaft und Rechtsprechung bisher gelungen, mit dem Merkmal der persönlichen Abhängigkeit die große Masse der Industriearbeiterschaft und der in Kleinbetrieben abhängig Beschäftigten in befriedigender Weise definitorisch für das Arbeitsrecht zu erfassen. Es unterliegt auch keinem Zweifel, daß die wichtigsten Bestimmungen des Arbeitsrechts der Typizität und Eigenart seines überwiegenden Adressatenkreises entsprechen. Wenn es dennoch in der Vergangenheit nie an kritischen Stimmen gefehlt hat[1] und die Auseinandersetzung heute zu einer Vielzahl von Einwänden und grundsätzlichen Bedenken gegen den Arbeitnehmerbegriff der überwiegenden Meinung geführt hat[2], so daß von einigen Seiten bereits (zu Recht) von einer Krise des Begriffs gesprochen wird[3], so liegen dem eine ganze Reihe von Ursachen zugrunde, denen hier weiter nachgegangen werden soll.

---

[1] Vgl. etwa Silberschmidt, in: LZ 1927, 287; Potthoff (Diskussionsbeitrag), S. 214 f. und ähnlich in: (Arbeitsrecht), S. 331; Kreller, in: AcP 122, 5; v. Gierke, in: ZHR 117, 141; Deneke (Berufe), S. 160; Hick (Agent), S. 46; Molitor, in: ZBH 1928, 36 f., 38; Engländer (Angestelltenerfindung), Fn. 28, S. 56 ff.

[2] Die Liste der Kritiker ist lang. Es sollen hier nur die wichtigsten von ihnen genannt werden, zumal sich bei den meisten weitere Nachweise finden. Zöllner, in: RdA 1969, 66 f.; Maus, in: RdA 1968, 371 f.; Woltereck, in: AuR 1973, 130 ff. und in (Anmerkung), S. 190 f.; Lieb, in: RdA 1974, 260; Mayer-Maly, in: ZAS 1966, 3; Herschel, in: Ufita 1962, 119 f. und in (Anmerkung), S. 176; Söhnen (Selbständigkeit), Wolf (Arbeitsverhältnis), S. 15; Böttner (Direktionsrecht), S. 17; Richardi, in: ZfA 1974, 22 f.; Endemann, in: AuR 1954, 210; Schnorr (Anmerkung); Molitor, in: RdA 1959, 4. Zweifel an der aktuellen Definition haben auch Hessel, in: RdA 1952, 411; Menkens, in: RdA 1953, 97; Trinkhaus (Handbuch), S. 43 Fn. 21; Fohrbeck / Wiesand / Woltereck (Arbeitnehmer), S. 19 ff., 164 ff.; Plander, in: RdA 1973, 236; Zeuner, in: RdA 1975, 84 f. und Stolterfoth (Selbständigkeit), S. 118 und öfter.

[3] Stolterfoth, in: DB 1973, 1069; „Der Fundamentalsatz von der persönlichen Abhängigkeit des Arbeitnehmers als Angelpunkt des ganzen Arbeitsrechts leuchtet heute ohnehin nicht mehr ohne weiteres ein", Zöllner, 67; „In aller Regel müssen die Merkmale der persönlichen ... Abhängigkeit dazu herhalten, um zu einem erwünschten punktuellen sozialen Ergebnis zu gelangen", Schnorr (Anmerkung); „Es muß ... ernsthaft bezweifelt werden, ob der Hinweis auf die persönliche Abhängigkeit noch ausreicht, um den Rechtsstatus der Arbeitnehmer hinreichend und überzeugend zu erklären", Maus, 373.

a) Das ständig steigende Unvermögen, die Arbeitnehmer in den unterschiedlichsten Tätigkeiten begrifflich zu erfassen

Der erste grundsätzliche Einwand, der gegen das Merkmal der persönlichen Abhängigkeit des Arbeitnehmers erhoben werden muß, richtet sich gegen dessen zunehmendes Unvermögen, nicht einmal mehr für den größten Teil der Arbeitnehmer begriffswesentlich zu sein[4], geschweige denn für die vielen Randgruppen[5]. Die rapide Entwicklung der Arbeitstechniken verlangt vom einzelnen Arbeiter in immer stärkerem Maße Qualifikationen, wie die immer länger werdenden Berufsbildungszeiten[6] und eine zunehmende Spezialisierung, die ihn weitgehend von sachlichen Weisungen freistellt[7], zeigen. Immer häufiger wird bei der Einstellung von Arbeitnehmern auf Eigenverantwortlichkeit und Selbständigkeit Wert gelegt, wie sich auch an den Formulierungen der Tarifverträge ablesen läßt[8]. So wird wohl auch von den Verfechtern der persönlichen Abhängigkeit nicht bestritten, daß selbständige Arbeit, bezogen auf die Art und Durchführung der Tätigkeit, durchaus im abhängigen Arbeitsverhältnis geleistet werden kann[9]. Es ist daher zu Recht der Hinweis gegeben worden, daß Art und Umfang sowohl des

---

[4] Siehe dazu die Ausführungen oben unter 2. b) bei Fn. 97.

[5] So ist denn immer wieder der Vorwurf erhoben worden, der Arbeitnehmerbegriff nivelliere unzulässigerweise die Vielfältigkeiten in der Berufstätigkeit, die immer noch in unserer Gesellschaft vorhanden seien (so etwa Schelsky, Mensch, S. 30; ähnlich auch Deneke (Berufe), S. 168 ff.) oder verwische die vielen Zwischenstufen, die zwischen Selbständigkeit auf der einen und Abhängigkeit auf der anderen Seite bestünden (so Molitor, in: ZBH 1928, 35; Deneke, S. 177 und öfter; ähnlich Schneider, Begriff, S. 2). Dabei wird jedoch übersehen, daß gerade die Funktion der Einheitlichkeit des Arbeitnehmerbegriffs (dazu etwa Mayer-Maly, Arbeiter, S. 2 ff.; Stolterfoth, S. 116 f. und 117, Fn. 94; Plander, 237, insbes. Fn. 50; Richardi, in: ZfA 1974, 22 f. und Dietz / Richardi, § 5 Rdnr. 14; Erman / Küchenhoff, Vorbem. 59 zu § 611 BGB) ein solches Vorgehen gebietet, andernfalls bestünde die Gefahr der Aufsplitterung des einheitlichen Arbeitsrechts, was zu einer Fülle von Wertungen im Einzelfall führen müßte, die die Rechtssicherheit in der Anwendung der arbeitsrechtlichen Normen unerträglich beeinträchtigen würde; siehe auch unten unter 6. b).

[6] Ähnlich auch Böttner, S. 14.

[7] Diese Überzeugung setzt sich in der Literatur in immer stärkerem Maße durch (vgl. die oben unter 2. b) in Fn. 97 Genannten), wie auch der Satz: „Persönliche Abhängigkeit und Weisungsfreiheit können sehr wohl bei einem Arbeitnehmer zugleich vorliegen ...“, allgemein gebilligt wird, vgl. Maus, 370; G. Hueck, 219; Zöllner, 67; Oppinger, in: DAngVers 1973, 96 f.; Rehbinder (Sicherung), S. 28 f.; Ballerstedt, in: RdA 1976, 8; Lieb, in: RdA 1977, 213; Herschel (Beruf), S. 31; Dietz / Richardi, § 5 Rdnr. 16.

[8] So die entsprechenden Hinweise in BAG AP Nr. 1 zu § 611 BGB — Abhängigkeit und bei Böttner, S. 14 m. w. N.

[9] Am entschiedensten wird diese Auffassung von Herschel, S. 28 und öfter und auch in (Anmerkung), S. 90 f. vertreten. Entsprechende Hinweise finden sich aber auch bei Hübner (Sicherheit), S. 13; Rehbinder, S. 25; Zeuner, 34 f. und bei den in Fn. 8 Genannten.

Weisungsrechts als auch der Ausübung dieses Rechts funktional bestimmt sind und in erster Linie von der jeweiligen Tätigkeit des Weisungsunterworfenen abhängen[10].

Als Beispiel für die Unbrauchbarkeit des fast allgemein akzeptierten Kriteriums und die Widersprüchlichkeit der Verfechter dieser Thesen möge die Ausgangsentscheidung des BAG zu unserer Problematik gelten[11]. Ein Strahlenphysiker wohnte in einer Berghütte, die die Deutsche Bundespost extra für seine Messungen von Höhenstrahlungen, die in möglichst störungsfreier Umgebung stattfinden mußten, errichtet und ihm zu diesem Zweck mietweise überlassen hatte. Er hatte sich der Post gegenüber vertraglich verpflichtet, zweimal pro Tag die Meßergebnisse durchzugeben. Die Meßmethode war im übrigen durch die von der Post gestellte Apparatur festgelegt. Das BAG hat die Arbeitnehmereigenschaft des Physikers mit der Begründung verneint, daß er „in der Gestaltung seiner Arbeit und in der Einteilung seiner Arbeitszeit weitgehend frei gewesen sei".

Damit ist das BAG jedoch seiner eigenen These, daß „selbständige Leistungen und selbständige Tätigkeit" auch im Arbeitsverhältnis möglich und üblich seien, untreu geworden. Mit dieser Zurückhaltung vor der Annahme eines Arbeitsrechtsverhältnisses müßte es dem BAG unmöglich geworden sein, seine These zu realisieren. Denn wie — um einen Satz *Stolterfoths*[12] aufzugreifen — hätte „das Rechtsverhältnis gestaltet sein müssen, damit ein Arbeitsverhältnis zu bejahen wäre?". Der äußere Arbeitsablauf in diesem Beispiel wird doch entscheidend durch sachliche Erfordernisse der konkreten Tätigkeit geprägt. Welche zusätzlichen Überwachungsmaßnahmen von seiten der Post wären denn sinnvollerweise überhaupt noch denkbar?

Das BAG ist mit dieser frühen Entscheidung, selbst wenn man sie nicht für repräsentativ halten sollte[13] und eine Abkehr von dieser Argumentation in den neueren Urteilen zu spüren meint[14], in eine Sackgasse geraten. Sicher wäre es möglich gewesen, durch restriktive Interpreta-

---

[10] Engländer (Angestelltenerfindung), Fn. 28 (S. 55, 58 der Schrift); Stolterfoth, S. 108; Tomandl (Wesensmerkmale), S. 72; Adomeit (Rechtsquellenfragen), S. 99.

[11] AP Nr. 1.

[12] S. 109.

[13] Eine solche Schlußfolgerung liegt allerdings nicht nahe angesichts der Urteile in AP Nr. 3, 6 zu § 611 BGB — Abhängigkeit und AP Nr. 3, 7 zu § 611 BGB — Lehrer, Dozenten.

[14] Offensichtlich ist das BAG heute zu einer weniger restriktiven Auslegung des Arbeitnehmerbegriffs auf sog. „höhere" Tätigkeiten bereit (vgl. etwa die Urteile in BAG AP Nr. 10, 12, 15, 16, 20 und 21 zu § 611 BGB — Abhängigkeit; aber auch AP Nr. 18) nachdem auch die Öffentlichkeit von den sozialen Mißständen in weiten Bereichen der freien Berufe Notiz nahm (siehe oben unter 1.).

tion der persönlichen Abhängigkeit, die sich dann wieder im wesentlichen auf den Typ des mechanische Tätigkeit verrichtenden, betrieblich eindeutig eingegliederten Arbeitnehmers bezogen hätte, den Spitzenkräften und Hochqualifizierten den Arbeitnehmerstatus zu versagen[15]. Man hätte, um die vielzitierten Beispiele hier noch einmal aufzugreifen, den Chefarzt eines Krankenhauses, der berechtigt ist, „allen Privatpatienten sein Honorar zu liquidieren, seine Privatpraxis im Krankenhaus zu betreiben und die Einrichtungen des Krankenhauses dafür zu benutzen“[16], den Chefpiloten, den Kapitän, etc.[17], konsequenterweise nicht als Arbeitnehmer definieren dürfen.

Nur hätte das BAG dann mit der eindeutigen Tradition seiner eigenen, wie auch der RAG-Rechtsprechung[18] und einer weitverbreiteten Überzeugung in der Literatur brechen müssen[19]. So schrieb beispielsweise *Herschel*[20] Anfang der sechziger Jahre, als die Statusfrage der hochqualifizierten Arbeitskräfte erstmals in der Nachkriegszeit[21] wieder aktuell wurde, in einer Erwiderung auf die Ausführungen von G. *Müller*[22]: „In der Wahl dieser Vertragsform (des Arbeitsvertrags für Spitzenfilmdarsteller, d. Verf.) liegt nicht nur keine Deklassierung, sondern eine verständige Anpassung an die soziologischen Gegebenheiten, ... Hier aber sollte festgestellt werden, daß die Qualifizierung jener Spitzenkräfte als Arbeitnehmer ... gerade ihrer soziologischen Lage und ihren sozialen Bedürfnissen entspricht.“

Diese Äußerungen sind sowohl von der Literatur als auch vom BAG, wenigstens im Grundsatz, akzeptiert worden[23]. Wenn das BAG nun hin und wieder zu einer im Ergebnis von jenem Grundsatz abweichenden

---

[15] Vgl. dazu das oben unter 2. b) Fn. 96 Gesagte.

[16] BAG AP Nr. 24 zu § 611 BGB — Ärzte, Gehaltsansprüche.

[17] So etwa die Aufzählung bei G. Hueck, 218 und Herschel, in: Ufita 1962, 123.

[18] Zu nennen sind hier das „Chefarzturteil“, AP Nr. 24, und die „Artistenentscheidung“, AP Nr. 1 zu § 2 BUrlG; vgl. auch BGHZE 7, 12 sowie die Entscheidungen des RAG, in: ARS 15, 528 ff.; 15, 550; 21, 129; 29, 400; 31, 265 und RGZE 91, 328 und in: WarnR 1908 Nr. 507 und in: JW 1927, 2369.

[19] Etwa G. Hueck, in: DB 1955, 385 f. und Staudinger / Nipperdey / Mohnen / Neumann, Vorbem. 30 zu § 611.

[20] S. 117, 121.

[21] Siehe aber Engländer, Fn. 28, S. 56, der schon im Jahre 1925 vor dieser Problematik stand.

[22] In: Ufita 1959, 134 ff.

[23] Vgl. nur Tomandl, S. 72; *a. A.* neuerdings Lieb, in: RdA 1974, 260, dessen Argument der mangelnden Aussagekraft von zeitlicher und örtlicher Gebundenheit bei Kurzzeitbeschäftigten jedoch gerade Herschel gegenüber, der auf die Einordnung in ein Arbeitsteam, eine Betriebsgemeinschaft abstellt, nicht trifft, weil Spitzenfilmdarsteller ständige, fest terminierte Verpflichtungen haben, die zeitliche Gebundenheit in der Regel also sehr erheblich ist, und weil sie in ein Team integriert sind; etwas zurückhaltender in: RdA 1977, 213.

Entscheidung gelangt ist[24], ist das nur Ausdruck des Dilemmas, ein Arbeitsrechtsverhältnis nach der persönlichen Abhängigkeit und dem Grad der Weisungsgebundenheit zu qualifizieren, obwohl im konkreten Fall die Tätigkeit ihrem Sinn und Zweck nach weitestgehend selbstbestimmt durchgeführt werden muß[25], wie sich am Beispiel des Physikers, Handicappers, Fußballtrainers, Zeitungsausträgers, etc. zeigt. Es findet sich daher in fast allen BAG-Urteilen eine Widersprüchlichkeit von abstraktem Grundsatz und konkreter Einzelbegründung, die nicht so sehr mit dem Vorwurf, das BAG mißbrauche das Merkmal der persönlichen Abhängigkeit, „um zu einem erwünschten punktuellen sozialen Ergebnis zu gelangen", zu charakterisieren ist[26]. Die Widersprüchlichkeit muß einerseits vielmehr als Folge des zunehmenden Unvermögens des Begriffs der persönlichen Abhängigkeit, akzeptable Einordnungsmaßstäbe zu liefern[27], und andererseits als ein Beharren in traditionellen Auffassungen darüber, wer, wohl in Übereinstimmung mit einer Art von gesamtgesellschaftlichen Konsens, Arbeitnehmer sein soll und wer nicht[28], begriffen werden. Die Rechtsprechung weicht in eine vorsichtige Weiterentwicklung der allein historisch fundierten Typizität der Arbeitnehmereigenschaft aus, da das Merkmal der persönlichen Abhängigkeit sich als zunehmend unelastisch in der Anpassung an die veränderten Arbeitsbedingungen der meisten Arbeitnehmer erweist, was mit der behaupteten Dynamik des Arbeitsrechts[29] in krassem Widerspruch steht.

[24] Siehe die in Fn. 13 aufgezählten Entscheidungen.

[25] Geradezu entlarvend wirkt der von den Arbeitsgerichten in diesem Zusammenhang gebrauchte Terminus von der „Natur der Sache", mit der ein Kriterium als nicht entscheidungserheblich beiseite geschoben wird (etwa LAG Saarbrücken, AP Nr. 7 und BAG AP Nr. 10 zu § 611 BGB — Abhängigkeit), obwohl doch gerade diese *Natur* der Sache rechtlich qualifiziert werden soll.

[26] So aber Stolterfoth, S. 68; Ady, in: FuR 1974, 91; Schnorr (Anmerkung) und ihm folgend Woltereck, 131; wie hier (für das österreichische Recht) Tomandl (Metamorphose), S. 454.

[27] So auch im wesentlichen die Kritiker der persönlichen Abhängigkeit, siehe Fn. 2.

[28] Als Indizien für die Stichhaltigkeit dieser These dürften die immer wieder zitierten Sätze: „In Zweifelsfällen ist die Anschauung des Lebens, die Verkehrsauffassung maßgebend" (Staudinger, Vorbem. 19) und: „... die historische Entwicklung ... (kann) einen Anhalt geben" (Hueck / Nipperdey I, S. 46 und schon in der 1. Aufl., Bd. 1, S. 38 f.) sowie die Beobachtung gelten, daß in der Regel nur die sog. „höheren" Tätigkeiten als mögliche Arbeitnehmertätigkeiten erkannt wurden, die sich historisch bereits in der Form der abhängigen Arbeitsleistung konstituiert hatten und als solche allgemein akzeptiert wurden (z. B. der angestellte Krankenhausarzt und der angestellte Syndikus im Gegensatz etwa zum „freien" Schriftsteller und dem vornehmlich als wirtschaftlich selbständig und unternehmerisch tätig geltenden Handelsvertreter). Beispielhaft für diese Methode in der Literatur Lieb, in: RdA 1977, 217.

[29] Siehe S. 67.

[29] Siehe oben unter 1. bei Fn. 73. So auch Endemann, in: AuR 1954, 210.

b) Die wachsende Inkongruenz moderner Arbeitsrechtsgesetze mit den Grundlagen des herkömmlichen Arbeitnehmerbegriffs

Aber nicht nur die sich wandelnde reale Existenz des Arbeitnehmers, auch die rechtlichen „Rahmenbedingungen" seiner Arbeit stellen die Relevanz der persönlichen Abhängigkeit in Frage. Zunächst einmal wird kaum jemals ausdrücklich oder konkludent vertraglich vereinbart, welche Bereiche das Direktionsrecht erfassen soll und wie weit es tatsächlich in den eigenpersönlichen Entscheidungsbereich des Arbeitnehmers eingreifen darf[30]. Die Weisungsbefugnis des Arbeitgebers basiert daher in den allermeisten Fällen auf dem allgemeinen Direktionsrecht des Arbeitgebers[31], dessen Umfang sich abstrakt nicht festlegen läßt, sondern — wie oben festgestellt wurde — in erster Linie funktional von den Besonderheiten der übernommenen Arbeit abhängt. Dieses allgemeine Direktionsrecht wird jedoch schon *rechtlich* in erheblichem Ausmaß durch den Katalog der sozialen Angelegenheiten gemäß § 87 I BetrVG, die der obligatorischen Mitbestimmung unterfallen, eingeschränkt[32]. Gleiches gilt von den §§ 102, 103 BetrVG[33]. Fixierte und umschrieb das frühere Recht den Grundtatbestand, die persönliche Abhängigkeit, so schränkt ihn das neue Recht ein[34]. Wenn auch die Wirkung dieser Regelungen nicht überschätzt werden soll, so läßt sich doch die Tendenz zum Abbau der Weisungsunterworfenheit des Arbeitnehmers nicht übersehen[35].

c) Die Versuche der Arbeitsrechtswissenschaft zur Anpassung des Begriffs an die gewandelten Norm- und Sachstrukturen

Die Reaktion der Arbeitsrechtswissenschaft auf das Dilemma, sich trotz grundsätzlicher Anerkennung der persönlichen Abhängigkeit ihrer immer stärkeren Einschränkung durch eine Kombination von normativen und realen Faktoren gegenüberzusehen, weist auf eine Reihe weiterer Argumentationsschwächen der herrschenden Meinung hin.

---

[30] Tomandl, S. 72; Stolterfoth, S. 108 f.

[31] Ein einleitender Überblick mit weiterführenden Hinweisen über die vielfältigen Begründungsversuche zum Geltungsgrund des Weisungsrechts findet sich bei Birk (Leitungsmacht), S. 25 ff. Die wohl überwiegende Meinung in Literatur und Rechtsprechung sieht das Weisungsrecht, arbeitsvertraglich begründet, als Gestaltungsrecht im Sinne des § 315 BGB an; dazu Birk, S. 55 f., 58 f., 81 ff.; Böker (Weisungsrecht), S. 11 ff., 41 ff.

[32] Vgl. dazu Zöllner, 66; Böttner, S. 89 ff.

[33] So auch das BAG, in: BB 1976, 227.

[34] So schon Scheidt (Rechtsbegriff), S. 101 f.

[35] In eben diese Richtung zielt auch Zeuner, S. 86 f., wenn er darauf hinweist, daß die Weisungsunterworfenheit allein für die Anwendung — auch die analoge Anwendung — der meisten arbeitsrechtlichen Rechtssätze kaum etwas hergibt.

Angesichts dieser offensichtlichen Schwierigkeiten entwickelte die Rechtslehre die Figur des „fachlich weisungsfreien Arbeitnehmers" oder, was nichts anderes besagt, den Grundsatz, daß Arbeitnehmer nur der sein soll, der persönlichen Weisungen ausgesetzt sei[36]. Damit waren die Schwierigkeiten jedoch keineswegs behoben. Ja, man kann sogar sagen, daß dieser „Anpassungsversuch" geradezu symptomatisch[37] das unüberwindbare Dilemma der herrschenden Meinung bei dem Bemühen, den Begriff der persönlichen Abhängigkeit als wesentlichen Teil des Arbeitnehmerbegriffs aufrechtzuerhalten, aufzeigt.

aa) Die Formel vom fachlich weisungsfreien Arbeitnehmer

Zunächst einmal läßt sich gegen die Formel vom fachlich weisungsfreien Arbeitnehmer einwenden, daß sie nicht erkennen läßt, warum denn die nicht fachlich Weisungsgebundenen noch Arbeitnehmer sind[38]. Die ursprüngliche Fassung der persönlichen Abhängigkeit umfaßte unbestritten beide Komponenten der Weisungsgebundenheit, ohne sich allerdings einer Unterscheidungsmöglichkeit bewußt zu sein. Wenn dieser komplexe Begriff nun auf eine Komponente reduziert wird, gleichzeitig aber der Umfang des begrifflich erfaßten sozialen Substrats — trotz der zwischenzeitlich erfolgten Veränderungen — tatsächlich nicht reduziert wird, dann bedeutet das eine sachliche Ausdehnung des Arbeitnehmerbegriffs, dessen teleologische Rechtfertigung[39] weder der Begriff der persönlichen Abhängigkeit noch der des persönlich weisungsgebundenen Arbeitnehmers beinhalten. Die Begründungsversuche der Befürworter dieser Ansicht basieren denn auch ausnahmslos auf Gedanken, die in keinem erkennbaren Zusammenhang mit der persönlichen Abhängigkeit des Arbeitnehmers stehen.

Es beginnt in der Regel mit dem Hinweis darauf, daß die Grenzen rechtlicher Begriffsbestimmung fließend sind[40]. Wenn auch zugestanden wird, daß die Begriffe der herrschenden Meinung keine eindeuti-

[36] Eine Übersicht mit Literaturhinweisen über die Einbettung dieser Rechtsform in den Zusammenhang der von der h. M. verwendeten Kriterien findet sich oben unter 2. b).

[37] Symptomatisch insofern, als an der Figur des fachlich weisungsfreien Arbeitnehmers dieselben Einwände gegen die h. M., nur etwas nuancierter, aufgezeigt werden können wie im Prinzip auch an der allgemeinen Formel von der persönlichen Abhängigkeit.

[38] So auch der grundsätzliche Einwand gegen die persönliche Abhängigkeit von Böttner, S. 14.

[39] Die Ansicht, daß der Arbeitnehmerbegriff wertausfüllungsbedürftig ist und sein Umfang sowie seine Grenzen teleologisch bestimmt werden müssen, wird auch von den Vertretern der h. M. in neuerer Zeit immer häufiger akzeptiert; vgl. dazu oben unter 1. bei Fn. 74.

[40] BAG AP Nr. 6 zu § 611 BGB — Abhängigkeit; DB 1974, 1342; G. Hueck, 218; Kunze (Stellung), S. 67; Tomandl (Metamorphose), S. 451 f.; Schäfer, in: DRdA 1974, 174 für das österreichische Recht.

gen Unterscheidungen ermöglichen[41], so doch nur, um im nächsten Satz zu behaupten, daß dennoch daran festgehalten werden muß, weil „bisher kein besseres Kriterium gefunden ist“[42]. Oder es wird gesagt, daß es „eine Reihe von soziologisch weit differierenden Sachverhalten (gibt), die durch das Merkmal der persönlichen Abhängigkeit gekennzeichnet und zusammengehalten werden sollen“[43]. Alle diese Aussagen zeigen nur, wie unsicher die herrschende Meinung im Grunde bei der Bewältigung unseres Problems ist. Sie stehen nicht gewissermaßen am Anfang eines Begründungsversuches, um die Schwierigkeiten des Problems darzustellen, sondern sind entweder resignierendes Resumee erfolgloser Versuche[44] oder sie geben den Rahmen ab für eine ganze Reihe relativ allgemeiner, auch in jedem anderen Zusammenhang verwendbarer Gemeinplätze[45].

bb) Die für die Qualifizierung des Arbeitnehmerstatus durch die herrschende Meinung entscheidenden Kriterien

Die wirklich entscheidenden Gesichtspunkte eines teleologischen Begründungszusammenhangs tauchen indes zwischen all den Leerformeln immer dann auf, wenn die Qualifizierung einer *konkreten* Tätigkeit oder einer Berufsgruppe in Frage steht, deren Einordnung sich nicht ohne weiteres aus allgemein „einsichtigen“ Gründen ergibt, wie sie, was ich bereits dargelegt habe[46], allenfalls in der historischen Typizität einer Tätigkeit als Arbeitnehmertätigkeit gesehen werden kann. Es sind dies 1. die wirtschaftliche Abhängigkeit der betroffenen Berufsgruppe, 2. die Ähnlichkeit ihrer soziologischen Situation mit der des Arbeitnehmers, 3. ihre soziale Schutzbedürftigkeit sowie 4. die Betriebsbezogenheit, die Typizität des Industriearbeiters oder ihre Eingliederung[47], ein Merkmal, auf das ich gleich noch zurückkommen werde. Den ersten drei Merkmalen ist gemeinsam, daß sie die persönliche Abhängigkeit nicht genauer definieren, allenfalls als ihr Korrelat gedacht werden kön-

---

[41] Hueck / Nipperdey I, S. 43; Dietz / Richardi, § 5 Rdnr. 14; Tomandl, S. 434; Trinkhaus, in: RdA 1958, 12; G. Hueck, 218.

[42] A. Hueck (Grundriß), S. 28 und Hueck / Nipperdey I, S. 43 f.

[43] Ostheim (Weisung), S. 10 f. Ähnlich allgemein gehaltene Aussagen über einen zu beachtenden soziologischen Tatbestand oder neue soziologische Erkenntnisse (etwa G. Hueck, 217; Dietz / Richardi, § 5 Rdnr. 16) finden sich in fast allen einschlägigen juristischen Untersuchungen, bleiben jedoch meistens folgenlos. Eine Ausnahme bildet die Schrift: „Freie Mitarbeiter in den Rundfunkanstalten“ (siehe oben S. 1 Fn. 2), in der wenigstens hin und wieder Tatsachenmaterial verwandt und verarbeitet wird.

[44] Besonders deutlich wird dies bei Maus, 374 und wohl auch bei Tomandl, S. 451 ff.

[45] Als exemplarisch können hier die Ausführungen von A. Hueck, in: Hueck / Nipperdey I, S. 43 ff., gelten.

[46] Unter 3. a) bei Fn. 28, 29.

[47] Siehe zu den Merkmalen die Ausführungen oben unter 2. b).

nen[48]. Bei näherem Hinsehen zeigt sich, daß ein innerer Zusammenhang der drei Merkmale mit dem der persönlichen Abhängigkeit völlig fehlt[49]. Die persönliche Abhängigkeit kann nicht mit Hilfe etwa der wirtschaftlichen Abhängigkeit zum begriffskonstituierenden Kriterium erklärt werden, ebensowenig wie die soziale Schutzbedürftigkeit einen Gedanken enthält, der hinreichend begründen könnte, warum die persönliche Abhängigkeit entscheidendes Merkmal des Arbeitnehmerbegriffs ist[50]. Wenn zur Zeit der Entstehung des Arbeitsrechts im Regelfall ein Konnex zwischen beiden bestanden haben mag, so doch niemals eine „Kausalbeziehung in dem Sinn, daß Weisungsunterworfenheit zu Schutzbedürftigkeit führt und daß Schutzbedürftigkeit aus der Weisungsunterworfenheit folgt. Anders ausgedrückt: Auch da, wo das Weisungsrecht nahezu oder ganz fehlt, kann die gleiche Schutzbedürftigkeit bestehen, andererseits ist es denkbar, daß bei Weisungsunterworfenheit eine Schutzbedürftigkeit nur in geringem Ausmaß gegeben ist“[51].

Wenn daher die Begründung für die Modifikation der persönlichen Abhängigkeit durch die Figur des „fachlich weisungsfreien Arbeitnehmers“ oder anderer Abweichungen lautet: „Die wirtschaftlich schwache Lage des Arbeitnehmers ist auch Objekt arbeitsrechtlicher Regelung“[52]

[48] Den Zusammenhang mit der persönlichen Abhängigkeit betonen G. Hueck, 219 f.; Richardi, in: ZfA 1974, 22; Bulla (Rechtsprechung), S. 18; Coester (Selbständigkeit), S. 143 f.; Schmidt-Osten (Arbeitsrecht), S. 82; Dietz / Richardi, § 5 Rdnr. 16. Der Hinweis von G. Hueck, 219, auf die Vielzahl der verschiedenen Elemente, aus denen die persönliche Abhängigkeit resultiere, verharmlost entweder die Schwierigkeiten der h. M., indem die zuvor selbst vorgenommene Abstufung unter den einzelnen Komponenten der persönlichen Abhängigkeit (S. 217) aufgehoben wird und nun nicht mehr gelten soll oder beweist, daß Hueck selbst nicht mehr auf dem Boden der h. M. steht, was allerdings in Widerspruch zu anderen Äußerungen stünde (etwa auf S. 216 f.). Auf jeden Fall findet sich bei ihm kein Wort darüber, wie denn das Merkmal der sozialen Schutzbedürftigkeit nahtlos unter den Oberbegriff der *persönlichen* Abhängigkeit subsumiert werden kann (dahingehend wohl auch die Bedenken von Zöllner, in: RdA 1969, 67, der den Schutzcharakter des Arbeitsrechts, nicht die Weisungsunterworfenheit des Arbeitnehmers herausstellt).

[49] So auch Zöllner, S. 67; Stolterfoth, in: DB 1973, 1068 und wohl auch Schnorr (Anmerkung).

[50] Dies wäre die Konsequenz aus den Ausführungen von G. Hueck, 219 ff., die er freilich nicht zieht, weil sie die Widersprüchlichkeit in der Nomenklatur der h. M. eindeutig aufdecken würde.

[51] Zöllner, 67; ebenso Engels, in: BlStSozArbR 1977, 36.

[52] So Scheidt, S. 66; Bulla, in: Arbeitskammer 1961, 407; Haemmerle (Grundriß), S. 43. Ähnliche Formulierungen finden sich in fast allen von mir herangezogenen Schriften (z. B. Zöllner (Mitbestimmung), S. 161; Nikisch II, S. 22; Schwerdtner (Fürsorgetheorie), S. 57; Wiedemann (Arbeitsverhältnis), S. 15; Mathys (Verhältnis), S. 40; Lieb, in: RdA 1974, 260). Sie beweisen die totale Unsicherheit und Konfusion der Arbeitsrechtswissenschaft im Umgang mit den Grundbegriffen des Arbeitsrechts, zumal dann, wenn über Wertungsgesichtspunkte eine begriffliche Anpassung an veränderte soziale Tatbestände versucht wird.

oder „tragender Grund für die Arbeitnehmereigenschaft ist der Ausschluß von unternehmerischer Disposition über das Wirtschaftsgut der eigenen Arbeitskraft“[53] oder „... die Qualifizierung ... als Arbeitnehmer ... gerade ihrer soziologischen Lage und ihren sozialen Bedürfnissen entspricht“[54] oder „die soziale Situation, an die das Arbeitsrecht, soweit es soziales Schutzrecht ist, anknüpft“[55], dann zeigt sich deutlich, wie unwichtig und unbrauchbar der Begriff der persönlichen Abhängigkeit ist und welche anderen Merkmale zunehmend an Bedeutung gewinnen. Er ist in Wirklichkeit nur noch selten essentielles Kennzeichen[56] der Arbeitnehmereigenschaft, auch wenn dies immer wieder betont wird[57, 58]. Gerade in den wichtigen, zweifelhaften Grundfällen

[53] So neuerdings die, im Anschluß an Wiedemann, S. 15, von Lieb vorgeschlagene Formulierung, 259 f.; ebenso Söhnen, S. 59; ähnlich Ostheim, S. 23 f. Auch hier wird wieder deutlich, wie stark wirtschaftliche Erwägungen in allen den Fällen im Vordergrund stehen, die sich mit der Einbeziehung problematischer sog. Randgruppen beschäftigen.

[54] Herschel, 121. Siehe auch das oben unter 3. c) aa) Fn. 43 Gesagte. Sicher können viele derartige Äußerungen, für sich genommen, durchaus akzeptiert werden (vgl. noch Steindorff, in: RdA 1965, 257, und Schwerdtner, S. 132 f.), nur läßt die wahllose, unsystematische Aneinanderreihung soziologischer und juristischer Argumente keine klaren Auslegungsregeln erkennen, führt zu Unsicherheiten im Erkennen der entscheidenden Wertungsaspekte, und schafft durch ihr fallweises Vorgehen zunehmende Rechtsunsicherheit.

[55] G. Hueck, 219; vgl. auch die unter 3. c) bb) in Fn. 48 Genannten, die den Zusammenhang zwischen den formalen Kriterien der persönlichen Abhängigkeit und dem materiellen, wertenden Kriterium der sozialen Schutzbedürftigkeit betonen. Die soziale Schutzbedürftigkeit der Arbeitnehmer wird auch (siehe andererseits die unter 2. a) in Fn. 34 Genannten) als Zweck der arbeitsrechtlichen, sozialpolitischen Gesetzgebung angesehen (so Kehrmann, in: Quelle 1972, 24; Bulla, 407; ähnlich auch Richardi, 22 ff. und Deneke (Berufe), S. 268).

[56] So aber Mayer-Maly, in: ZAS 1966, 3.

[57] Besonders plastisch kann man die Argumentationsweise der h. M. an den Ausführungen Liebs, 257 ff., betrachten. Obwohl er, wenn auch zweifelnd, vom Merkmal der persönlichen Abhängigkeit ausgeht, findet er ein zweites, zusätzliches (S. 260) Merkmal, den „Ausschluß von unternehmerischer Disposition über das Wirtschaftsgut der eigenen Arbeitskraft“ (S. 259 f.), welches „die eigentliche rechtfertigende ... Legitimation“ des Arbeitsrechts und damit einzig relevante Grundlage des Arbeitnehmerbegriffs ist. Damit ist es ihm sogar möglich, in Intervallen ausgeübte, fremdbestimmte, also in persönlicher Abhängigkeit geleistete Arbeit als unternehmerische Tätigkeit anzusehen (S. 260), weil die Arbeit nicht „zur zeitlich umfassenden, dauernden Gebundenheit“ (S. 260) führt, der Ausschluß von eigener Dispositionsmöglichkeit noch nicht gegeben ist (dazu unten unter 3. e). Die persönliche Abhängigkeit wird zu einem inhaltsleeren Kriterium, das bei Bedarf zwar zitiert und pro forma aufrechterhalten bleibt, in den wirtschaftlich wichtigen Grenzfällen aber als untauglich beiseite geschoben wird.

[58] Im Ergebnis ebenso J. Hübner (Schadenszurechnung), S. 142 f. Das Interessante an der Arbeit Hübners ist, daß er, obwohl er um eine dogmatische Fundierung und Einordnung des Satzes über die schadensgeneigte Arbeit in die nach objektiven Risikozurechnungsfaktoren strukturierten schadensrechtlichen Zivilrechtsnormen bemüht ist (S. 133 f. und öfter), die Weisungsbefugnis bzw. -unterworfenheit als konstitutives Kriterium ablehnt — und damit zum selben Ergebnis kommt wie diese Arbeit —, weil die Weisungs-

erweisen die anderen Kriterien ihre Eignung, Wertungsaspekte aufzuzeigen und (möglicherweise akzeptable) Einordnungsmaßstäbe zu liefern. Die Unterscheidung zwischen persönlicher und sachlicher Weisungsunterworfenheit führt dagegen keinen Schritt weiter, weil sie, lediglich funktional determiniert, keine Wertungszusammenhänge offenbart und damit die Anpassung des Arbeitnehmerbegriffs an sich wandelnde soziale Sachverhalte und geänderte Rechtsnormen entscheidend erschwert.

cc) Die ideologische Struktur des herkömmlichen Arbeitnehmerbegriffs und seine Unvereinbarkeit mit dem geltenden Recht

Die Formel vom fachlich weisungsfreien Arbeitnehmer eröffnet aber noch einen Zugang zu einem weiteren Problemaspekt, der der Kritik nur anhand des Kriteriums der persönlichen Abhängigkeit bisher eher verborgen geblieben ist.

Sinzheimer[59] hat schon früh darauf hingewiesen, daß Arbeitsrecht zunächst einmal für die ihm unterworfenen Arbeitnehmer Gewaltrecht ist. Wenn die Feststellung *Sinzheimers* für die Anfänge des Arbeitsrechts durchaus berechtigt war, dann läßt sie sich jedoch heute unter der verpflichtenden Wirkung des Grundgesetzes nicht mehr aufrechterhalten[60], jedenfalls soweit dadurch die rechtlichen Maximen gesetzgeberischen Handelns charakterisiert werden sollen. Denn der Gesetzgeber ist zur Beachtung der Würde des Menschen (Art. 1 I GG) sowie der Grundrechte des Grundgesetzes (Art. 1 III GG) gezwungen, wodurch eine Konzipierung der Sonderrechtsordnung „Arbeitsrecht" als Gewaltrecht schlechthin verboten wird. Daß der Satz von *Sinzheimer* heute noch gilt, soweit es sich um die unzureichenden Wirkungen gleichheitsschaffender Arbeitsrechtsnormen auf das Machtgefälle zwischen den Individual- und Kollektivvertragsparteien handelt[61], kann m. E. nicht zweifelhaft sein[62], hier aber dahingestellt bleiben. Für die vorliegenden Untersuchungen kommt es vor allem darauf an zu zei-

---

befugnis des Arbeitgebers auch nicht in der Lage ist, im Schadensfall die Zurechnung der haftungsrechtlichen Verpflichtungstatbestände nach den objektiven Kriterien von Risikosphären hinreichend zu erklären (ähnlich auch Zeuner, in: RdA 1975, 86 f.).

[59] (Grundzüge), S. 10 f.

[60] Bei Wiethölter (Rechtswissenschaft), S. 286, heißt es demzufolge, das Arbeitsrecht sei „von Haus aus" Gewaltrecht.

[61] Schwerdtner, in: BlStSozVArbR 1972, 22, weist in diesem Zusammenhang darauf hin, daß z. B. im Bereich der Handelsvertreterverträge „die Ordnungseffizienz zwingender Rechtsnormen" überschätzt wird; es gibt keine Kontrolle oder Sanktionen, die zur Beachtung der Normen in größerem Ausmaß als bisher führen könnten.

[62] Vgl. nur die Diskussion in der rechtswissenschaftlichen Literatur nach der Aussperrungsentscheidung des BAG (GS) AP Nr. 43 zu Art. 9 GG — Arbeitskampf; Schwegler, in: GMH 1972, 299 ff.; Säcker, in: GMH 1972, 287 ff.;

gen, wie wenig das Merkmal der persönlichen Abhängigkeit den grundlegenden Wertentscheidungen des Arbeitsrechts entspricht. Denn die Feststellung von *Sinzheimer* gilt auch heute noch für die persönliche Abhängigkeit, ohne daß es auf den ersten Blick erkennbar wäre[63]. Erst durch die „Weiterentwicklung" der persönlichen Abhängigkeit mittels der Trennung von persönlicher und sachlicher Weisungsunterworfenheit läßt sich diese Erkenntnis auf „sichtbare" Tatsachen stützen.

Die Schwierigkeiten der h. M. beginnen mit der Festlegung dessen, was die persönliche im Gegensatz zur sachlichen Weisungsunterworfenheit indizieren soll. Wie lassen sich in einem wesentlich einheitlichen Arbeitsprozeß sachliche von persönlichen Weisungen unterscheiden[64]? Die Ausführungen von *Wahle*[65] konkretisieren im Grunde nur die persönliche Weisungsgebundenheit, die anhand der bekannten Indizien von Art, Ort und Zeit der Arbeitsleistung analysiert werden soll[66]. Gegen sie spricht das oben Gesagte. Aber auch *Tomandl*[67] und *Ostheim*[68] der die Unterscheidung „zur Erkenntnis der wahren Grundlagen persönlicher Abhängigkeit für sehr bedeutsam"[69] hält, können der sachlichen Weisungsgebundenheit keinen rechten Inhalt geben, sondern verwenden den Terminus nur als eine negativ abzugrenzende Begriffs-

---

Däubler, in: JuS 1972, 642 ff.; Reuter, in: JuS 1973, 284 ff., sowie die unter weitgehender Unkenntnis neuerer sozialwissenschaftlicher Erkenntnisse geführte Debatte über das Paritätsgebot im Arbeitskampf: Rüthers, in: JurA 1970, 85 f.; Hoffmann, Der Grundsatz der Parität und die Zulässigkeit der Aussperrung, in: Streik und Aussperrung, hrsg. von M. Kittner, Frankfurt und Köln o. J., S. 47 ff. m. w. N. und Raiser, Die Parität der Sozialpartner, Karlsruhe 1973.

[63] Immerhin haben das, wenn auch ohne eine ins Einzelne gehende Begründung Scheidt, S. 44 ff.; Wolf (Arbeitsverhältnis), S. 16 ff.; Wiethölter, S. 286; Ramm, in: AuR 1971, 76, und ähnlich Geffken, in: DuR 1973, 113 erkannt. Vgl. auch die Ausführungen von Schwerdtner (Fürsorgetheorie), S. 69 ff. zum personenrechtlichen Gemeinschaftsverhältnis, einem Begriff, der sich parallel zu dem der persönlichen Abhängigkeit entwickelt hat.

[64] Stolterfoth, S. 108 Fn. 47, schlägt neuerdings eine Unterscheidung von Grundverhältnis und Betriebsverhältnis vor, wie sie aus dem Beamtenrecht bekannt ist (ähnlich schon Ramm, Anfechtung, S. 39 ff. und, allerdings in anderem Kontext, Mayer-Maly, in Anm. 252). Sachlich dürfte sich diese Aufspaltung wenig von der hier kritisierten unterscheiden, wenngleich Stolterfoth damit zunächst nur die Lösung der Frage von der Rechtsnatur des Weisungsrechts vorschwebt.

[65] (Tankstelleninhaber), S. 333.

[66] Seine Ausführungen zur sachlichen Weisung sind ganz unverständlich, insbesondere steht das Zitat in Fn. 13 in m. E. keinem Zusammenhang mit den Textausführungen. Sein einziges Beispiel zur sachlichen Weisung ist die Preisvorschrift, der der Eigenhändler nach altem Recht (vgl. jetzt § 15 GWB) unterworfen war.

[67] (Metamorphose), S. 434 f.

[68] (Weisung), S. 13 f.

[69] Ostheim, S. 14.

schablone, die durch die persönliche Weisungsgebundenheit, welche sie im Sinne *Wahles* definieren[70], eingegrenzt wird[71].

Durch das pointierte Herausstellen der persönlichen Weisungsabhängigkeit macht sich allerdings eine Tendenz bemerkbar, die den Verdacht, das Merkmal der persönlichen Abhängigkeit basiere auf der früheren Konzeption von Arbeitsrecht als Gewaltrecht[72], bestärkt. Wenn schon nicht genau geklärt werden kann, was unter sachlichen Weisungen zu verstehen ist, dann liegt es nahe, die persönliche Weisungsgebundenheit pointiert herauszustellen und dadurch, gewollt oder ungewollt, die eigentliche, sachlich-tragende Begründung hervorzuheben. Die Worte des LAG Saarbrücken[73] sprechen hier wohl für sich: Sie (die Weisungsgebundenheit eines Regisseurs, d. Verf.) *bezweckt nicht die Unterwerfung* unter ein Weisungsrecht, wie es dem Arbeitgeber hinsichtlich der Arbeitsweise des in seinen Diensten stehenden Arbeitnehmers zusteht, sondern ergibt sich im wesentlichen aus der Natur der Arbeitsaufgabe ... Die Bindung und das Sicheinfügen des Kl. in die nicht zuletzt von ihm als Regisseur selbst gestaltete Gesamtarbeitsgemeinschaft *hat einen anderen Sinn als den, eine persönliche Abhängigkeit zu begründen.* Sie bezweckt einfach, die für die Herbeiführung einer Leistung, an der viele Personen mitwirken, notwendigen Grundlagen zu schaffen. ... Sie ist gleichsam technischer Art und genügt noch nicht, um die notwendige persönliche Abhängigkeit für ein Arbeitsverhältnis zu begründen", oder *G. Müller*[74]: „Die Zusammenarbeit des Spitzenfilmdarstellers mit den anderen Darstellern und sein Sicheinfügen in die ... Gesamtarbeitsgemeinschaft hat *einen anderen Sinn als den, eine persönliche Abhängigkeit zu schaffen.* Die Einordnung, die vom Spitzenfilmdarsteller verlangt wird, will einzig und allein die erfolgreiche Filmherstellung sicherstellen helfen, sie ist gleichsam tech-

---

[70] Ostheim, S. 20 f., stützt sich daneben noch auf das Merkmal der persönlichen Arbeitspflicht des Arbeitnehmers. Damit ist jedoch kein Merkmal von schärferer Unterscheidungskraft gewonnen, wie bereits Wolf, S. 15 f. und Böttner (Direktionsrecht), S. 17 ff. überzeugend nachgewiesen haben.

[71] Wie unbestimmt der Begriff einer sachlichen Weisungsunterworfenheit ist, zeigt auch der Versuch von Ostheim, S. 22 f., und Tomandl, S. 435, im Anschluß an den österreichischen OGH die Weisungen bzgl. des Arbeitserfolges als Typ der sachlichen Weisung zu charakterisieren. An keiner Stelle wird aber definiert, was unter Weisungen bzgl. des Arbeitserfolges zu verstehen ist; die Kasuistik bei Ostheim ist im Gegenteil eher zufällig und unsystematisch; seine eigenen Bedenken (S. 23 Fn. 74) zeigen die Unmöglichkeit einer Grenzziehung auf und beweisen die Untauglichkeit dieses Begriffs.

[72] Exemplarisch etwa die Ausführungen von Schmidt-Rimpler (Handlungsagent), S. 25 f.

[73] AP Nr. 7 zu § 611 BGB — Abhängigkeit.

[74] In: Ufita 1959, 410. Gegen Müller schon Herschel, in: Ufita 1962, 119 mit dem Satz: „In Wirklichkeit ist die persönliche Abhängigkeit nicht Sinn, sondern unvermeidbare Folge des Eingehens eines Arbeitsverhältnisses."

nischer Art und *bezweckt in keiner Weise,* ihn in ein persönliches Abhängigkeitsverhältnis zum Hersteller zu bringen." (Hervorhebungen v. Verf.) Aus diesen Worten spricht wohl deutlich genug, auf welchen gleichheitswidrigen Vorstellungen von Recht als Herrschaftsrecht gegenüber einer Schicht, damit zugleich inkonsequent gegenüber dem eigenen Ausgangspunkt von der freiheitlichen Vertragskonzeption des Liberalismus[75] und irrational in der Erkenntnis gesellschaftlicher Zusammenhänge[76], die herrschende Meinung mit ihrem Kriterium der persönlichen Abhängigkeit basiert[77]. Die persönliche Abhängigkeit kann den Arbeitnehmer nur als Objekt definieren, der sich einer Gewalt zu unterwerfen hat, die nicht lediglich „technisch" aus der Natur des Arbeitsvorganges begründet ist, sondern darüber hinausgeht. Kein angeblich anderes Verständnis von der Person des Menschen liegt diesem Kriterium zugrunde[78], sondern die Negierung der Persönlichkeit des Arbeitnehmers. Die herrschende Meinung bestimmt den Arbeitnehmerstatus nicht subjektbezogen[79], ausgehend von der realen sozialen Situation, nach den *Möglichkeiten* zur Selbstbestimmung und Eigenverantwortung des Arbeitnehmers[80]. Sie verlangt unter dem Postulat der Per-

---

[75] Darauf weist Ramm, 76 Fn. 103, hin. Es sei hier an die Ausführungen oben unter 2. a) erinnert, die im Zusammenhang mit dem hier Gesagten erkennen lassen, von wie untergeordneter Bedeutung die Durchsetzung des Prinzips der Privatautonomie und ihre tatsächliche Verwirklichung für die Arbeitnehmer mit Hilfe des Arbeitsrechts unter Wahrung der Persönlichkeit des arbeitenden Menschen für die damalige Arbeitsrechtstheorie war, deren objektive Funktion vielmehr in der rechtlichen Sicherung des gesellschaftlichen status quo bestand; nur unter diesem Aspekt sind m. E. auch die Ausführungen von Sinzheimer (Grundzüge), S. 10 Fn. 3 zu verstehen.

[76] Das Unvermögen eines an der Teilung von Privat- und öffentlichem Recht orientierten Rechtsdenkens, gesellschaftliche Prozesse in adäquater Weise für das Arbeitsrecht zu erkennen und in eine „notwendige moderne Rechtstheorie und Rechtsdogmatik" zu integrieren, wird anschaulich geschildert bei Wiethölter, S. 284 f.

[77] Diese Intention wird auch bei Eich, in: DB 1973, 1703, deutlich, wenn er schreibt: „Die persönliche Abhängigkeit des Arbeitnehmers beruht auf dem Wesen der Arbeitskraft als untrennbarer Teil der Person des Menschen, ...". Wenigstens in der Allgemeinheit dieser Aussage (vgl. demgegenüber die Hinweise bei Adomeit, S. 99), liegt ein Fehlurteil, das in der Tendenz mit den Ausführungen von G. Müller (Fn. 74) und des LAG Saarbrücken (Fn. 73) übereinstimmt, auf jeden Fall jedoch mißverständlich ist. Der Satz kann auch deswegen schon nicht stimmen, weil es gerade ein Merkmal des freien Berufs sein soll, keine Substitutionsmöglichkeit der eigenen Person für das Erwerbsleben zu besitzen (Deneke, Berufe, S. 180); gleichwohl hat die weitaus überwiegende Meinung bis heute die freien Berufe nicht als Arbeitnehmer angesehen und unter diesem Aspekt auch nicht ansehen können (dazu unten unter 4.).

[78] So aber A. Hueck schon 1928 und ähnlich noch 1963; siehe dazu oben unter 2. a) bei Fn. 40 und Fn. 37.

[79] Zu einem anderen, eng verwandten Aspekt der Verkennung der Subjektposition des Arbeitnehmers siehe Wiethölter, S. 289, und Däubler (Grundrecht), S. 30, 34, 37.

[80] Ob ein rechtswissenschaftlich sinnvolles Verständnis des Arbeitnehmerstatus unter den Bedingungen einer kapitalistischen Wirtschaftsstruktur als

sönlichkeitswahrung in Wirklichkeit die Unterwerfung des Arbeitnehmers, da nicht das technisch bedingte Maß der Abhängigkeit entscheidend sein soll. Dadurch tritt die herrschende Meinung einerseits mit den Grundwerten der geltenden Rechtsordnung, die die Einschränkung der freien Entfaltung der menschlichen Persönlichkeit außer durch zwingend sachlich gebotene und notwendige Maßnahmen, die hier nur im jeweiligen technisch bedingten Ablauf des Arbeitsvorganges gesehen werden können, verbietet[81], in Widerspruch. Letztlich zwingt das Merkmal der persönlichen Abhängigkeit die Arbeitsrechtstheorie und -praxis, Abhängigkeiten zu fordern (und ihr Bestehen zu tolerieren), anstatt sie abbauen zu helfen. Andererseits kann die herrschende Meinung nicht umhin, die persönliche Abhängigkeit inhaltlich auf diese Weise auszufüllen, denn andernfalls würde das Merkmal jede spezifische Unterscheidungsfähigkeit verlieren[82]; die Untauglichkeit der persönlichen Abhängigkeit als entscheidendes Kriterium würde offenbar werden. Hier zeigen sich deutlich die Auswirkungen des oben skizzierten[83] Einflusses der deutschen Arbeitsrechtswissenschaft[84], die den Arbeitnehmerbegriff theoretisch verfremdet, ideologisch bestimmt[85] und dadurch praktisch unbrauchbar gemacht hat.

Zeigen die bisher erhobenen Einwände gegen das Merkmal der persönlichen Abhängigkeit vor allem das zunehmende Unvermögen der überwiegenden Meinung, mit diesem Merkmal auch nur die typischen, juristisch wie soziologisch eindeutig definierbaren Arbeitnehmergruppen definitorisch befriedigend in den Griff zu bekommen, weil es unelastisch in der Anpassung an veränderte Arbeitsbedingungen ist und zu neueren Rechtsentwicklungen in Widerspruch getreten ist, weil es

---

entweder auf die sich emanzipierende, wirtschaftliche und rechtliche Erfolge erzielende Subjektposition des Arbeitnehmers bezogen, möglich ist oder notwendig an den Prozeßcharakter auch rechtlicher Funktionszusammenhänge als Folge der Verselbständigung der gesellschaftlichen Verhältnisse, also auch an die dadurch bedingte Objektstellung des Arbeitnehmers anknüpfen muß, ist streitig; vgl. einerseits Wiethölter, S. 281 ff., 284 und andererseits Ladeur, in: DuR 1973, 139 f., jeweils unter prinzipiellem Aspekt.

[81] Gegen die h. M. spricht sich insoweit auch Wiedemann (Arbeitsverhältnis), S. 12 f. aus. Er hält zwar auch die persönliche Abhängigkeit für das geeignete und bestimmende Kriterium der Arbeitnehmereigenschaft, weil die heutigen Moralvorstellungen eine Anknüpfung an die *Person* des Arbeitnehmers verlangten. Er lehnt dagegen, durchaus konsequent, die Unterordnung des Arbeitnehmers im Sinne der Weisungsunterworfenheit, wie sie die h. M. als Begriffsbestandteil der persönlichen Abhängigkeit sieht, als damit unvereinbar ab (S. 13).

[82] Siehe oben unter 3. a), 3. c).

[83] 2. a).

[84] Entscheidendes zur Konzipierung von Arbeitsrecht als Gewaltrecht beigetragen haben dürfte O. v. Gierke (Wurzeln), S. 48 ff., worauf schon Sinzheimer, S. 11 Fn. 1 hinweist.

[85] Siehe die unter 2. a) in Fn. 21 Genannten.

den eigentlichen Grund der Arbeitnehmereigenschaft begrifflich nicht widerspiegelt und daher unfähig ist, neueren sozialen Sachverhalten gerecht werdende Wertungsaspekte aufzuzeigen und Einordnungsmaßstäbe zu liefern, so sollen die folgenden Überlegungen einen weiteren grundsätzlichen Aspekt der Begriffskritik verdeutlichen.

d) Die mangelnde Anpassungsfähigkeit des Begriffs an eine sich ändernde Sozialstruktur

Der zweite grundsätzliche Einwand gegen das Merkmal der persönlichen Abhängigkeit könnte unter dem Oberbegriff der „Kritik an der Fähigkeit, Veränderungen im Kreis der Regelungsadressaten begrifflich flexibel widerzuspiegeln", zusammengefaßt werden. Am Beispiel einiger hier untersuchter freier Berufe sollen die Ursachen für diese Unfähigkeit aufgezeigt werden. Es wird sich erweisen, daß viele Überschneidungen und Querverbindungen zum ersten grundsätzlichen Kritikpunkt existieren, die einiges von dem, was dort ausgeführt wurde, verdeutlichen oder nur wiederholen werden. Solche teilweisen Überschneidungen sollten jedoch im Interesse einer größeren Klarheit und eindeutigen Systematik der Kritik m. E. in Kauf genommen werden. Zunächst einmal sollen die grundsätzlichen Schwierigkeiten bei der Verwendung der heute üblichen Begriffe durch einige theoretische Vorbemerkungen erhellt werden, anhand derer dann die Möglichkeit zur Einbeziehung der freien Berufe geprüft werden kann.

aa) Die Fixierung der herrschenden Meinung auf den „eingegliederten" Arbeitnehmer und ihre Auswirkungen

Da das Merkmal der persönlichen Abhängigkeit sich als zunehmend untauglich erwies, veränderte Arbeitsabläufe, die eine höhere Qualifizierung des arbeitenden Menschen bedingen und demzufolge eine Erweiterung seiner Selbständigkeit während der Produktionstätigkeit verursachen, so zu integrieren, daß die Arbeitnehmereigenschaft solcher Personen begrifflich außer Zweifel steht, sah die Arbeitsrechtstheorie sich gezwungen, neue Kriterien zu entwickeln, die neben oder anstelle der persönlichen Abhängigkeit die Anpassung an die neue Situation leisten sollten. Dabei wurde der Anspruch, daß die neuen Merkmale die persönliche Abhängigkeit nur ergänzen würden, weitgehend aufrechterhalten[1]. Wie unbegründet dieser Anspruch ist, wenigstens soweit davon die Merkmale der wirtschaftlichen Abhängigkeit, der vergleichbaren soziologischen Situation und der sozialen Schutzbedürftigkeit betroffen sind, wurde bereits oben ausgeführt[2].

---

[1] So ausdrücklich etwa G. Hueck, in: RdA 1969, 219; Schmidt-Osten (Arbeitsrecht), S. 82; Ostheim (Weisung), S. 11; Dietz / Richardi, § 5 Rdnr. 16.

[2] Siehe unter 3. c) bb).

Das wohl wichtigste dieser „ergänzenden" Merkmale besteht aus einem ganzen Bündel von Argumenten und Begriffen, die jedoch sachlich übereinstimmen und sich alle auf einen gemeinsamen Nenner bringen lassen. Es ist dies die Typizität der Betriebsbezogenheit der Arbeitsleistung *oder der Eingliederung des Arbeitenden in einen Betrieb, oder der Typ des in einem Betrieb ganztägig Beschäftigten.* Wie oben schon mehrfach erwähnt[3], stellt dieses Merkmal die eigentliche Grundlage für die Zurechnung der Arbeitnehmereigenschaft durch die herrschende Meinung dar, wie sein oftmaliger Gebrauch in den relevanten Zweifelsfällen[4] immer wieder beweist[5]. Dieses Merkmal bietet der Arbeitsrechtstheorie und -praxis im Gegensatz zum farblosen Begriff der persönlichen Abhängigkeit auch den wesentlichen Vorteil einer eindeutigen Wertungsgrundlage, die die Entscheidungen in den vielfältigen Grenzzonen des Arbeitnehmerbegriffs teleologisch bestimmt[6]. Dadurch erst wird dem Arbeitnehmerbegriff ein, in diesen zweifelhaften Grenzbereichen immer notwendiger, seine Funktion und Grenzen reflektierender Inhalt unterlegt, der es ermöglicht, die Systemverträglichkeit, sachliche Berechtigung etc. des Begriffs kritisch zu beurteilen.

Der Reduzierung der persönlichen Abhängigkeit auf eine tragfähige Grundlage für die Annahme der Arbeitnehmereigenschaft liegt allerdings nicht, wie man auf den ersten Blick vermuten könnte, die Wiederbelebung der Eingliederungstheorie zugrunde[7]. Vielmehr wird der gemeinsame Ausgangspunkt beider Theorien, der Eingliederungs- wie der Vertragstheorie, zum entscheidenden Kriterium des Arbeitnehmerbegriffs[8]. Darin liegt jedoch zugleich der gravierende Nachteil in der Begriffsbildung der überwiegenden Meinung.

[3] Siehe unter 2. b), insbes. bei Fn. 103.

[4] Natürlich zeigt sich immer erst in solch extremen Situationen die Bedeutung der Reduzierung der persönlichen Abhängigkeit auf das „Eingegliedertsein" und damit die bloße „Etikettfunktion" der persönlichen Abhängigkeit. Darauf weisen ganz allgemein auch Ostheim, S. 8, und Zeuner, in: RdA 1975, 85 hin.

[5] Als exemplarisch können die Ausführungen etwa von Rehbinder (Sicherung), S. 28 f., ebenso Engels, in: BlStSozVArbR 1977, 35, 37 und Heußner, in: AuR 1975, 309, gelten, der offensichtlich die persönliche Abhängigkeit eines Arbeitnehmers nur dann als gegeben ansieht, wenn dieser in einen Betrieb im weitesten Sinne integriert ist.

[6] Bulla (Rechtsprechung), S. 18, geht daher grundsätzlich davon aus, daß es sich bei der Begriffsbestimmung des Arbeitnehmers nicht um eine Begrenzung nach apriorischen, sondern nur nach teleologischen Merkmalen handelt; ähnlich die unter 1. in Fn. 74 Genannten.

[7] Ebenso Zeuner, 85.

[8] Der Dualismus beider Theorien kann heute als überwunden gelten angesichts der Tatsache, daß „das Bestehen der Arbeitnehmereigenschaft weitgehend nach denselben tatbestandlichen Einzelkriterien und praktisch fast immer mit demselben Ergebnis" (G. Hueck, 218) beurteilt wird; allgemeine Meinung, vgl. nur Hueck / Nipperdey I, S. 41 Fn. 15; a. A. unter grundsätzlichem Aspekt Hübner (Sicherheit), S. 9 f.

Wie oben ausgeführt wurde[9], hat das Arbeitsrecht, entsprechend den gesellschaftlichen Bedingungen der damaligen Zeit, von Anfang an den wichtigsten Typus des abhängig Beschäftigten, den in einem Betrieb tätigen Industriearbeiter, zum Gegenstand seiner Rechtsnormen gehabt. Von diesem Faktum mußte *jede* Theorie ausgehen, die auf die soziale Situation normativ-gestaltend einwirken wollte. So ist es nur konsequent, wenn sich als das Gemeinsame aller bisherigen theoretischen Ansätze zur Bestimmung des Arbeitnehmerbegriffs die Fixierung auf den Typ des in einem Betrieb ganztätig Beschäftigten herauskristallisiert hat[10]. Damit ist zugleich die Grenze eindeutig festgelegt, auch wenn die Formulierungen im Einzelnen voneinander abweichen mögen. Dieses Merkmal schafft dadurch zwar die Möglichkeit zum Durchgriff auf die zugrunde liegenden Wertungen und bewirkt eine innere Folgerichtigkeit in der überkommenen Systematik der miteinander korrespondierenden Indizien und Merkmale, beschränkt aber zugleich die Befugnis des Rechtsanwenders in der Weiterentwicklung des Systems auf systemkonforme und -immanente Varianten. Natürlich ist dies die Folge jeglicher systematischer Begriffsbildung[11], die um der Einheitlichkeit des Systems willen nur Randkorrekturen und Auslegungsstreitigkeiten über die richtige Erkenntnis der bestimmenden Wertungsgrundlage und ihrer „Übersetzung" auf den zu regelnden Sachverhalt erlaubt[12].

bb) Das methodische Konzept der herrschenden Meinung

Um die Schwierigkeiten der heute herrschenden Meinung verstehen zu können, mit dem traditionellen Arbeitnehmerbegriff neue Berufe, in unserem Fall wesentliche Teile der freien Berufe, zu erfassen, soll zuerst noch ein kurzer Blick auf das methodische Konzept ihrer Vertre-

[9] Siehe unter 2. a).

[10] Es sollen hier nicht die zum Teil gravierenden Unterschiede in der Begrifflichkeit der einzelnen Beiträge zum Definitionsproblem des Arbeitnehmerbegriffs geleugnet werden (vgl. die Zusammenstellung oben unter 2. b)).

Dem Betrachter fällt jedoch auf, daß die sich aus den historischen Bedingungen ergebende *notwendige* gemeinsame Wurzel aller anhand objektiver Kriterien definierter Arbeitnehmerbegriffe in der aktuellen Diskussion immer deutlicher erkennbar wird, mögen auch die Gemeinsamkeiten in der Vergangenheit von mehr oder weniger verbal-abstrakten Auseinandersetzungen überdeckt sein. Erst die veränderte sozio-ökonomische Situation ganzer Berufsbereiche und die Reaktionen der Betroffenen darauf, haben zu einem „Überdenken" des Arbeitnehmerbegriffs an konkreten Grenzfällen geführt und die Gemeinsamkeiten erkennen lassen.

[11] So heißt es bei Hübner, S. 14: „Auch die bestausgeformteste Lösung kann jedoch ein Bedenken nicht ausräumen: die Kategorie bleibt ein *starres System.*"

[12] Daher ist die Aussage, daß die Grenzen rechtlicher Begriffsbestimmung fließend seien (siehe oben unter 3. c) aa) bei Fn. 40), zwar in dieser Allgemeinheit nicht zu widerlegen, aber banal und erkenntnistheoretisch unbrauchbar.

ter geworfen werden[13]. Der Arbeitnehmerbegriff, wie er heute überwiegend verwandt wird, ist an sich, im streng methodischen Sinn, kein „Begriff“[14]. Obwohl der Arbeitnehmerstatus in der Abstraktionsform des „Begriffs“ bestimmt zu werden scheint, indem unter eine Aneinanderreihung von Merkmalen subsumiert wird, die jeweils einen Ausschnitt aus der Ganzheit der Arbeitnehmereigenschaften herausgelöst haben, welcher quasi stellvertretend als *begriffswesentlicher* Teil das Ganze definiert[15], erweist sich bei näherem Hinsehen, daß die moderne Arbeitsrechtstheorie viel eher von einer Arbeitnehmertypologie ausgeht[16]. So sprechen etwa *Wiedemann*[17] und *Lieb*[18] vom „Typ des ganztägig in einem Betrieb Beschäftigten“, an dem neuere Entwicklungen sich zu orientieren hätten, *Stolterfoth*[19] von einer notwendigen „Typisierung“ bei der Ermittlung der Arbeitnehmereigenschaft, *Richardi*[20] vom „außerrechtlich bestimmten Arbeitnehmerbegriff“, *Mathys*[21] vom „Typus Arbeitsverhältnis“ usw. Die Reihe der Zitate ließe sich fast beliebig fortsetzen[22].

Schon weil der Forschungsgegenstand, mit dem das Arbeitsrecht konfrontiert ist, keine andere Methode erlaubt, waren Theorie und Praxis seit jeher gezwungen zu typisieren. Ausgehend vom empirischen

---

[13] Siehe schon oben unter 2. b).

[14] Die Unbrauchbarkeit des Arbeitnehmer„begriffs“ stellt Wiedemann (Arbeitsverhältnis), S. 16, heraus; ebenso Herschel (Methode), S. 237.

[15] Larenz (Methodenlehre), S. 435.

[16] Das Gleiche gilt grundsätzlich auch für die anderen hier untersuchten oder noch zu untersuchenden Rechts„begriffe“, soweit sie Personengruppen zum Gegenstand haben, etwa für die freien Berufe (so auch Raisch, Voraussetzungen, S. 209; Ganten, in: DVBl. 1974, 552 Fn. 11; W. Müller, Einbeziehung, S. 25), die Handelsvertreter (Herschel, S. 236; Evans, Anwendung, S. 132; Rehbinder, Tankstellenvertrag, S. 16; Stolterfoth, Selbständigkeit, S. 170; Hirsch, Typ, S. 162 ff.; ähnlich Schüller, ORDO XIX (1968), 214; grundsätzlich für die Ordnungszwecke des Handelsrechts Raisch, S. 39, und Ballerstedt, Marktmacht, S. 18) und die arbeitnehmerähnlichen Personen (so auch Rother, in: RdA 1966, 303; Herschel, S. 237, und aus dem Zusammenhang erkennbar auch Lieb, in: RdA 1974, 260 ff. und Maus, in: RdA 1968, 369 ff.).

[17] S. 16; ähnlich Biedenkopf (Entwicklung), S. 313.

[18] S. 259 f.

[19] In: DB 1973, 1069; ähnlich Söllner (Arbeitsrecht), S. 27 Fn. 19.

[20] In: ZfA 1974, 22.

[21] (Verhältnis), S. 40; siehe dazu auch Buchner, in: ZHR 134 (1970), 166; ähnlich Zeuner, in: RdA 1975, 84.

[22] Eine im Ergebnis wohl ablehnende Haltung zur Anwendbarkeit der typisierenden Methode im Arbeitsrecht findet sich einzig bei Stolterfoth, S. 113 ff., 114, 119, was allerdings in einem nicht zu vereinbarenden Gegensatz zu seinen Ausführungen in: DB 1973, 1069 ff., steht, die ganz selbstverständlich von der Notwendigkeit zu typisieren ausgehen, ohne auf die Vorbehalte, S. 113 ff., 170, 174 f., 187 f., dagegen sowie auf den, objektive Qualifikationsmodelle ablehnenden eigenen Ausgangspunkt (dazu unten unter 6. c) aa)) einzugehen. (Gegen die unzureichende Behandlung des Typenproblems in: Selbständigkeit, schon Herschel, Anmerkung 73.)

Normaltypus, der der statistisch bestimmbaren Masse der Arbeitnehmer um die Jahrhundertwende als durchschnittlicher Häufigkeitstypus entsprach, schuf die Arbeitsrechtstheorie einen Idealtypus des Arbeitnehmers, der einen Bewertungsmaßstab des „Sein — Sollenden“ abgibt, durch den die Realität, das „So — Sein“ bestimmter Eigenschaften und sozialer Stellungen von Personen innerhalb der Gesellschaftsstruktur zu rechtswissenschaftlichen — normativierenden — Zwecken bestimmt werden kann.

Beide Typen sind allerdings keineswegs identisch, weil der aus einer soziologischen Analyse der „üblichen Sachverhalte“ gewonnene empirische Typ die Realität unter einem ganz anderen Aspekt betrachtet als der Idealtyp. Sie entsprechen sich nur in der Weise, daß der soziologische Typus, wenn man die in ihm angelegten Regelungselemente als solche heraushebt und zueinander sowie zu den spezifisch rechtlichen Kategorien in Beziehung setzt, auf den rechtlichen Typus hinführt[23]. Es ist also durchaus möglich, daß beide Typen nicht übereinstimmen, zumal dann, wenn der Idealtypus mehr oder weniger abstrakt *begrifflich* vom Gesetzgeber normiert wird.

e) Die unvollständige Beschreibung des Arbeitnehmerstatus durch den Idealtypus des Arbeitnehmers

Wie groß die Diskrepanz zwischen dem Idealtypus des Arbeitnehmers und seinem empirischen Häufigkeitstypus ist, wurde schon mehrfach erwähnt[24]. Die Ursachen liegen zum einen im ideologisch bedingten, historischen Fehler, die persönliche Abhängigkeit für das essentielle Kennzeichen des empirischen Arbeitnehmertyps der Jahrhundertwende zu halten (oder darin, was hier nicht weiter untersucht werden soll, weil es am Ergebnis nichts ändert, daß der Idealtypus falsch bestimmt werden konnte, weil die persönliche in der Regel neben der wirtschaftlichen Abhängigkeit beim durchschnittlichen Arbeitnehmer vorlag und deswegen als das für die rechtswissenschaftliche Systembildung „brauchbarere“ Kriterium vorgezogen werden konnte)[25] und zum anderen in der zunehmenden Entfernung des soziologischen Typus „Arbeitnehmer“ vom solchermaßen falsch bestimmten Idealtypus aufgrund der inzwischen erfolgten Veränderungen der Arbeits- und Lebensbedingungen der meisten Arbeitnehmer[26].

---

[23] Vgl. Larenz, S. 451 ff.; Hirsch, a.a.O., S. 162 ff.; Leenen (Typus), S. 63 ff.

[24] Siehe oben die Zusammenfassung unter 3. c) cc).

[25] Siehe dazu die Ausführungen oben unter 2. a).

[26] Eine Parallele kann in der soziologischen Diskussion über den gesellschaftlichen Standort der sog. technisch-wissenschaftlichen Intelligenz gesehen werden (vgl. dazu: Der neue Arbeiter, hrsg. von K. H. Hörning, Frankfurt/Main 1971; Beckenbach u. a.: Klassenlage und Bewußtseinsformen, Frankfurt/Main 1973).

Nun läßt sich genauer erklären, worin sich das oben bereits erkannte Dilemma der Arbeitsrechtswissenschaft ausdrückt[27].

Es zeigt sich in dem Unvermögen, aus der Fixierung auf das Arbeitnehmerbild, wie es in der überholten Struktur des Idealtyps zum Ausdruck kommt, auszubrechen, auch wenn man vorgibt, der bloßen Begrifflichkeit und Abstraktion, die durch den langjährigen beinahe schematischen Gebrauch des Arbeitnehmer„begriffs" entstanden ist, durch einen Rückgriff auf die zugrunde liegenden Wertungen entgehen zu können. Denn das überkommene idealtypische Bild des Arbeitnehmers muß solange als verbindlicher Wertmaßstab gelten, wie es als adäquater rechtlicher „Ausdruck" des soziologisch-empirischen Normaltypus angesehen wird[28]. Daher hilft auch der Rückgriff auf das dem Idealtypus zugrunde liegende Telos nicht weiter, weil er notwendig am begrenzten, auf die persönliche Abhängigkeit eingeschränkten Wertungsrahmen dieses untauglichen Idealtypus endet.

Einige Beispiele sollen diesen Zusammenhang noch einmal verdeutlichen. Wie hinderlich und die Diskussion beherrschend dieser Idealtypus ist, zeigt sich schon daran, daß immer wieder auf ihn zurückgegriffen wird, wenn die Einbeziehung neuer Berufe und Berufsgruppen in Frage steht. Diese Methode, konsequent durchgehalten, kann sogar soweit führen, daß man Berufsgruppen, die, wenn man sie einmal nach Tätigkeitsmerkmalen qualifiziert[29], bislang weitgehend unbestritten als Arbeitnehmer galten, weil ihre Tätigkeit „typische" Arbeitnehmertätigkeit ist, nicht mehr als Arbeitnehmer begreifen kann, weil sie dem Idealtypus des betrieblich ganztägig eingegliederten Arbeitnehmers nicht in allen Punkten entsprechen. Aus diesem Grunde bestreitet etwa *Lieb*[30] die Arbeitnehmereigenschaft von Teilzeitbeschäftigten, deren

[27] Dazu schon oben unter 3. a), 3. c).

[28] Dies gilt jedenfalls für den gesetzlich nicht normierten Arbeitnehmer„begriff". Eine bisher vernachlässigte Aufgabe gerade auch der Rechtswissenschaft scheint mir die ständige Überprüfung der Kongruenz von Idealtypus und empirisch-soziologischem Normaltypus zu sein, so daß die von Hirsch, S. 163 f., genannten Gefahren vermieden werden (dazu G. Hueck, in: RdA 1969, 217). Zu der Frage, wann und in welchem Ausmaß der Idealtypus umgeformt werden kann, bzw. muß, siehe unten unter 5. b) cc).

[29] Die Tauglichkeit einer Tätigkeitsbeschreibung innerhalb eines betrieblichen Ordnungsgefüges zur Erkennung des Arbeitnehmerverhältnisses wird höchst unterschiedlich beurteilt; *dafür:* BAG AP Nr. 10, 17 zu § 611 BGB — Abhängigkeit; Oppinger, in: DAngVers 1973, 97; Meissinger, in: DBetrVerf 1957, 67 f.; Palme, in: BlStSozVArbR 1968, 223; Woltereck, in: AuR 1973, 293; Deneke (Berufe), S. 177; A. Dietz, in: FuR 1973, 293; Gerschel, in: FuR 1973, 539; Seidel, in: BB 1970, 973; Koch, in: Informationsdienst-Gewerkschaftspresse 1971, 4, und Potthoff (Arbeitsrecht), S. 332; *dagegen:* v. Sell (Funktion), S. 44; Kunze (Stellung), S. 81; Stolterfoth (Selbständigkeit), S. 76 Fn. 97; Wiedemann, S. 19; Sieg, in: SGb 1968, 514, und wohl auch G. Hueck, in: DB 1955, 384; eine vermittelnde Position nimmt demgegenüber Herschel (Anmerkung), 69, ein.

[30] 216.

Tätigkeit zeitlich nicht sehr erheblich ist[31]. Dadurch würden weder Haushaltshilfen noch Verkäuferinnen noch Putzfrauen[32], die nur an Wochenenden oder zur Aushilfe arbeiten, als Arbeitnehmer angesehen werden können, obwohl ihre Tätigkeit typische Arbeitnehmertätigkeit ist, ebenso wie ihr arbeitsrechtliches Schutzbedürfnis kaum zu bezweifeln sein dürfte[33]. Letztlich vermag es also auch *Lieb* nicht, sich der im Kreis bewegenden Diskussion, die immer wieder bei der „ursprünglichen Zielgruppe“[34] landet, zu entziehen, obwohl gerade er den Formalismus der herkömmlichen Begrifflichkeit rügt und, wie wir oben gesehen haben, einen stärker wirtschaftlich betonten Aspekt zur Grundlage seiner Überlegungen macht[35]. Der Begriff der persönlichen Abhängigkeit bewirkt immer wieder, daß sich ergänzende oder neue Kriterien ausschließlich an Tätigkeitsweisen, Arbeitsumständen wie zeitlicher Inanspruchnahme und in irgendeiner Weise gearteter betrieblicher Eingliederung sowie Arbeitsabläufen orientieren, die weitestgehend auf einem Bild des Arbeitnehmers beruhen, das aus rein äußerlicher, oberflächlicher „An-Schauung“ der lediglich technisch-funktionalen Arbeitsumstände als Idealtyp gewonnen worden ist.

Die These *Lieb's*[36], die sich ansatzweise auch bei *Söhnen*[37] und *Ballerstedt*[38] wiederfindet, daß nur derjenige Arbeitnehmer sei, der

---

[31] *A. A.* dagegen die wohl überwiegende Auffassung, vgl. etwa RAG ARS 6, 208; BAG AP Nr. 10 zu § 611 BGB — Lehrer, Dozenten; AP Nr. 12, 14 zu § 611 BGB — Abhängigkeit; AP Nr. 31 und 32 zu § 620 BGB — Befristeter Arbeitsvertrag; DB 1976, 298 f., 299; LAG Bremen, AP 1951 zu Nr. 49; LAG Saarbrücken, in: FuR 1966, 46 ff.; Schaub, S. 154; Dersch / Neumann, § 2 Rdnr. 46.

[32] *A. A.* auch das RAG ARS 8, 210.

[33] Daß Lieb, 260 (ähnlich Zeuner, 87), es dennoch tut, obwohl er die spezifisch arbeitsrechtliche Schutzbedürftigkeit, die er offensichtlich für die sozialpolitische conditio sine qua non des Arbeitsrechts hält, durchaus als sozialmotiviert versteht — im Gegensatz zur bloßen wirtschaftlichen Bedrängnis, die auch beim Unternehmer zeitweilig vorliegen kann — (S. 261), erstaunt um so mehr, als es allgemein bekannt sein sollte, daß insbesondere die Frau nachweislich gezwungen ist, ihre typische Rolle als Hausfrau aufzugeben und wenigstens teilzeitlich zu arbeiten (Stichwort: Doppelrolle), um zur Sicherung und Erhaltung des Lebenshaltungsstandards der Familie beizutragen. Genau das ist jedoch (nach Lieb, S. 259 f.) die spezifisch arbeitsrechtliche Ausgangssituation, die nicht mit einem pauschalen, unbelegten Hinweis auf die fehlende Schutzbedürftigkeit der Betroffenen negiert werden kann.

[34] Lieb, 260.

[35] Siehe unter 3. c) bb) bei Fn. 57. Allerdings ist der Unterschied dieses Kriteriums zur persönlichen Abhängigkeit im Ergebnis nur sehr gering, denn auch dort entscheidet das Maß dieser Abhängigkeit (allgemeine Meinung: vgl. etwa Hueck / Nipperdey I, S. 43; Schaub, S. 126 f.; Siebert, in: BB 1949, 746; G. Hueck, in: RdA 1969, 218), welches unter Umständen zur Annahme der Arbeitnehmereigenschaft nicht ausreicht, wenn die Tätigkeit zu kurzfristig und unerheblich ist (so z. B. Hueck / Nipperdey, S. 49).

[36] In: RdA 1977, 215 ff.; ZVersWiss 1976, 213 ff.

[37] Selbständigkeit, S. 63 ff.

[38] In: RdA 1976, 7 f.

die Chance zu „unternehmerischen Dispositionsmöglichkeiten über die eigene Arbeitskraft" eingebüßt hat[39], enthält vielmehr beispielhaft nahezu alle Ungereimtheiten der herrschenden Meinung: Die Unterscheidungskraft seiner Kriterien basiert auf der Prämisse, daß die Möglichkeit zu einem derartigen Einsatz der Arbeitskraft grundsätzlich gegeben ist. Ohne auf eine umfangreiche Diskussion sozialwissenschaftlicher Erkenntnisse und politischer Theorien eingehen zu müssen, kann wohl ohne weiteres festgestellt werden, daß die wirtschaftlich-sozialen Existenzbedingungen der Arbeitnehmerschaft objektiv fundiert sind und nicht durch einen schlichten Akt „freier" Willensbetätigung durch jeden Einzelnen aufgehoben werden können. Die Alternative der freien Wahl zwischen — verkürzt gesprochen — Arbeits- und Wirtschaftsrecht existiert nur theoretisch.

Ein weiteres kommt hinzu: Um zu diagnostizieren, in welcher Vertragsform die Arbeitsleistung erbracht wird, ist *Lieb* gezwungen, auf verobjektivierbare Unterscheidungsmerkmale zurückzugreifen. Denn die Prämisse läßt sich nur theoretisch *formulieren*, sie muß sich indessen praktisch an Indizien *manifestieren*. Solange *Lieb* dabei im Rahmen „typischer" Arbeitnehmertätigkeiten bleibt, scheint diese Methode, angesichts allgemeiner Übereinstimmung, noch einigermaßen plausibel zu sein. Sobald jedoch neue, „untypische" Tätigkeiten qualifiziert werden müssen, ist der Rückgriff auf herkömmliche Kriterien nicht zu vermeiden. *Lieb* bedient sich dazu in neuer Form der bekannt untauglichen formalen Kriterien (z. B. Festanstellung, festes Gehalt, Arbeitszeitvereinbarung, Leistungsbeschreibung im Vertrag usw.)[40]. In Wirklichkeit ermöglicht der Arbeitsmarkt, dessen Funktionieren *Lieb* ohne weiteres unterstellt — was zur Ausübung einer echten Wahlfreiheit im Sinne seiner Theorie auch notwendig ist —, dem Vertragspartner, *einseitig* die Fakten zu setzen, auf denen die formalen Kriterien aufbauen. Der „Unternehmer wider Willen" *(Lieb)*[41] ist damit auch rechtlich anerkannt.

Dies führt — in voller Konsequenz des eigenen Ansatzes — letztlich dahin, daß eine zunächst als in freier unternehmerischer Disposition erbrachte Arbeitsleistung (nach *Lieb*) wegen einer auch bestehenden Weisungsgebundenheit und Eingliederung des Leistenden sodann als Arbeitnehmertätigkeit (von *Lieb* sog. unternehmerähnlicher Arbeitnehmer) eingestuft wird[42]. Damit ist, wenn auch über den Umweg einer m. E. nicht akzeptablen Prämisse, der alte Wirkungsbereich herkömm-

---

[39] Lieb, in: ZVersWiss 1976, 213.

[40] In: RdA 1977, 216.

[41] In: RdA 1977, 215; wie unbrauchbar der Ansatz von Lieb ist, zeigen die Ausführungen auf S. 218 Fn. 49.

[42] Lieb, in: ZVersWiss 1976, 218; in: RdA 1977, 217.

licher Kriterien in etwas modifizierter Form wiederhergestellt, ohne daß eine andere Qualität dieser Kriterien ersichtlich wäre. Nur eine Umformung aber oder eine andere Gewichtung dieser Merkmale aufgrund einer Theorie des funktionierenden Arbeitsmarktes kann neue Sozialstrukturen und Abhängigkeiten nicht richtig erkennen, weil die Grenzen des „Idealtypus“ damit nicht durchbrochen werden können.

Diese Methode läßt sich auch an den Gründen eines BAG-Urteils[43] nachweisen, das sicherlich in diesem Problembereich als typisch gelten kann. Es handelte sich um die Statusbeurteilung eines Nachrichtensprechers, der nach einem Schichtplan der Rundfunkanstalt, in dem der Dienst für alle Sprecher „rund um die Uhr“ einheitlich festgelegt wird, in jeweils bestimmten Zeiten als freier Mitarbeiter den Ansagedienst versah. Neben einigen festangestellten Sprechern waren nach und nach weitere Sprecher, die in den Verträgen als freie Mitarbeiter bezeichnet wurden, hinzugekommen, weil das Programm erheblich ausgeweitet worden war. Die Zahl der festangestellten Sprecher blieb dagegen konstant.

Das BAG hielt den Nachrichtensprecher für einen Arbeitnehmer, weil sich „in dieser Art der Dienstzuweisung und Dienstzuteilung ... ein hohes Maß von Weisungsgebundenheit des Klägers in einem für Arbeitsverhältnisse besonders typischen Punkte“[44] ausgedrückt habe. Als weitere Begründung fügte das BAG hinzu, daß man die Schichteinteilung durch die Rundfunkanstalt nicht einmal als Weisung an die Angestellten, ein anderes Mal als Vertragsangebot an die freien Mitarbeiter verstehen könne. „Derartige Unterscheidungen sind für die Betroffenen nicht erkennbar. Es ist in erster Linie Aufgabe des Arbeitgebers, innerhalb eines mit denselben Aufgaben betrauten Beschäftigungskreises die Bedingungen der Beschäftigten *nach dem jeweils ihnen beigelegten Status* (Hervorhebungen v. Verf.) in der Praxis für die Betroffenen deutlich herauszustellen[45].“

Hier zeigen sich m. E. wieder eindeutig die Auswirkungen der Tatsache, daß das Merkmal der persönlichen Abhängigkeit die den Arbeitnehmerstatus begründenden und die Existenz von Arbeitsrecht überhaupt erst voraussetzenden sozialen wie rechtlichen Grundsatzentscheidungen lediglich in *vermittelnder* Form als organisatorisch-technische Eingliederung bestimmter Tätigkeitsweisen begreift[46]. Dadurch bietet sich eine Grundlage für die Qualifikationsbemühungen dar, auf der die Argumente für oder gegen die Arbeitnehmereigenschaft ohne weiteres auf organisatorisch-technische reduziert werden können. Wenn der

[43] BAG AP Nr. 10 zu § 611 BGB — Abhängigkeit.
[44] Bl. 580.
[45] Bl. 580.
[46] Siehe dazu schon oben unter 3. c) bb).

rechtliche Status einer Person dieser jeweils „beigelegt" werden kann, dann liegt darin für das Arbeitsrecht eine Tendenz zur völligen Sinnentleerung und eine Verkennung seiner rechtlichen wie sozialpolitischen Relevanz[47]. Der nur sozial und ökonomisch zu erklärende und zu begreifende spezifische Charakter des Arbeitsrechts[48] wird so zugunsten einer formal-funktionalen Auffassung von Arbeitsrecht umfunktioniert, was zu ernsten Schwierigkeiten führt, wenn die Einbeziehung neuer Berufe mit anderer Sozialstruktur und anderen Abhängigkeitsformen in das Arbeitsrecht begründet werden soll. Denn die Bedeutung der Wahlmöglichkeit zwischen dem Arbeits- und dem Dienstvertragsrecht liegt dann lediglich in der Kongruenz von Vertragstyp und konkret vereinbarter Tätigkeit[49]. Da aber Arbeitsrecht und Dienstvertragsrecht gleiche Tätigkeiten regeln *können*[50], verliert auch dieser Maßstab vollends seine Unterscheidungskraft. Anstatt nun über das formale Kriterium der persönlichen Abhängigkeit hinauszugehen und nach inhaltlichen, die Bedingungen und Besonderheiten der Entstehung von Arbeitsrecht reflektierenden Kriterien zu suchen, findet das BAG die einheitliche arbeitsrechtliche Statusbeurteilung der Beschäftigten als „tragendes Argument für die Bejahung der Arbeitnehmereigenschaft"[51]. Damit wird das Problem jedoch nur verschoben, nicht gelöst[52]. Denn

---

[47] Diese Tendenz kann in vielen Beiträgen zu unserem Problem beobachtet werden. So spricht etwa Lieb, 262, von einer durch das Arbeitsrecht „in erheblichem Maße" ausgeglichenen ursprünglichen wirtschaftlichen Schwäche der Arbeitnehmer, Wiedemann (Arbeitsverhältnis), S. 12, von der Überflüssigkeit des Arbeitsrechts in wirtschaftlich guten Zeiten, wenn man auf das Merkmal der wirtschaftlichen Abhängigkeit abstellte (was er deswegen ablehnt) und Stolterfoth, S. 240, von den Vorteilen eines funktionierenden Arbeitsmarktmechanismus, der einen Wechsel bzw. eine Wahl zwischen dem Handelsvertretervertrag (§ 84 Abs. 1 HGB) und dem Angestelltenvertrag (§ 84 Abs. 2 HGB) ermögliche (*a. A.* Koch, 4). Hieran wird m. E. das Bestreben dieser und anderer Autoren (vgl. noch Zöllner, in: RdA 1969, 67; Herschel, in: Ufita 1962, 119 f. und Rehbinder, Sicherung, S. 25) deutlich, in Verkennung der *strukturellen* Unterlegenheit des Arbeitnehmers auf rechtlichem, sozialem wie ökonomischem Gebiet, die auch in wirtschaftlichen Prosperitätszeiten nie aufgehoben, allenfalls kurzfristig überdeckt wird (siehe dazu auch unten unter 5. b) cc) β)), die primäre Zielsetzung des Arbeitsrechts zugunsten der im Text angeführten Betrachtungsweise zu verdrängen. Das Arbeitsrecht erfährt dadurch eine andere gesellschaftliche Qualität (zu einer ähnlichen Bestrebung siehe oben unter 2. b) bei Fn. 96), die letztlich in der Forderung kulminiert, das Arbeitsrecht dürfe kein Sonderrecht der Arbeitnehmer sein, weil es dadurch „zum Standesrecht und damit zu einer Privilegienordnung (wird), für die innerhalb einer offenen Gesellschaft jede Rechtfertigung fehlt", Richardi, in: ZfA 1974, 23.

[48] Siehe oben unter 2. a).

[49] In diesem Sinn hat das Arbeitsrecht nur die Bedeutung einer instrumentell „richtigen" Rechtsordnung zur Regelung einer spezifischen, weitgehend unselbständig und in einem Personenverband eingegliedert durchgeführten Tätigkeit.

[50] Vgl. etwa G. Hueck, in: DB 1955, 384.

[51] Herschel (Anmerkung), 68.

eine Antwort auf die Frage, warum auf die Beschäftigungsverhältnisse der Nachrichten-Sprecher Arbeitsrecht angewendet werden muß, gibt das BAG nicht. Es „überwindet" den Formalismus der Revisionsbegründung nur durch seinen eigenen Formalismus, der freilich in der unbrauchbaren Formel von der persönlichen Abhängigkeit tendenziell angelegt ist. In der Tat erzeugt diese Methode einen Formalismus[53], der die wirtschaftliche und soziale Bedingtheit heutiger Abhängigkeitsformen zugunsten einer funktional-organisatorischen Betrachtungsweise ausblendet[54]. Dagegen hilft auch die vielbeschworene Berufung auf die Einbeziehung soziologischer Erkenntnisse nicht, wenn der soziologische Grundtatbestand, die soziale Schicht, von dem das Gesetz in vielen Fällen ausgehen muß, „durch das Recht noch präziser abgegrenzt werden muß, wenn sich an die Zugehörigkeit zu dieser Gruppe (hier die leitenden Angestellten, d. Verf.) Rechtsfolgen anschließen sollen"[55], und zwar derart abgegrenzt werden muß, daß „in allen Fällen einer möglichen Ausweitung des Arbeitsrechts die Frage im Vordergrund (steht), ob *Tätigkeitsweise* und Rechtsverhältnis mit der Verrichtung abhängiger Arbeit aufgrund eines Arbeitsverhältnisses so viel gemeinsam haben, daß die Einbeziehung ins Arbeitsrecht gerechtfertigt erscheint". (Hervorhebungen v. Verf.)[56].

Natürlich ist es nicht zu bestreiten, daß die soziologischen Erkenntnisse und ihre spezifischen Kriterien nicht direkt in die arbeitsrechtliche Systematik eingehen können, weil die *faktische* Richtigkeit soziologischer Aussagen keineswegs unmittelbar *rechtliche* Geltungskraft beanspruchen kann[57]. Der Arbeitnehmerbegriff erfüllt primär normative Funktionen. Seine inhaltliche Bestimmung hat sich daran auszurichten. Das Problem muß unter wenigstens zwei Aspekten betrachtet werden.

Die Neubestimmung des Arbeitnehmerbegriffs unter Einbeziehung soziologischer Erkenntnisse läßt sich in einer empirischen und einer semantischen (normativen) Dimension diskutieren. Die normative Ebene hat alle möglichen Bedeutungen des Arbeitnehmerbegriffs aufzuzeigen und insbesondere die Grenzen der rechtlichen Begriffsbestimmung zu markieren. Dies geschieht freilich nicht allein in einer Auslegung des Begriffs Arbeitnehmer durch den herkömmlichen Kanon juristischer

[52] Nur die Besonderheit des Sachverhalts ermöglichte es dem BAG, in der Sache zu entscheiden, ohne auf die Statusbeurteilung einzugehen.

[53] So auch Woltereck, in: AuR 1973, 131; Hessel, in: RdA 1952, 411; v. Olenhusen, in: Kürbiskern 1972, 556; Schüller, 245; Lieb, 260.

[54] Siehe dazu die oben unter 2. in Fn. 9 Genannten.

[55] Mayer-Maly, in: BB 1974, 1125.

[56] Mayer-Maly (Arbeiter), S. 4.

[57] Dazu Säcker, in: ARSP 1972, 215 ff., 223; Stolterfoth, S. 169 f.; Hirsch, S. 161 ff.; G. Hueck, in: RdA 1969, 217.

Auslegungskriterien, denn dieser Versuch würde lediglich — und dies wird noch zu zeigen sein — die Illusion nähren, der (historische) Gesetzgeber habe bereits abschließend und detailliert den Arbeitnehmerbegriff festgelegt. Um zu einer gesetzeskonformen (verfassungskonformen) Lösung des Problems zu gelangen, ist es vielmehr erforderlich, die sozialen Auswirkungen und Folgeerscheinungen dieser je bestimmten Definition des Arbeitnehmerbegriffs herauszustellen, um zu einer Kongruenz von dem mit empirischen Inhalt ausgefüllten Begriff und dem gesetzlich normierten sozialen System der Gesamtrechtsordnung zu gelangen. Der Arbeitnehmerbegriff wird so zu einer normativen Zielbestimmung, deren Richtigkeit, d. h. Gesetzes(Verfassungs-)konformität durch einen Rückgriff auf das soziale System, bzw. die sozialen Implikationen der Grundnormen der Gesamtrechtsordnung überprüft werden muß.

Die empirische Ebene des Problems läßt sich nunmehr als notwendig korrelierender Bestandteil des Arbeitnehmerbegriffs bestimmen. Im Rahmen und in den Grenzen der normativen Zielbestimmung muß die Auswahl der intendierten Zielgruppe nach soziologischen Regeln und Kriterien erfolgen, die von dieser Wissenschaft zur Erfassung von sozialem Status einer Personengruppe aufgestellt worden sind. Damit wird das Heranziehen juristischer „Alltagstheorien" über „den" Arbeitnehmer gegenstandslos. Insoweit — und nur insoweit — ist es nicht nur gerechtfertigt, sondern m. E. zwingend geboten, soziologisch-empirische Kriterien unmittelbar in die juristische Nomenklatur einzubeziehen.

Sicherlich nicht gerechtfertigt ist es demgegenüber, soziologische Erkenntnisse durch den rechtlichen „Filter" eines Arbeitnehmeridealtypus derart zu „verdünnen", daß diese nur insoweit berücksichtigt werden, wie sie neue Hinweise zur faktischen Wirkung und Bedeutung *allein* des bisherigen rechtlichen Hauptkriteriums ergeben. Konkret gesprochen, bedeutet das: Aus den bisherigen Beiträgen der Arbeitsrechtswissenschaft zum Problem des Arbeitnehmerbegriffs läßt sich nur der Schluß ziehen, daß soziologische Überlegungen zum Inhalt des Arbeitnehmerbegriffs von der herrschenden Meinung zur Weiterentwicklung und möglichen Ausdehnung des Arbeitsrechts in aller Regel nur dann verwertet werden, wenn sie mit der ursprünglichen Zielgruppe in einem Zusammenhang stehen, der noch mit dem Merkmal der persönlichen Abhängigkeit erklärt und begriffen werden kann[58]. Eben das

[58] So erschöpft sich die Verwertung soziologischer Erkenntnisse — soweit sie überhaupt herangezogen werden (dazu oben unter 3. c) aa) in Fn. 43 u. unter 3. c) bb) in Fn. 54) — in jedem von mir herangezogenen rechtswissenschaftlichen Beitrag ausschließlich in mehr oder weniger allgemein gehaltenen Hinweisen auf die rechtstatsächliche Vielgestaltigkeit der von der persönlichen Abhängigkeit erfaßten Schicht (siehe die oben unter 1. in Fn. 2 Genannten) sowie in der Auswertung persönlicher Erfahrungen und Beob-

ist jedoch bei wirtschaftlichen, sozialen und den Status betreffenden Erklärungszusammenhängen unmöglich.

Solange die Fixierung auf die persönliche Abhängigkeit mit dem Blick auf den ursprünglichen Typ des ganztägig in einem Betrieb abhängig Beschäftigten, deren sachliche Berechtigung und rechtliche Notwendigkeit kaum je kritisch reflektiert wird, nicht aufgehoben werden kann, wird es weiterhin nicht gelingen, eine „in unserer Wirtschaft ... bisher nicht ausreichend erkannte Skala von Abhängigkeiten“[59] rechtlich zu erfassen und die „mangelnde Einstellung des Arbeitsrechts auf bislang Selbständige“[60] zu überwinden, obwohl es doch „Aufgabe des Rechts ... (ist), diese Entwicklung entsprechend den praktischen Bedürfnissen zu fördern ..., nicht aber sie aus formalistischen Erwägungen zu hemmen ...“[61].

---

achtungen des zu untersuchenden Phänomens und in der Analyse der betreffenden Verträge (so etwa bei Schwerdtner, in: BlStSozVArbR 1972, 17; Rehbinder, Tankstellenvertrag, und bei den Autoren der Broschüre „Freie Mitarbeiter in den Rundfunkanstalten“). So notwendig diese Untersuchungen auch sind, so ergeben sie doch nur einen Ausschnitt aus der möglichen Beschreibung der umfassenden sozio-ökonomischen Situation des Arbeitnehmers — einen Ausschnitt, der lediglich neue Erkenntnisse über den instrumentellen Aspekt einer umfassenden Abhängigkeit liefern kann, in keinem Fall aber fruchtbarer Ansatz für eine Neubestimmung von der Realität überholter Rechtsbegriffe ist (als positive Ausnahmen können allenfalls in einigen Aspekten die Ausführungen von Schüller, 171 ff., und Hirsch, S. 161 ff., gelten).

[59] Maus, 373; ähnlich Hensche, in: RdA 1971, 12.

[60] Wiesand / Fohrbeck, in: GMH 1973, 597.

[61] A. Hueck, in: RdA 1956, 45, dessen Äußerung zwar im Zusammenhang mit der Entwicklung des Tarifvertrags gemacht wurde, aber auch für den Arbeitnehmerbegriff gelten dürfte.

4. Die mangelnde Fähigkeit des herkömmlichen Arbeitnehmerbegriffs zur Einbeziehung neuer Berufe am Beispiel einiger freier Berufe

Die Untauglichkeit des Begriffs der persönlichen Abhängigkeit, wenn es darum geht, diejenigen freien Berufe in das Arbeitsrecht einzubeziehen, die materiell gesehen schon lange nicht mehr als „freie" Berufe angesehen werden können, läßt sich leicht an einigen Beispielen demonstrieren.

a) Über die Problematik der freien Mitarbeiter

Besonders gravierende soziale Veränderungen können zur Zeit bei den Medienberufen beobachtet werden[1]. Eine der zahlenmäßig größten Gruppe der Autoren und anderer künstlerisch Tätiger stellen zweifellos die sogenannten freien Mitarbeiter bei den Rundfunk- und Fernsehanstalten sowie bei Zeitungs- und Buchverlagen[2] dar. Wenngleich die Aufgabenstruktur des Medienbereichs eine Fülle von verschiedensten Arbeitsformen und Tätigkeitsweisen hervorgebracht hat, so können doch in der Regel drei jeweils alternative Begriffspaare zur Unterscheidung herangezogen werden, die sich wiederum jeweils gegenseitig überlagern bzw. überschneiden[3].

[1] Siehe dazu oben unter 1.

[2] Die absolute Zahl der freien Mitarbeiter bei Funk und Fernsehen wird meistens mit ca. 100 000 angegeben, dürfte aber wesentlich niedriger liegen, wenn die hier nicht interessierenden nebenberuflich als Wissenschaftsautoren Tätigen unberücksichtigt bleiben. Demgegenüber gibt es ca. 16 000 angestellte Mitarbeiter. Die Zahlen sind jedoch sehr ungenau, die einzelnen Nachweise differieren zum Teil beträchtlich (vgl. Fohrbeck / Wiesand, Autorenreport, S. 40 ff. und Künstler-Report, S. 134 ff.; Fischer, in: FuR 1973, 376; Dietz, in: FuR 1973, 293; Gerschel, in: FuR 1973, 539; von Sell, Funktion, S. 46; R. S., HFF 5/1971, 10; Schuhler, in: Kürbiskern 1972, 641; Drews / Bernstein, Mitarbeiter, S. 186). Mit einiger Berechtigung wird man dagegen sagen können, daß sich die Zahl der freien hauptberuflichen Autoren von 1922 (erster Autorenreport) bis 1972 (zweiter Autorenreport) etwa verdreifacht hat (Schwenger, Schriftsteller-Lage, S. 41); der größte Teil der Autoren hat sein hauptsächliches Betätigungsfeld auf dem Gebiet des Rundfunk und Fernsehens, wie sich aus der Repräsentativuntersuchung des Autorenreports, S. 72 ff., ergibt.

[3] Die folgenden Kategorien sollen eine Zusammenstellung der wichtigsten möglichen Unterscheidungsmerkmale der freien Mitarbeiter sein. Kaum jemals werden alle drei Kategorien nebeneinander verwendet. Die juristische Literatur geht meistens von Kategorie 1 und 3, die soziologische von 2 und 3 aus (vgl. Fohrbeck / Wiesand / Woltereck, Arbeitnehmer, S. 5 ff., 62 ff., 70 ff., 282 ff.).

aa) Die Schwierigkeiten, das Rechtsverhältnis des freien Mitarbeiters nach herkömmlichen Arbeitnehmer- bzw. Selbständigenkriterien zu qualifizieren

1. Zunächst kann die Gruppe der freien Mitarbeiter nach der Anzahl ihrer erbrachten Leistungen an ein Unternehmen des Medienbereichs in (a) gelegentlich freie Mitarbeit und (b) ständig freie Mitarbeit unterteilt werden[4]. Typischerweise fallen unter (a) z. B. der an einer Darstellung im Fernsehen mitwirkende Sänger oder Schauspieler oder der gelegentlich ein Manuskript an eine Rundfunk- oder Fernsehanstalt abliefernde Autor und unter (b) z. B. der ständig oder wiederholt beschäftigte Sprecher oder Kameramann oder der wiederholt ein Manuskript (z. B. für eine Serie) abliefernde Autor. Wann Praxis, Rechtsprechung und Literatur ein Beschäftigungsverhältnis als ständig ansehen, läßt sich nur schwer in einer Definition erläutern, weil die Maßstäbe durchweg differieren[5]. Man wird sagen können, daß jemand dann ständig freier Mitarbeiter ist, wenn er rechtlich frei ist, Aufträge abzulehnen, aber faktisch vom Auftraggeber wegen des tatsächlichen Umfangs seiner Tätigkeit für diesen abhängig ist. Dabei sollte er mindestens ein Jahr lang gearbeitet und dabei 50 % bis 80 % seiner Einkünfte vom Auftraggeber bezogen haben[6]. Hierbei ist allerdings zu beachten, daß der Gesetzgeber in § 12 a Abs. 2 TVG für die Definition der „Arbeitnehmerähnlichkeit" die Grenze sehr viel tiefer gezogen hat, indem er nur ein Drittel der Einkünfte bei einem Auftraggeber verlangt[7].

2. Weiter kann nach der Bedeutung der Tätigkeit für den Betroffenen und seiner dadurch bedingten Inanspruchnahme[8] zwischen den

---

[4] Vgl. Dannenhaus / Riepenhausen (Mitarbeiter), S. 11 ff.; Lewenton, in: FuR 1966, 287 ff.; Maus, 368 f. Als ständig freie Mitarbeiter werden, streng genommen, nur die verstanden, die ständig von nur *einer* Rundfunk- oder Fernsehanstalt oder nur *einem* Verlag beschäftigt werden (ebenso die Unterscheidung von W. Dannenhaus in einem früheren Aufsatz, zitiert bei Maus, 369); bei Dannenhaus / Riepenhausen, S. 12, und Lewenton, wird kein derartiger Unterschied mehr gemacht; Kunze (Stellung), S. 56, und Rehbinder (Sicherung), S. 24, u. a. fassen demgegenüber die Rundfunk- und Fernsehanstalten als *einen* Arbeitgeber (Dienstberechtigten) auf (zu den schwierigen Rechtsfragen, die dadurch aufgeworfen werden, im Zusammenhang mit § 12 a TVG einerseits siehe unten unter 5. a) aa) und mit der Feststellung der wirtschaftlichen Abhängigkeit andererseits siehe unten unter 5. b) cc) γ)). Die Behandlung dieses Themas in der juristischen Literatur ist reichlich verworren und die Aussagen sind recht unbestimmt aus Gründen, auf die sogleich im Text Bezug genommen wird.

[5] Vgl. die unterschiedlichen Ansätze bei Rehbinder, S. 24 ff.; Kunze, S. 59, 65 und öfter; Lieb, in: RdA 1974, 260, sowie die Menge der von Maus, 371 ff., herangezogenen Kriterien; BAG AP Nr. 6, 8 und 12 zu § 611 BGB — Abhängigkeit, und BSG, Breith. 1974, 464, das feststellt, auch ein ständig freier Mitarbeiter könne sozialversicherungsrechtlich unständig gemäß § 411 RVO beschäftigt sein.

[6] So Rehbinder, S. 24 und S. 24 Fn. 18; ähnlich Kunze, S. 59, 65 und öfter.

[7] Vgl. dazu die Ausführungen unten unter 5. b) cc) γ).

(a) hauptberuflich und (b) nebenberuflich tätigen freien Mitarbeitern unterschieden werden[9]. Als typische Berufe, die in den oben genannten Medienunternehmen ausgeübt werden, dürften unter (a) z. B. die Sprecher sowie unter (b) die wissenschaftlich sich betätigenden Autoren anzusehen sein.

3. Zuletzt kann dann unterschieden werden zwischen den (a) wirtschaftlich abhängig und (b) wirtschaftlich unabhängig arbeitenden freien Mitarbeitern[10]. Eine Typologie der Berufe läßt sich hier nicht vornehmen, da zunächst die Streitfrage entschieden werden müßte, wie die wirtschaftliche Abhängigkeit juristisch definiert werden soll. Das ist jedoch im Rahmen dieser Überlegungen, die zunächst nur einen Überblick über die Formen und Modalitäten der Beschäftigung der freien Mitarbeiter geben wollen, nicht notwendig[11]. Die Schwierigkeiten, die Rechtsverhältnisse der freien Mitarbeiter juristisch befriedigend in den Griff zu bekommen, liegen in den rechtstatsächlichen Besonderheiten ihrer Beschäftigung, die von der üblichen Art der Arbeitsleistung eines Arbeitnehmers vor allem in zwei Punkten abweicht. Der freie Mitarbeiter arbeitet ähnlich wie der Heimarbeiter[12] hauptsächlich zu Hause und benutzt nur gelegentlich — wenn auch in steigendem Maße[13] — fremde Hilfsmittel. Von einer Eingliederung im weitesten Sinn, unter die etwa schon die Arbeit in einem lose zusammengehaltenen Team fallen würde[14], kann zumeist keine Rede sein[15]. Aus dieser wesentlich formalen Eigenbestimmtheit der Arbeitsleistung — von materiell begründeten anderen Zwängen, die die formale Eigenbestimmung möglicherweise als Scheinfreiheit entlarven, soll hier noch nicht gesprochen werden[16] — resultiert die zusätzliche Möglichkeit zur Selbstbestimmung über die Arbeitszeit, die, wenn man einmal von der glei-

---

[8] Ähnlich auch die Definition von Haupt- und Nebenberuf bei König / Silbermann (Künstler), S. 91.

[9] So vor allem Fohrbeck / Wiesand (Autorenreport), S. 28 ff. und teilweise Kunze, S. 58 f.

[10] Kunze, S. 58 f.; Rehbinder, S. 23 ff.; Maus, 369; Falkenberg, in: DB 1969, 1412.

[11] Siehe aber unten unter 4. a) bb).

[12] Hin und wieder fällt daher in diesem Zusammenhang der Begriff des „geistigen Heimarbeiters", so z. B. Schäfer, in: DRdA 1974, 172.

[13] Fohrbeck / Wiesand, S. 232 ff.; Schütte (Notwendigkeit), S. 233, unter Berufung auf Martin Walser; gegen ihn Breede (IG Druck), S. 193.

[14] So z. B. Herschel, in: Ufita 1962, 120; ähnlich Rehbinder, S. 21.

[15] Siehe S. 111.

[15] So auch sogar Maus, 369 f., obwohl er als Vertreter der Eingliederungstheorie in den üblichen Fehler verfällt, die betriebliche Eingliederung unzulässig zu überdehnen; wie hier auch Rehbinder, S. 22 f.; Wiesand, in: GMH 1973, 279.

[16] Siehe dazu unten unter 4. a) bb).

tenden Arbeitszeit und ähnlichen Formen der Wahl der Arbeitszeit absieht, bei einem typischen Arbeitnehmer auch heute noch fehlt[17].

Alles in allem gleicht das Bild des freien Mitarbeiters, äußerlich betrachtet[18], eher dem Typus des Selbständigen, wie er herkömmlicherweise in der Person des frei praktizierenden Arztes und Rechtsanwaltes zum Ausdruck kommt, als dem des Arbeitnehmers. So ist es nicht weiter erstaunlich, wenn die herrschende Meinung, gestützt auf das Merkmal der persönlichen Abhängigkeit, die Arbeitnehmereigenschaft der freien Mitarbeiter verneint und die mit den Rundfunk- und Fernsehanstalten abgeschlossenen Verträge als Dienst- oder Werkverträge qualifiziert[19]. Wenn diese Feststellung die Problemerörterung dennoch nicht abschließt, so liegt das in erster Linie an der sozialen Problematik des freien Mitarbeiterstatus, der sich die Rechtswissenschaft nicht mit einem Hinweis auf die persönliche Unabhängigkeit dieser Berufsangehörigen entziehen kann. Obwohl seit längerem bekannt ist, daß sich die soziale Situation der freien Mitarbeiter zunehmend verschlechtert, und sich in diesem Bereich Abhängigkeiten zeigen, die denen der typischen Arbeitnehmer in keiner Weise nachstehen, ja, sie zum Teil sogar noch übertreffen[20], hat die einsetzende kritische Reflexion dieser Tatsachen keine nachhaltige Wirkung auf die grundlegende Systematik der arbeitsrechtlichen Begriffe ausgeübt[21].

---

[17] Allerdings sollte diese Möglichkeit nicht zu hoch eingeschätzt werden, denn es gibt auch im Medienbereich eine zunehmende Anzahl von Berufen, die gleichsam feste Arbeitszeiten, wenn auch nur für eine beschränkte Dauer, haben, z. B. der Regisseur, Kameramann, Sprecher, Schauspieler, etc.

[18] So heißt es etwa bei Koch, in: Informationsdienst-Gewerkschaftspresse 1971, Nr. 120, 3 (ähnlich von Olenhusen, in: Kürbiskern 1972, 556; Hitzer, in: Kürbiskern 1972, 560; Schuhler, 642): „... wie auch für sogenannte freie Mitarbeiter bei Hörfunk und Fernsehen die ‚Selbständigkeit' nur Fiktion ist"., oder bei Kunze, S. 59 (ähnlich Oppinger, in: DAngVers 1973, 95, und Schuhler, 642): „Gleichwohl ist die Freiheit des ständigen freien Mitarbeiters im wesentlichen nur eine juristische, d. h. formelle Freiheit."

[19] *A. A.* in der arbeitsrechtlichen Literatur sind ausdrücklich nur Woltereck, in: AuR 1973, 134; Dannenhaus / Riepenhausen, S. 48 f., und, für das Recht der Sozialversicherung, Oppinger, 97; gegen Woltereck aber Kunze, S. 79, und Wlotzke, in: AuR 1974, 5.

[20] So ausdrücklich Schneider (Begriff), S. 26, zur arbeitnehmerähnlichen Person (ebenso Endemann, in: AuR 1954, 210, und LAG Mannheim, BB 1951, 726) und Koch, 3, zum freien Mitarbeiter. Über die zum Teil unglaubliche Ausbeutung der Autoren und anderer Kulturproduzenten siehe die einzelnen Beiträge in Heft 4/1972 des Kürbiskerns; Deneke (Bdrufe), S. 160, spricht hier von „Vogelfreien"; siehe weiter Hessel, in: RdA 1952, 410, und Menkens, in: RdA 1953, 97.

[21] Die Literatur ist überwiegend über das Stadium einer ersten Kritik bisher noch nicht hinausgekommen (vgl. oben unter 1., 3.).

bb) Der gelegentlich tätige und der ständig tätige freie Mitarbeiter

Von wenigen Ausnahmen abgesehen, wird die formale Kategorie — ständig, gelegentlich —, deren Aussagewert über die ökonomischen sie die faktische Möglichkeit zur Beschäftigung theoretisch voraussetzt, zum Ausgangspunkt der juristischen Qualifikationsbemühungen[22].

Obwohl es durchaus anerkannt ist, daß kurzfristige Beschäftigungsverhältnisse im Arbeitsverhältnis möglich sind, so wie auch derjenige Arbeitnehmer sein soll, der die entsprechende Tätigkeit nur im Nebenberuf ausübt[23], fällt es auf, daß zunächst die gelegentlich freien Mitarbeiter aus der Erörterung ausgeschieden werden, weil ihre Verpflichtung auf einem Werkvertrag beruhe, „der keine arbeitsrechtliche Problematik enthält"[24]. Hier zeigt sich deutlich die praktische Wirkung der Determinanten der Statusbildung einer Person nur gering sind, weil oben[25] ausgesprochenen Vermutung. Welche rechtstatsächlichen Sachverhalte und sozialen Veränderungen arbeitsrechtlich relevant und problematisch sind, wird durch die Brille der rechtlichen Kategorien und eines sich darin ausdrückenden Vorverständnisses des Rechtsanwenders[26] erkannt, obgleich doch gerade diese Rechtsbegriffe und ihr systematisches Verhältnis zueinander am Wandel der sozialen Realität auf ihre faktische Stringenz überprüft werden sollen[27]. Im Ergebnis bedeutet das für die betroffenen gelgentlich freien Mitarbeiter eine völlige Schutzlosigkeit gegenüber der faktischen wie rechtlichen Übermacht der Medienunternehmen. Trotz einer Vielzahl sich überlagernder und gegenseitig bedingender sozialer, materiell determinierter Abhängigkeiten[28] kann das Arbeitsrecht für diese Personengruppen keinen Schutz gewährleisten, weil es in seiner formalistischen Begrifflichkeit auf einem untauglichen Idealtypus des Arbeitnehmers fixiert ist, der neue Abhängigkeitsformen zu integrieren nicht in der Lage ist. Gerade weil die notwendige Sicherungs- und Auffangfunktion des Arbeitsrechts heute für einen großen Teil ehemals freier Berufe ausfällt, kann die Rechtskonstruktion des freien Mitarbeitervertrages als ein „Rückfall in den liberalen Staat Mitte des 19. Jahrhunderts" bezeichnet werden[29].

---

[22] Maus, 369 ff.; Kunze, S. 58 f.; Rehbinder, S. 24; Lewenton, 288 f.

[23] Hueck / Nipperdey I, S. 49; Nikisch I, S. 272 f.; Schaub, S. 148 ff.; Kaskel / Dersch, S. 138.

[24] Maus, 369; *a. A.* dagegen schon das KG, NZfA 1927, 309, und das RAG ARS 3, 164; 5, 116; 11, 508 für die Rechtsverhältnisse der Filmschauspieler.

[25] Unter 3. e).

[26] Dazu ausführlich Esser (Vorverständnis).

[27] Das klingt deutlich an bei Maus, 373; G. Hueck, in: RdA 1969, 217, wird dagegen bei Lieb, 259, 262 Fn. 35, offengelassen.

[28] Siehe z. B. die Zusammenstellung einiger ausgewählter Abhängigkeitsformen bei Fohrbeck / Wiesand, S. 225 ff., 230 ff., 234 ff., 238 ff.

Aber auch den ständig freien Mitarbeitern wird der Arbeitnehmerstatus zumeist nicht zuerkannt, wenngleich sich in der neuesten Rechtsprechung ein langsamer Wandel anzubahnen scheint[30]. Dies ist um so gravierender, als sich das Bild des ständig freien Mitarbeiters dem üblichen Arbeitnehmertypus immer mehr angleicht[31]. Seine wirtschaftliche und soziale Abhängigkeit ist so umfassend, daß bereits teilweise von einer persönlichen Abhängigkeit gesprochen wird[32]. Typischer Vertreter dieser Personengruppen ist z. B. der Pauschalist[33], dessen sozialer Status, dessen Abhängigkeit, dessen Arbeitsweise sich im Grunde nur noch um Nuancen von der etwa des Angestellten unterscheidet. Allerdings verhindert ein, wie wir gesehen haben, für die Anwendung des Arbeitsrechts unerläßlicher Umstand die vollständige Einbeziehung der „Ständigen" ins Arbeitsrecht: die mangelnde Eingliederung in den betrieblichen Arbeitsprozeß[34]. Nur ist dieser Aspekt — wie wir inzwischen wissen — noch vordergründig, weil dahinter die Vorstellung von der idealen Typizität des Arbeitnehmers steht, die, gleichsam vorprogrammiert, die reine Begrifflichkeit des Kriteriums der persönlichen Abhängigkeit überlagert. Am deutlichsten zeigt sich das wohl bei *Maus*[35]. Obwohl er sogar bei den ständig freien Mitarbeitern eine „persönliche Gebundenheit und Weisungsabhängigkeit" erkennt und ihre soziale Lage

---

[29] Woltereck, 129. Bei Oppinger, 95, heißt es dazu: Der Begriff freier Mitarbeiter „dient offensichtlich dazu, das rechtliche Abhängigkeitsverhältnis dieser Personen von den Rundfunk- und Fernsehanstalten zu verschleiern" (ähnlich Nikisch I, S. 97, und Meissinger, in: DBetrVerf 1957, 68, bezüglich der Handelsvertreter) oder bei Falkenberg, in: Das Personalbüro 1971, 215: „Die Kenntnis der mit einem Arbeitsverhältnis verbundenen Rechtsfolgen, wobei vor allem an die zum Schutz der Arbeitnehmer bestimmten Gesetzesvorschriften zu denken ist, veranlaßt Unternehmer immer wieder zu dem Versuch, ihre Rechtsbeziehungen zu Personen, deren Dienste sie in Anspruch nehmen wollen, als sog. freie Mitarbeiterverhältnisse zu deklarieren" (ähnlich Ady, in: FuR 1974, 93, 95; Deneke, Berufe, S. 105; Woltereck, Anmerkung, 191), oder bei Dannenhaus / Riepenhausen, S. 42, die von „einem solchen Versagen der Begriffe" sprechen.

[30] Vgl. BAG AP Nr. 10, 12, 15, 16, 17, 21 zu § 611 BGB — Abhängigkeit; SAE 1974, 69 ff., 70; BSG, BB 1974, 233; Breith. 1974, 459 ff. und 462 ff.

[31] Maus, 373; Gerschel, 539 f.; Ady, 95; Rehbinder, S. 22; Oppinger, 97; ähnlich Kunze, S. 60 f.

[32] Schuhler, 642; Pinl, in: GMH 1973, 267; e. s. n. in: HFF 2/1972, 9; Maus, 370; Kunze, S. 65; Ady, 94; Lieb, 259. Ähnliche Feststellungen finden sich auch zur Situation der Handelsvertreter, wie allgemein zu den arbeitnehmerähnlichen Personen, vgl. Nikisch I, S. 135 f.; Dersch / Volkmar, § 5 Anm. 77; Rehbinder (Tankstellenvertrag), S. 33; Hick (Agent), S. 55; Deneke, S. 160; Schwerdtner, in: BlStSozVArbR 1972, 19; Endemann, 211; Herschel, 411.

[34] Dazu Kunze, S. 58; Deneke, S. 104; Lewenton, S. 288 f.

[34] Das kommt bei Maus, 369 f.; Rehbinder (Sicherung), S. 23; Oppinger, 96 f.; ähnlich Schnorr (Anmerkung), und in den Urteilen des BAG AP Nr. 10, 17, 20 zu § 611 BGB — Abhängigkeit; BB 1973, 751 und BSG, deutlich zum Ausdruck.

[35] 370.

keinesfalls verharmlost, bleibt er doch so stark in seiner Anschauung vom typischen Arbeitnehmer und der typischen arbeitnehmerähnlichen Person befangen, daß er den ständig freien Mitarbeiter nicht den Arbeitnehmern, sondern den arbeitnehmerähnlichen Personen[36] zuordnet. Obwohl sich also eine begriffliche Unterscheidung zwischen dem typischen Arbeitnehmer und der typischen arbeitnehmerähnlichen Person nach *Maus* kaum noch vornehmen läßt — beide Gruppen sind nämlich persönlich abhängig, wenn auch jene etwas mehr als diese[37] — hält er dennoch an beiden Kategorien fest[38] und fordert lediglich, „arbeitsrechtliche Normen auf ihr (gemeint ist die arbeitnehmerähnliche Person, d. Verf.) Rechtsverhältnis in ungleich umfassenderer Weise, als dies bisher geschehen ist, anzuwenden"[39].

Seine Ausführungen, die im Vergleich mit den anderen vorliegenden Arbeiten durchaus zu den konsequentesten Lösungen[40] zu rechnen sind, können wohl nur vor dem Hintergrund der oben[41] angestellten theoretischen Vorüberlegungen richtig verstanden werden. Die Qualifizierung *neuer* Abhängigkeitsformen vollzieht sich ausschließlich im Rahmen vorgegebener Idealtypen, die ihre im Laufe der Zeit erfolgte abstrakt-begriffliche Festlegung immer noch erfolgreich überlagern und verdrängen. Das idealtypische Bild vom Arbeitnehmer hat sich jedoch als für diese Aufgabe untauglich erwiesen, weil es lediglich die räumlichgegenständlichen, formalen Oberflächenstrukturen einer veralteten Abhängigkeitsform bestimmen kann. Die sozio-ökonomische, materielle Bedingtheit neuer Abhängigkeitsformen kann von diesem Typus nicht berücksichtigt werden.

b) Über die Problematik der Rechtsfigur der arbeitnehmerähnlichen Person

Die Ausführungen von *Maus* lassen aber noch einen weiteren wichtigen Umstand erkennen, der ebenfalls ursächlich für das Vorgehen der herrschenden Meinung ist. Er liegt in der eigentümlichen Rechtsfigur der arbeitnehmerähnlichen Person begründet.

---

[36] Zu den arbeitnehmerähnlichen Personen siehe sogleich im Text.

[37] Daher qualifizieren einige Autoren die ständig freien Mitarbeiter begrifflich konsequent auch schon als Arbeitnehmer; vgl. etwa Lieb, 258 f. (mit Vorbehalt); G. Hueck, in: RdA 1969, 219; Heußner, in: DB 1975, 788; R. S. in: HFF 5/1971, 8; Kunze, S. 58; Oppinger, 97 (wenigstens im Sozialversicherungsrecht) so auch schon Potthoff (Diskussionsbeitrag), S. 214 f.

[38] 372 f.

[39] 370.

[40] So auch Stolterfoth (Selbständigkeit), S. 8 Fn. 38.

[41] Unter 3. d) bb).

aa) Die Entstehungsgeschichte

Der Begriff der arbeitnehmerähnlichen Person hat eine beinahe ähnlich lange Geschichte wie der des Arbeitnehmers[42]. Eingeführt worden ist dieser Begriff wohl 1923 von *Melsbach*[43]. 1926 wurde er in § 5 I S. 2 AGG[44] gesetzlich festgelegt und mit der Novelle vom 10. 4. 1934[45] in der Weise bestimmt, daß den Arbeitnehmern und Angestellten die Personen gleichstehen, „die, ohne in einem Arbeitsvertragsverhältnis zu stehen, im Auftrag und für Rechnung bestimmter anderer Personen Arbeit leisten und wegen wirtschaftlicher Unselbständigkeit als arbeitnehmerähnlich anzusehen sind". Heute heißt es in § 5 Abs. 1 S. 2 ArbGG[46]: „Als Arbeitnehmer gelten auch ... sonstige Personen, die wegen ihrer wirtschaftlichen Unselbständigkeit als arbeitnehmerähnliche Personen anzusehen sind."

Schon die Entstehungsgeschichte beweist, daß der Begriff der arbeitnehmerähnlichen Person vor allem deshalb geschaffen worden war, um auf die Rechtsverhältnisse der Geistesarbeiter und Handels- und Versicherungsvertreter neben den hausgewerblich Tätigen und den sogenannten Heimarbeitern, deren teilweise Integration in das Arbeitsrecht schon 1869 durch den damaligen § 136 der Gewerbeordnung vollzogen wurde[47], gestaltend einzuwirken[48]. Denn schon lange hatte man die Schutzbedürftigkeit eines Großteils der freien Berufe erkannt[49] und ihre Einbeziehung in das Arbeitsrecht als durchführbar bezeichnet[50].

[42] Siehe dazu Schneider (Begriff), S. 19 ff.; Endemann, 210 f.

[43] (Arbeitsrecht), S. 24. Dieser Ansicht ist auch Hick, S. 1.

[44] Vom 23. 12. 1926, RGBl. I, 507.

[45] RGBl. I, 319.

[46] Seit dem 3. 9. 1953, BGBl. I, 1267.

[47] Endemann, 210.

[48] Vgl. dazu S. 34 der amtlichen Begründung zu § 5 des AGG von 1926, 11. 3. 1926, Drucks. Nr. 2065; siehe auch Schmincke / Sell, § 5 Anm. 11; Bösche / Dittmar, § 5 Anm. 5; Depène, § 5 Anm. 5; Flatow / Joachim, § 5 Anm. 8; Baumbach / Teichmann, § 5 Anm. 4 (zum Teil schon mit nationalsozialistischem Gedankengut) und Zeuner, in: RdA 1975, 85.

[49] Kreller, in: AcP 122, 5; Silberschmidt, in: LZ 1927, 287; von Wiese (Sozialisierung), S. 392; Potthoff (Arbeitsrecht), S. 330 und (Diskussionsbeitrag), S. 215; Heuß (Organisationsprobleme), S. 242; Hessel, 411; König / Silbermann, S. 57; Deneke, S. 169; A. Weber (Not), S. 174 ff. und die Hinweise bei Kron, in: Kürbiskern 1972, 550.

[50] Vgl. z. B. Potthoff, S. 214 f., 331, und Rehbinder, S. 27; *a. A.* schon früher von Karger (Organisation), S. 27 ff. Hick, S. 69, meinte immerhin schon 1949, ein „allgemeines Bewußtsein" in der Literatur zur Einbeziehung der arbeitnehmerähnlichen Personen, die sich, wie sich hier zeigt, im wesentlichen aus den ehemals freien Berufen rekrutieren, in das materielle Arbeitsrecht feststellen zu können. Wie die Arbeit von J. Hübner (Schadenszurechnung) zeigt, besteht auch in haftungsrechtlichen Fragen durchaus eine Tendenz zur Anwendung von Rechtssätzen, die vordem nur auf Arbeitnehmer angewendet wurden, auf Teile der freien Berufe (siehe S. 142 f., 161 f.); siehe auch die Nachweise bei Zeuner, in: RdA 1975, 86 f.

Nur waren die gesellschaftlichen Bedingungen für ihre völlige Einbeziehung in das Arbeitsrecht nicht gegeben[51], was vor allem auch eine rechts*politische* Komponente von einiger Brisanz war, wenn man bedenkt, daß „gesetzgeberische Entscheidungen auf diesem Gebiet ... offensichtlich unerhörte gesellschaftspolitische Konsequenzen nach sich ziehen“[52] können. Daher blieb die Regelung zunächst auf das Verfahrensrecht beschränkt. Erst nach der Gründung der Bundesrepublik nahmen die einzelnen Landesgesetze eine materiell-rechtliche Ausdehnung auf dem Gebiet der Urlaubsregelung auf die arbeitnehmerähnlichen Personen vor[53]. Diese Regelungen wurden dann 1963 vom Bundesurlaubsgesetz abgelöst, das in seinem § 2 S. 2 die arbeitnehmerähnlichen Personen den Arbeitnehmern gleichstellt.

bb) Die Typik der arbeitnehmerähnlichen Person und ihre Verwendung in der Argumentation von Lehre und Rechtsprechung

Damit hat der Gesetzgeber dem Idealtypus Arbeitnehmer einen weiteren Idealtypus, nämlich den der arbeitnehmerähnlichen Person zur Seite gestellt[54] und ihn begrifflich festgeschrieben durch die beiden Merkmale der wirtschaftlichen Abhängigkeit[55] und der Arbeitnehmerähnlichkeit[56]. Nicht zu Unrecht stellt daher *Rother*[57] fest, daß es eine von Lehre und Rechtsprechung anerkannte Typik der arbeitnehmerähnlichen Person gebe, die Handelsvertreter, Musiker, Berichterstatter, Heimarbeiter usw. umfasse. Nur eine solche „Beschreibung“ der arbeitnehmerähnlichen Person durch bestimmte Berufe, Berufsgruppen und bestimmte Funktionen vermag das strikte Festhalten von *Maus* und

---

[51] Nicht zuletzt müssen hierhin auch die eigene Unsicherheit der freien Berufe über ihren gesellschaftspolitischen Standort sowie der massive Einfluß mittelständischer Ideologie auf diese Berufe gerechnet werden; siehe dazu unten unter 4. c) dd), 5. c) cc).

[52] Tomandl (Metamorphose), S. 451.

[53] Dazu Hueck / Nipperdey I, S. 433 f.; Nikisch I, S. 141 Fn. 14, 519.

[54] So auch Stolterfoth, in: DB 1973, 1068 und Herschel, in: DB 1977, 1185.

[55] Vgl. z. B. BAGE 12, 158; AP Nr. 3 zu § 611 BGB — Abhängigkeit; SAE 1969, 114; 1974, 69 ff., 70; LAG Hannover, AP 1950 Nr. 200; LAG Mannheim, AP 1951 Nr. 275; LAG Hamm, DB 1952, 556; Dersch / Volkmar, § 5 Anm. 67; Dersch / Neumann, § 2 Rdnr. 7; Meisel / Hiersemann, § 1 Rdnr. 44; Tomandl (Wesensmerkmale), S. 66; Rehbinder, S. 23 ff.; Hübner (Sicherheit), S. 13; G. Hueck, in: DB 1955, 385; Siebert, in: BB 1950, 47; Seidel, in: BB 1970, 973; Falkenberg, 1412; Stolterfoth, in: DB 1973, 1068; Lieb, 264.

[56] Es ist lebhaft umstritten, ob neben der wirtschaftlichen Abhängigkeit noch ein weiteres Merkmal die arbeitnehmerähnliche Person definiert. Die wohl h. M. in Rechtsprechung (ausdrücklich etwa BAG AP Nr. 2 zu § 717 ZPO) und Literatur (ausdrücklich z. B. Kunze, S. 65) verlangt meist zusätzlich zur wirtschaftlichen Abhängigkeit noch eine soziologische Typik der arbeitnehmerähnlichen Person, kurz die Arbeitnehmerähnlichkeit (dazu sogleich im Text).

[57] In: RdA 1966, 303.

anderen an den Kategorien Arbeitnehmer — arbeitnehmerähnliche Person zu erklären, obwohl die Unterschiede zwischen beiden dabei zum Teil auf Nuancen reduziert werden[58], wie wir gesehen haben. Ein Blick auf die Rechtsprechung erweist diese Vermutung als zutreffend[59]. Denn angesichts der Tatsache, daß immer mehr freie Berufe, die bisher als typisch arbeitnehmerähnliche Personen galten, auch persönlich stark abhängig sind und demzufolge schon mit dem üblichen Begriffsinstrumentarium als Arbeitnehmer qualifiziert werden können, verliert die Unterscheidung beider Kategorien an Bedeutung. Notwendige Konsequenz für eine Rechtsprechung, die an die Legaldefinitionen gebunden ist, ist daher das Ausweichen auf Argumente, die die weitere Anwendung des Begriffs der arbeitnehmerähnlichen Person auf einen Teil der freien Berufe lediglich mit der Üblichkeit einer (historisch eher zufälligen) Identifizierung dieser Berufsgruppen mit dem Begriff rechtfertigen können. Diese Funktion erfüllt im wesentlichen der Topos der „sozialen Stellung“. Die soziale Stellung des Typs einer arbeitnehmerähnlichen Person aber, die die Rechtsprechung als Bestandteil dieses Begriffs ansieht[60], wird kaum je abstrakt definiert, sondern durch die Berufsgruppen repräsentiert, die bisher allgemein als „arbeitnehmerähnliche“ galten[61]. Das historisch geprägte Bild des Idealtyps[62] einer

---

[58] So auch Herschel / Beine (Handbuch), S. 21; Endemann, 211; Meissinger, in: DBetrVerf 1957, 66; Kunze, S. 65; Dersch / Neumann, § 2 Anm. 83, wenn sie betonen, daß auch eine gewisse persönliche Abhängigkeit bei der arbeitnehmerähnlichen Person vorliegen könne (dagegen allerdings Stolterfoth, Selbständigkeit, S. 8; Seidel, 971; G. Hueck, in: RdA 1969, 219).

[59] Eine Zusammenstellung der einschlägigen Urteile findet sich bei Dersch / Volkmar, § 5 Rdnr. 28 ff. und Dersch / Neumann, § 2 Rdnr. 7 f.

[60] BAG AP Nr. 3 zu § 611 BGB — Abhängigkeit; AP Nr. 2 zu § 717 ZPO; AP Nr. 17 zu § 5 ArbGG; SAE 1974,69 ff., 70; so auch Seidel, 972; Schaub, S. 33; dagegen Schnorr von Carolsfeld (Anmerkung); Pohle (Anmerkung) und Wahle (Tankstelleninhaber), S. 330.

[61] Das zeigt sich etwa darin, wenn Lieb, 263, von den „Zielgruppen, die man bis dahin fast ausschließlich im Auge hatte“, oder Schnorr von Carolsfeld, vom „Typ“ einer konkreten Tätigkeit, oder Maus, 370 (ähnlich Gamillscheg, in: Anm., 46 d), vom „Erscheinungsbild“ eines Heimarbeiters und freien Mitarbeiters spricht. Auf dasselbe Ergebnis läuft die Argumentation, die wirtschaftliche Abhängigkeit müsse nach der Verkehrsanschauung bestimmt werden (so Kunze, S. 66; Seidel, 971; O. Hoffmann, in: DB 1958, 1072; Falkenberg, 1412; Ady, 94) hinaus, weil die übereinstimmende Überzeugung einer fachlich informierten Allgemeinheit in der Regel aus der sozialen Erfahrung am Beispiel bestimmter Berufe gewonnen wird (vgl. Larenz, Methodenlehre, S. 271 ff.), einer Erfahrung, die sich daher wohl nur schwer von dem sie initiierenden konkreten Beruf wird lösen können.

[62] Die Rechtspr. spricht hier oft vom „Sozialtyp“, vgl. BAG, DB 1963, 345; SAE 1974, 69 ff., 71; ähnlich auch BGH AP Nr. 2 zu § 611 BGB — Abhängigkeit. Wenn Eich, in: DB 1973, 1700, meint: „Angesichts des ständigen Wandels, dem der Sozialtypus des Arbeitnehmers in einer mobilen Gesellschaft unterworfen ist, kann dieses Merkmal als Abgrenzungskriterium nicht überzeugen ...“, dann übersieht er zum einen die Starrheit des üblichen Begriffsschematismus, wie sie hier aufgezeigt wurde (im Ergebnis ebenso Ende-

arbeitnehmerähnlichen Person, wie es üblicherweise in den Rechtsverhältnissen der freien Mitarbeiter, Handelsvertreter[63], etc. zum Ausdruck kommt, überlagert auch hier den rechtswissenschaftlichen Begriff und verhindert die den sozialen Veränderungen entsprechende korrekte Einordnung ihrer Vertragsverhältnisse[64]. War die Anwendung einzelner Arbeitsrechtsnormen über die Rechtsfigur der arbeitnehmerähnlichen Person für viele freie Berufe zunächst eine willkommene erste Schutzmöglichkeit, so erweist sich der Begriff in der heute üblichen Auslegung zunehmend als Hemmschuh einer konsequenten Weiterentwicklung der rechtlichen Systematik, die den sozialen Veränderungen Rechnung trägt.

---

mann, 210; Hessel, 411; Woltereck, in: AuR 1973, 131; Schäfer, in: DRdA 1974, 175; von Olenhusen, 556; Schüller, in: ORDO XIX (1968), 245), die auch dadurch, daß man auf den „sozialen Typus" rekurriert, nicht verhindert wird. Zum anderen aber verkennt er die notwendige Flexibilität einer begrifflichen Lösung, wenn die soziale Schutzlosigkeit weiter Kreise nicht in Kauf genommen werden soll. Dies könnte vor allem durch eine Orientierung an einem „Sozialtypus" der arbeitnehmerähnlichen Person gelingen, die solange notwendig ist, wie der Arbeitnehmerbegriff sich zur Aufnahme sozialer „Absteiger" als untauglich erweist. Die Einwände von Rehbinder, S. 24, und Kunze, S. 66, gegen die Anwendung des „Sozialtyps" dürften wohl vor allem auf der Überschätzung von Randgruppenerscheinungen (so Kunze, dagegen auch BAG SAE 1974, 71) und der Fixierung auf eine überholte Idealtypik des Arbeitnehmers (so Rehbinder) beruhen, die sich auch empirisch widerlegen lassen (vgl. dazu Hofbauer, Gliederung, und Bolte / Kappe / Neidhardt, Schichtung).

[63] Aufgrund des Art. 3 des Gesetzes zur Änderung des Handelsgesetzbuches vom 6. 8. 1953 (BGBl. I, 771), in der Fassung der Verordnung vom 18. 12. 1975 (BGBl. I, 3153), gelten nur solche Handelsvertreter, die Einfirmenvertreter gem. § 92 a HGB sind und monatlich nicht mehr als durchschnittlich 1500,— DM verdienen, als arbeitnehmerähnliche Person i. S. des § 5 Abs. 1 S. 2 ArbGG. Nach § 3 der Verordnung trat diese am 1. April 1976 in Kraft, vorher betrug die Einkommensgrenze 1000,— DM.

[64] Konsequent ist insoweit G. Hueck, 219 (und wohl auch Tomandl, Wesensmerkmale, S. 151 Fn. 37), wenn er Maus, 370 (vgl. jedoch auch S. 370 Fn. 23) entgegnet, daß die Diagnose einer persönlichen Abhängigkeit bei ständig freien Mitarbeitern diese zu Arbeitnehmern mache: „Besteht wirklich eine das Gesamtbild des Rechtsverhältnisses prägende persönliche Abhängigkeit, so handelt es sich auch um einen Arbeitnehmer, der grundsätzlich voll dem Arbeitsrecht unterliegt." Darauf weist auch Lieb, 258 f., hin, der jedoch daraus gegen Hueck den entgegenstehenden Schluß zieht, „daß man solch abstrakte Formeln wie die der persönlichen Abhängigkeit oder Weisungsgebundenheit auf Fallbereiche anwendet, die zwar formal miterfaßt werden, die aber mit den dahinterstehenden Wertungen, die durch solche Formeln eher verdeckt denn verdeutlicht werden, nichts oder nur noch sehr wenig zu tun haben". Freilich führen diese Wortgefechte sachlich nicht weiter, weil gerade auch der Rückgriff auf die besagten Wertungen sehr schnell an die historisch bedingten Grenzen einer heute untauglichen Idealtypik des Arbeitnehmers stoßen, wie wir gesehen haben. Solange dieser Zusammenhang nicht aufgedeckt und kritisch aufgelöst wird, ist eine Neubestimmung des Arbeitnehmerbegriffs nicht möglich. Im Ergebnis stimmen daher Maus, Hueck und Lieb trotz ihrer unterschiedlichen Ausgangspositionen wieder überein.

cc) Die rechtspolitische Funktion des Begriffs

Rechtspolitisch gesehen, liegt in der Schaffung der Rechtsfigur einer arbeitnehmerähnlichen Person der (untaugliche)[65] Versuch, die teilweise katastrophalen Folgen des Versagens der arbeitsrechtlichen Begriffsbildung mit der Integrierung derjenigen Berufsgruppen aufzufangen, deren Selbständigkeit zur leeren begriffsjuristischen Hülse geworden ist. Daß es dazu kommen konnte, ist vor allem eine Folge der Fixierung des Arbeitsrechts auf formale, eher „funktionsabhängige denn funktionstypische"[66] Kriterien. Gerade die Wahl der arbeitnehmerähnlichen Rechtsfigur mit dem Kriterium der *wirtschaftlichen* Abhängigkeit zeigt dies in aller Deutlichkeit. Weil die übliche Methode von Lehre und Rechtsprechung aufgrund der Bevorzugung der persönlichen Abhängigkeit die vielfältigen Formen wirtschaftlicher und sozialer Abhängigkeiten konsequent negiert hat[67], mußte eine Kategorie gefunden werden, die diese nachteiligen Folgen wenigstens teilweise kompensieren konnte. Die Definition der Selbständigkeit durch die herrschende Meinung im Sinne eines Komplementärbegriffs zur persönlichen Abhängigkeit als *persönliche* Selbständigkeit mag hinsichtlich der arbeitsrechtlichen Systematik konsequent gewesen sein, nachdem man sich einmal für die persönliche Abhängigkeit entschieden hatte. Sozialpolitisch gesehen war es ein Fehler[68] und rechtspolitisch gesehen hat es den Grund gelegt für den heute unbefriedigenden Rechtszustand[69].

Diese grundlegende Fehlentscheidung konnte durch die teilweise Einbeziehung der freien Berufe in das Arbeitsrecht über die Figur der arbeitnehmerähnlichen Person nicht korrigiert werden. Das hat vor allem zwei Gründe.

Zum einen kann die gesetzliche Sicherung durch § 5 Abs. 1 S. 2 ArbGG und § 2 S. 2 BUrlbG sowie durch die sonstige partikulare Einbeziehung ins Arbeitsrecht, die nur geringfügig ist[70], nicht einmal als ein Minimalschutz verstanden werden, denn die verfahrensrechtliche Gleichstellung mit den Arbeitnehmern bringt wohl nur in den wenig-

---

[65] So auch Woltereck, 134; Eich, 1700; Molitor, in: ZBH 1928, 39; ähnlich Beine, in: ZAkDR 1941, 75.

[66] Schnorr (Anmerkung).

[67] Siehe die Ausführungen oben unter 2. bei Fn. 8.

[68] Für die Heimarbeiter wird das sogar teilweise in größeren Lehrbüchern vermerkt (vgl. Hueck / Nipperdey I, S. 57 f.; Nikisch I, S. 137).

[69] So heißt es bei Hueck / Nipperdey (Grundriß), S. 30: „Ihre (Heimarbeiter, kleine Handelsvertreter, geistige Arbeiter, d. Verf.) Rechtslage ist bisher wenig befriedigend geregelt; ...". Über die Ursache dieses unbefriedigenden Rechtszustandes findet man dann jedoch kein Wort (so wohl auch Woltereck, 130).

[70] Siehe den Überblick bei Schaub, S. 34 f.

sten Fällen eine echte materielle Besserstellung mit sich[71] und ein gesetzlicher Urlaubsanspruch allein kann kein effektives Regulativ einer wirtschaftlichen Abhängigkeit sein[72]. Gleichwohl hat sich die arbeitsrechtliche Theorie und Praxis immer bemüht, die arbeitnehmerähnliche Person als eine Rechtsfigur, die „zum Schutz der durchschnittlichen Verhältnisse eingeführt"[73] worden ist, aufzufassen. Diese Konstruktion der Arbeitnehmerähnlichkeit als eine Art Auffangtatbestand kommt auch darin zum Ausdruck, daß Lehre und Rechtsprechung fordern, der Betroffene müsse „nach seiner sozialen Stellung ... dem Typ einer arbeitnehmerähnlichen Person" entsprechen[74] und es sei erforderlich, „im Rahmen der soziologischen Gesamtschau die einem typischen Arbeitnehmer ähnliche soziale Schutzbedürftigkeit festzustellen"[75]. In eben diese Richtung zielt auch die Forderung, daß die wirtschaftliche Abhängigkeit des Arbeitnehmerähnlichen nur dann relevant sei, wenn sie derjenigen des typischen Arbeitnehmers gleiche[76]. Allen diesen Lehrsätzen und Auslegungsregeln ist wohl die Überzeugung gemeinsam, daß letzter Grund für die Anerkennung einer „Arbeitnehmerähnlichkeit" die soziale Situation der Betroffenen ist, die eine Kompensation durch arbeitsrechtliche Vorschriften entsprechend dem Bedürfnis dieses Personenkreises erforderlich macht[77]. Die arbeitnehmerähnlichen Personen sollen nach Möglichkeit nicht unter den sozialen Status des Arbeitnehmers sinken. Der aktuelle Stand der Einbeziehung dieser Berufe

---

[71] Dazu Woltereck, 134: „Das ist eine merkwürdige Logik. Einerseits ist der bloß arbeitnehmerähnliche Mitarbeiter aus dem Schutzbereich des Arbeitsrechts und insoweit auch aus dem des Sozialstaatsgrundsatzes herausgenommen, zum anderen wird ihm dies im Streitfall vor den Arbeitsgerichten bescheinigt."

[72] Zu den rechtstechnischen Problemen, die der Urlaubsanspruch auch für Arbeitnehmerähnliche aufwirft, vgl. Kunze, S. 69 ff.; Seidel, 973 ff.; Ludwig, in: DB 1966, 1972 f.; Diekhoff, in: DB 1963, 1120; Niessen, in: DB 1963, 308 f. und 1120 f.; Schwerdtner, 19; Stolterfoth, S. 9; Dersch / Neumann, § 2 Rdnr. 67 ff.; Boldt / Röhsler, § 2 Rdnr. 65 ff.; Stahlhacke, § 2 Rdnr. 29 f.

[73] Schnorr von Carolsfeld; ähnlich auch Seidel, 973.

[74] BAG AP Nr. 3 zu § 611 BGB — Abhängigkeit; AP Nr. 2 zu § 717 ZPO und die Entsch. unter 4. b) bb) in Fn. 60 u. 62 sowie die dort Genannten.

[75] Seidel, 972; so auch RAGE 2, 141; SAE NJW 1962, 1129; FuR 1973, 657; Nikisch I, S. 140 f.; Schaub, S. 33; Rehbinder, S. 23; Niessen, 309; Ludwig, 1972; einschränkend Hofmann, 1072.

[76] LAG Saarbrücken, in: AP Nr. 7 zu § 611 BGB — Abhängigkeit; LAG Bremen, AP Nr. 3 zu § 5 ArbGG 1953; Schaub, S. 33; Stahlhacke, § 2 Rdnr. 26; Kunze, S. 66; Rehbinder, S. 23; Palme, in: BlStSozVArbR 1968, 223; Seidel, 972; Ady, 94; Hofmann, 1071; Herschel, 1188.

[77] So jedenfalls Hick (Agent), S. 54, 58. Bei Stolterfoth, in: DB 1973, 1068 und Maier, in: FuR 1973, 378, heißt es dazu ganz pauschal: „Das ... Bemühen, für alle arbeitnehmerähnlichen Personen einen über die §§ 2 BUrlbG (Mindesturlaub) und 5 Abs. 1 S. 2 ArbGG (Zuständigkeit der Arbeitsgerichte) hinausgehenden Schutz zu schaffen, verdient sicherlich Beifall", und „Soweit damit (mit § 12 a TVG) das Anliegen einer noch besseren sozialen Sicherung verfolgt wird, ist dem zuzustimmen".

in das Arbeitsrecht reicht jedoch auf keinen Fall aus, um den ehemaligen Angehörigen der freien Berufe angemessene rechtliche Abwehrmöglichkeiten gegen ihre zunehmende Abhängigkeit zu geben. Es setzt sich daher, auch in der juristischen Literatur, langsam die Erkenntnis durch, daß die arbeitnehmerähnlichen Personen auf dem Weg zum Arbeitnehmer sind[78] und daß der nächste Schritt der arbeitsrechtlichen Entwicklung in der Einbeziehung wirtschaftlich abhängiger Personen liegen wird[79]. Ihren vorläufigen Abschluß hat diese Entwicklung durch die Schaffung des § 12 a TVG erreicht, der für einen Teil der arbeitnehmerähnlichen Personen den Abschluß von Tarifverträgen ermöglicht und einen weiteren Abschnitt der Einbeziehung ins Arbeitsrecht markiert.

Aber noch ein weiterer Grund ist für den heute so unbefriedigenden Rechtszustand ursächlich. Er liegt vor allem darin, daß der Gesetzgeber und ihm folgend Lehre und Rechtsprechung gezwungen waren, die arbeitnehmerähnliche Person als *wirtschaftlich* abhängig zu definieren, weil es ja, wie gesagt, in erster Linie wirtschaftliche und soziale Abhängigkeitsformen sind, die vom formalen Merkmal der persönlichen Abhängigkeit nicht erfaßt werden. Mit der wirtschaftlichen Abhängigkeit ist jedoch ein Kriterium eingeführt worden, das wie ein Fremdkörper[80] im System der arbeitsrechtlichen Personenbegriffe wirkt[81]. Wird die persönliche Abhängigkeit eher formal-abstrakt und gegenständlich-funktional[82] bestimmt, so erfordert die wirtschaftliche Abhängigkeit eine soziologische Betrachtungsweise[83], die die gesamte Rechtsstellung des Betroffenen[84] unter wirtschaftlichen und sozialen Aspekten einer durchaus wertenden Analyse unterwirft[85]. Im System von *Mels-*

---

[78] Maus, 370 Fn. 20; Kunze, S. 66 Fn. 51; Ady, 93, 95; ähnlich auch Rehbinder, S. 27; Stolterfoth, 1073 Fn. 64, und Funke (IG Druck und Papier), S. 110.

[79] Hick, S. 1; bei Zeuner, 85, heißt es: „Schaut man sich weiter um, so wird man sehr bald gewahr, daß sich das Problem der Erstreckung von arbeitsrechtlichen Regeln und Grundsätzen auf Arbeitsleistungen, bei denen es am Kriterium der Abhängigkeit fehlt, auch über den Bereich der gesamten Gruppen von arbeitnehmerähnlichen Personen hinaus in vielfältiger Weise stellen kann."

[80] Stolterfoth (Selbständigkeit), S. 104, allerdings unter dem anderen Aspekt der Einbeziehung des Privatvermögens bei der Qualifizierung der wirtschaftlichen Abhängigkeit.

[81] Woltereck (Anmerkung), 190 f., spricht in diesem Zusammenhang von systemwidrigen Ausnahmebestimmungen der §§ 5 ArbGG und 2 BUrlG.

[82] Siehe oben unter 3. e).

[83] So zu Recht Stolterfoth, S. 104; Tomandl (Wesensmerkmale), S. 77 und (Metamorphose), S. 436; Schnorr (Anmerkung); Stahlhacke, § 2 Rdnr. 26; früher schon Flatow / Joachim, § 5 Anm. 1.

[84] Das wird vom BAG SAE 1974, 69 ff., 71 und AP Nr. 6 zu § 611 BGB — Abhängigkeit entgegen früheren Urteilen (z. B. AP Nr. 3 zu § 611 BGB — Abhängigkeit) zunehmend nicht mehr akzeptiert.

bach, auf den die wirtschaftliche Abhängigkeit als Kriterium der Arbeitnehmerähnlichkeit zurückgeht, hatte dieses Merkmal einen funktionsgerechten Stellenwert. Denn *Melsbach* bestimmte den Arbeitnehmer als wirtschaftlich abhängig[86]. So war es nur folgerichtig, wenn er die Personen, die nach der Verkehrsauffassung[87] — die zu der Zeit mit einer gewissen Selbstverständlichkeit von *dem* Arbeitnehmer ausgehen konnte und demzufolge eine wohl ganz andere Überzeugungskraft als heute besaß[88] — eindeutig keine Arbeitnehmer waren, „durch Sonderbewertungen" oder „durch das Hilfsmittel der Analogie" in das Arbeitsrecht einbeziehen wollte, wenn „sie unter ähnlichen wirtschaftlichen Bedingungen wie Arbeitnehmer tätig werden: Arbeitnehmerähnliche Personen, wie ich sie zu nennen vorschlage"[89]. In einem solchen System ist die Kontinuität der Begriffe gewährleistet. Ganz anders dagegen, wenn die wirtschaftliche Abhängigkeit in einer Art subsidiärer Auffangfunktion die mangelnde Effektivität der persönlichen Abhängigkeit als Kriterium beheben soll. Dann fehlt der gemeinsame Nenner[90] auf der begrifflichen Ebene. Das einheitliche System enthält einen immanenten Widerspruch[91].

Die praktischen Folgen dieser Widersprüchlichkeit des Systems zeigen sich in einer ganzen Reihe von grundsätzlichen Auslegungsstreitigkeiten, von denen die wichtigsten hier kurz skizziert werden sollen.

dd) Die Schwierigkeiten der Arbeitsrechtswissenschaft mit dem Begriff der arbeitnehmerähnlichen Person

Neben der hier schon angeschnittenen Frage, ob die arbeitnehmerähnliche Person auch (in einem gewissen Grad) persönlich abhängig sein darf oder nicht, ist besonders die Charakterisierung der wirtschaft-

---

85 Lieb, 263; Seidel, 972; Hofmann, 1071 f.; Endemann, 211; wohl auch Maus, 370, 372 f.

86 (Arbeitsrecht), S. 22.

87 S. 22.

88 Vgl. dazu Flatow / Joachim, § 5 Anm. 1.

89 S. 24.

90 Stolterfoth, in: DB 1973, 1068.

91 Der Widerspruch würde erst dann aufgehoben, wenn auch der Arbeitnehmer als wirtschaftlich abhängig definiert wird, was „in verdecktem Widerstand gegen den Gesetzgeber (geschehen würde), weil eine solche Betrachtungsweise den Begriff der arbeitnehmerähnlichen Person obsolet werden ließe" wie Tomandl (Metamorphose), S. 451, meint, oder wenn die arbeitnehmerähnliche Person als Verbindung einer „völligen oder teilweisen wirtschaftlichen Unselbständigkeit (im Original ein Druckfehler, dort heißt es sinnwidrig: Unabhängigkeit, d. Verf.) (mit einer) mehr oder weniger weitgehende(n) persönliche(n) Abhängigkeit" (Maus, 373) charakterisiert werden würde (so auch Stolterfoth, Selbständigkeit, S. 8 Fn. 37), was freilich eindeutig dem Gesetzeswortlaut in § 5 Abs. 1 S. 2 ArbGG und der Entstehungsgeschichte widersprechen würde (ebenso Stolterfoth, in: DB 1973, 1068; Seidel, 971; G. Hueck, 219).

lichen Abhängigkeit umstritten[92]. Übereinstimmender Ausgangspunkt ist die Aussage, daß die wirtschaftliche Abhängigkeit nach der Verkehrsanschauung definiert werden muß[93]. Natürlich ist dieser Satz schon wegen seiner substanzarmen Allgemeinheit konkretisierungsbedürftig[94]. Da aber scheiden sich die Geister. Weithin ungeklärt sind die Fragen, ob es auf eine wirtschaftliche Schwäche ankommt, die vom Bild des einkommensschwachen Erwerbstätigen ausgeht, oder auf eine wirtschaftliche Abhängigkeit, die gegenüber einem (oder mehreren?)[95] Auftraggeber besteht[96], weil die daraus sich ergebende Vergütung die entscheidende Existenzgrundlage darstellt[97]. Weiter ist umstritten, ob das etwa vorhandene Privatvermögen zu berücksichtigen ist[98] oder ob eine starre obere Vergütungsgrenze wie bei einem Einfirmenvertreter als Qualifikationsmaßstab gelten soll[99]. Die Auffassungen sind so kontrovers, daß nicht einmal eine tendenzielle Übereinstimmung über die heranzuziehenden Kriterien in Grundfragen festzustellen ist. Der Dissens über die Funktion der Rechtsfigur „arbeitnehmerähnliche Person"

---

[92] Siehe dazu Rehbinder, S. 23 ff.; Kunze, S. 58 f.; Stolterfoth (Selbständigkeit), S. 6 ff., 101 f.; Tomandl (Wesensmerkmale), S. 59 ff., 150 ff.; Wlotzke, in: AuR 1974, 5 Fn. 15; Hick, S. 45; Siebert, in: BB 1950, 47 f.; Falkenberg, 1412; Maus, 369 f.; Lieb, 262 ff.; Schnorr (Anmerkung); BAG AP Nr. 3 zu § 611 BGB — Abhängigkeit und SAE 1974, 69 ff., 70 f.

[93] Kunze, S. 66; Hofmann, 1072; Falkenberg, 1412; Ady, 94; Melsbach, S. 21 f.; dazu auch Seidel, 971, und Stolterfoth, S. 6 ff.; Dersch / Neumann, § 2 Rdnr. 71; Stahlhacke, § 2 Rdnr. 26; Dersch / Volkmar, § 5 Rdnr. 77.

[94] Zur Möglichkeit einer spezifisch arbeitsrechtlichen Konkretisierung vgl. Palme, 223.

[95] Dazu RAGE 36, 257; BAG FuR 1973, 657; SAE 1974, 69 ff., 71; Hueck / Nipperdey I, S. 60; Kunze, S. 65; Lieb, 262 f.; Herschel, 1187 f.; Seidel, 972; Maier, in: FuR 1974, 29; Hick, S. 48 f.; Dersch / Volkmar, § 5 Rdnr. 75; Boldt / Röhsler, § 2 Rdnr. 62. In § 12 a Abs. 1 Nr. 1 Ziff. b, Abs. 3 TVG bezieht sich die wirtschaftliche Abhängigkeit nur auf einen Arbeitgeber, wird aber im Abs. 2 modifiziert, indem *ein* Arbeitgeber fingiert wird, wenn mehrere Personen sich nach der Art eines Konzerns oder in einer Organisationsgemeinschaft zusammengeschlossen haben.

[96] Dazu Rehbinder, S. 25; Stolterfoth, S. 122 f.; Hick, S. 52; Lieb, 263; Wiedemann / Stumpf, § 12 a Rdnr. 24; Scheidt (Rechtsbegriff), S. 66; Bulla, in: Die Arbeitskammer 1961, 407; Haemmerle (Grundriß), S. 43; Hueck / Nipperdey I, S. 57; Rosin (Recht), S. 35 f.

[97] BAG AP Nr. 2 zu § 717 ZPO; Schäfer, 175; Schnorr v. Carolsfeld (Anmerkung); Simitis (Vertragsverhältnisse), S. 344; Melsbach, S. 22.

[98] *Dafür:* BAG AP Nr. 3 zu § 611 BGB — Abhängigkeit; AP Nr. 2 zu § 717 ZPO; Kunze, S. 66; Seidel, 972; Hessel, in: RdA 1952, 411; Meissinger, in: DBetrVerf 1957, 66; Herschel (Anmerkung), 72; Pohle (Anmerkung).

Dagegen: Wohl BAG SAE 1974, 69 ff., 70 f.; Wahle (Tankstelleninhaber), S. 330 f.; Schnorr v. Carolsfeld (Anmerkung); Schnorr (Anmerkung); Maus, 371 Fn. 33; Rehbinder, S. 25.

[99] *Dafür:* z. B. Niessen, 308 und 1120; Seidel, 973; G. Müller, in: Ufita 1959, 146; Falkenberg, 1412; Stolterfoth, S. 9.

Dagegen: z. B. Ludwig, 1972; Hick, S. 53; Nikisch I, S. 140; Schwerdtner, 17; Dersch / Neumann, § 2 Rdnr. 76; Stahlhacke, § 2 Rdnr. 26; Wiedemann / Stumpf, § 12 a Rdnr. 10.

und folglich auch über die diese Funktion gewährleistenden Kriterien erweist sich in der Praxis als unüberbrückbar und wird es solange sein, bis die Widersprüchlichkeit des begrifflichen Systems aufgehoben werden kann[100]. Dies kann jedoch erst erfolgen, wenn die Funktion und das System des Arbeitsrechts — damit auch des Arbeitnehmerbegriffs — wie sie sich in den Grundnormen dieses Rechtsgebiets widerspiegelt, kritisch aufgearbeitet worden sind, um die rechtlichen Rahmenbedingungen, innerhalb derer die neu zu schaffenden Grundbegriffe gestaltet werden können, abzustecken. Die soziologischen Analysen über die soziale Situation der hier untersuchten freien Berufe haben ergeben, daß diese Berufe zu den Regelungsadressaten des Arbeitsrechts gezählt werden müssen, weil ihre Situation alle die Komponenten enthält, die die Anwendung des Arbeitsrechts zur Sicherung seiner Effizienz und inneren Folgerichtigkeit innerhalb der zuvor ermittelten Rahmenbedingungen notwendigerweise erfordert. Daher kann nun die konkrete Ausgestaltung materieller, die soziale Situation der Regelungsadressaten widerspiegelnder Kriterien erfolgen. Dann wird sich auch zeigen, ob das gesamte Arbeitsrecht schon jetzt auf alle arbeitnehmerähnlichen Personen angewendet[101] oder ob es nur verstärkt angewendet werden muß[102], ob eine vorsichtige Analogie bei gleicher sozialer Lage vorgenommen werden muß[103] oder ob der Begriff der arbeitnehmerähnlichen Person nicht ohne weiteres ins materielle Recht übernommen werden kann, weil er aus dem Verfahrensrecht stammt[104] oder ob eine Anwendung arbeitsrechtlicher Vorschriften für den hier untersuchten Personenkreis überhaupt nicht in Frage kommt[105]. Für das geltende Recht muß jedenfalls festgestellt werden, daß „der Begriff der arbeitnehmerähnlichen Person unglücklich und nur historisch erklärbar (ist)“[106]. Seine inhaltliche Neugestaltung ist nicht partiell, sondern nur in einer Gesamtrevision der arbeitsrechtlichen personellen Grundbegriffe möglich.

---

[100] Ähnlich Woltereck (Anmerkung), 190 f.; Trinkhaus, in: RdA 1958, 13, spricht in diesem Zusammenhang vom „labilen Begriff“ der Arbeitnehmerähnlichkeit.

[101] So Woltereck, 134; ähnlich Gerschel, 543.

[102] Maus, 370; G. Hueck, 219; Kreller, in: AcP 122, 6; Ady, 94; Hick, S. 79; Potthoff (Arbeitsrecht), S. 327.

[103] Hueck / Nipperdey I, S. 60; G. Müller, 146; Niessen, 1120; Ludwig, 1972; Kunze, S. 76; Hofmann, 1072.

[104] Niessen, 309; Meissinger, 67; Schneider, S. 19.

[105] So wohl Pfennigstorf (Umfang), S. 94; Deneke (Berufe), S. 177 ff.; Pakebusch, in: BlStSozVArbR 1964, 254.

[106] Eich, 1700; Molitor, in: ZBH 1928, 39; ebenso für §§ 5 ArbGG und 2 BUrlbG Kunze, S. 65; Woltereck (Anmerkung), 190 f.; für Art. 3 Abs. 1 Handelsvertretergesetz Trinkhaus, in: RdA 1958, 13 f.; ähnlich Meissinger, 69.

c) Über die Problematik des selbständigen Handelsvertreters

Eine ganz ähnliche rechtliche Situation wie die der freien Mitarbeiter kennzeichnet auch die Lage der Handelsvertreter. Die Antinomie von geltendem Recht und Rechtswirklichkeit wird schon — ganz summarisch — anhand dreier Zitate von *A. Hueck, M. Rehbinder* und *A. Schüller* verdeutlicht. „Das Gesetz (Handelsvertretergesetz vom 6. 8. 1953, BGBl. I, S. 771[1], d. Verf.) enthält ..., teils für alle Handelsvertreter, teils für die arbeitnehmerähnlichen eine Reihe von sozialen Schutzbestimmungen, die z. T. an ähnliche Einrichtungen des Arbeitsrechts anknüpfen. Dagegen hat es im allgemeinen davon abgesehen, die Handelsvertreter materiell-rechtlich dem Arbeitsrecht zu unterstellen, so daß das materielle Recht der Handelsvertreter nicht zum Arbeitsrecht gehört[2].“ „Der Tankstellenvertrag (h. M. = Handelsvertretervertrag[3], d. Verf.) ist damit entgegen der herrschenden Meinung in seinen wesentlichen Elementen ein Arbeitsvertrag[4].“ „Für Eigenhändler und Handelsvertreter, denen es an diesen elementaren Voraussetzungen der wirtschaftlichen Selbständigkeit fehlt, sollte nur die Alternative bleiben, mit dem vertretenen Unternehmen einen Dienstvertrag abzuschließen ... Die Konsequenz wäre, daß eine größere Zahl formell selbständiger Handelsvertreter und Eigenhändler auch nach außen hin als das erscheinen würde, was sie nach wirtschaftlichen Maßstäben sind: *unselbständig*[5].“ (Hervorhebungen im Original, d. Verf.) Eine Legaldefinition des Handelsvertreters gibt § 84 I HGB.

aa) Zur Legaldefinition des Handelsvertreters

Die drei von vier im Rahmen dieser Arbeit interessierenden Merkmale des Handelsvertreters gemäß § 84 I HGB werden von der ganz herrschenden Lehre und Rechtsprechung wie folgt verstanden:

— „ständige Betrauung und Vermittlung“.

Der Handelsvertreter-Vertrag ist ein Dauervertrag, dem Wesen nach Dienstvertrag gemäß §§ 611 ff. BGB, der eine Geschäftsbesorgung zum Gegenstand hat[6].

Durch den auf Dauer gerichteten Vertrag wird ein besonderes Vertrauensverhältnis zwischen dem Handelsvertreter und dem Unter-

---

[1] Im weiteren „HV-Novelle“; dazu oben unter 4. b) bb) in Fn. 63.

[2] A. Hueck, in: Hueck / Nipperdey I, S. 59.

[3] Siehe oben unter 1.

[4] Rehbinder (Tankstellenvertrag), S. 29; ebenso Hirsch (Typ), S. 192.

[5] Schüller, in: ORDO XIX (1968), 244; ebenso Schwerdtner, in: BlStSoz VArbR 1972, 18; ähnlich schon Schmidt-Rimpler (Handlungsagent), S. 52.

[6] Baumbach / Duden, § 84 Anm. 6, 3 D; Brüggemann, in: Großkommentar HGB, § 84 Anm. 2; Schröder, § 84 Rdnr. 10 b; Eberstein (Handelsvertretervertrag), S. 36; RGZE 87, 441; 95, 135; BAGE 15, 335 ff., 344.

nehmer begründet[7]. Der Handelsvertreter ist parteilich[8], er hat gemäß § 86 Abs. 1 2. Halbs. HGB das Interesse des Unternehmers wahrzunehmen. Bei der Beurteilung des Vertrages sind der gesamte Vertragsinhalt und die Durchführung des Vertrages in der Praxis, kurz das Gesamtbild, entscheidend[9].

— „Unternehmer".
Der Handelsvertreter, dies zeigt das Wort „anderen" in § 84 I HGB, ist ebenso Unternehmer, wie der, für den er abschließt, Unternehmer ist[10]. Seine Tätigkeit beruht auf der „freien Entfaltung der schöpferischen Persönlichkeit"[11]. Er ist Kaufmann im Sinne des HGB und daher verpflichtet, gemäß §§ 1 II Ziff. 7, 17 HGB unter seiner Firma tätig zu werden und gemäß § 84 I HGB in fremdem Namen Geschäfte zu vermitteln oder abzuschließen[12].

— „Selbständigkeit".
Die Selbständigkeit gemäß § 84 I S. 2 HGB meint die persönliche *im Gegensatz zur wirtschaftlichen Selbständigkeit*[13]. Für die Vertragsqualifizierung maßgebend ist vor allem das Innenverhältnis[14]. Der Handelsvertreter unterliegt zwar im Rahmen seines Vertragsverhältnisses Weisungen des Unternehmers gemäß §§ 675, 665 BGB, die aber wegen seiner Unabhängigkeit nicht zu weit gehen dürfen[15] und schon gar nicht so weit, daß die Arbeit des Handelsvertreters zur fremdbestimmten wird[16]. Er hat sich aktiv um die Willensbildung der Kunden gemäß § 86 I HGB zu bemühen, der Unternehmer seinerseits alles zu unterlassen, was diese Aktivitäten beeinträchtigen könnte.

---

[7] BGH BB 1956, 95 Nr. 165; Baumbach / Duden, § 84 Anm. 6 C; Brüggemann, § 84 Anm. 21.

[8] Siehe die Kommentare in Fn. 6.

[9] Brüggemann, § 84 Anm. 9; Schröder, § 84 Rdnr. 3 a; Hirsch, S. 185; BAG VersR 1966, 382; BSGE 13, 196; BFH VersR 1960, 204; BB 1962, 401; *a. A.* z. B. Baumbach / Duden, § 84 Anm. 5 B.

[10] Baumbach / Duden, § 84 Anm. 4 D; Schröder, § 84 Rdnr. 2; Brüggemann, Vorbem. 2 zu § 84.

[11] Lohmüller (Handelsvertreterrecht), S. I/6 bei Einl.

[12] Schwerdtner, 18; Rehbinder, S. 24 f.

[13] Vgl. oben unter 2.; h. M., z. B. Baumbach / Duden, § 84 Rdnr. 2; Brüggemann, § 84 Anm. 9; amtliche Begründung der HV-Novelle (BT-Drucks. Nr. 3856 v. 15. 11. 1952), S. 10, 14; RAG JW 1937, 2708; LAG Bremen, BB 1969, 873; LAG Frankfurt, BB 1950, 168.

[14] Vgl. Stolterfoth (Selbständigkeit), S. 55 und S. 55 Fn. 1; Brüggemann, § 84 Anm. 9 a. E.; OLG Celle, in: MDR 1958, 341.

[15] Baumbach / Duden, § 84 Anm. 5 C; Schröder, § 84 Rdnr. 6; als wirtschaftlich abhängige, arbeitnehmerähnliche Personen gem. § 5 Abs. 1 S. 2 ArbGG werden Handelsvertreter nur als Einfirmenvertreter gem. § 92 a HGB mit einem Monatsverdienst bis zu 1500,— DM angesehen (siehe schon oben unter 4. b) bb) in Fn. 63).

[16] Vgl. schon oben unter 2. b).

Die wirtschaftliche Selbständigkeit spielt bei der Begriffsbestimmung des Handelsvertreters in § 84 I HGB durch die herrschende Meinung keine Rolle[17]. Es wird lediglich darauf hingewiesen, daß „das wirtschaftliche Schicksal des Handelsvertreters weitgehend vom Schicksal des von ihm vertretenen Unternehmers bestimmt wird“[18]. Um der Gefahr der Rechtszersplitterung[19] zu entgehen, ist das Recht der Handelsvertreter bewußt einheitlich geregelt worden und hat nur in den §§ 92, 92 a, 92 b, 92 c HGB eine Sonderregelung erfahren.

Die in § 92 a HGB vorgesehene Verordnung, die an den Gedanken, der zur Verwirklichung des Gesetzes über die Festsetzung von Mindestarbeitsbedingungen vom 11. 1. 1952 (BGBl. I, S. 17) geführt hat, anknüpft[20], ist bisher noch nicht erlassen worden, weil „sich hierfür ein Bedürfnis nicht gezeigt habe“[21].

bb) Die Entstehungsgeschichte der §§ 84 ff. HGB

Erst in neuerer Zeit ist die Diskussion um den Handelsvertreterbegriff und seine Abgrenzung zum Arbeitnehmer, ausgelöst durch die Arbeiten von *Hirsch*[22] und *Schüller*[23], wieder entfacht worden[24]. Diese Diskussion kann im Rahmen des hier unternommenen Versuchs einer Neubestimmung des Arbeitnehmerbegriffs nicht in allen Einzelheiten neu aufgenommen werden. Sie würde ohne Zweifel den Rahmen dieser

---

[17] Vgl. dazu und im folgenden Brüggemann, Vorbem. 1 zu § 84; Hueck / Nipperdey I, S. 58.

[18] Brüggemann, Vorbem. 1 zu § 84.

[19] Schröder, II Einl., S. 18; Herschel / Beine (Handbuch), S. 18.

[20] Weimar, in: AuR 1954, 16; Stolterfoth, S. 242 f.

[21] Antwort der Bundesregierung auf eine Anfrage (siehe den Bericht in: AuR 1974, 84 f.). Baumbach / Duden, § 92 a Anm. 1 a; Eberstein (Handelsvertretervertrag), S. 22; Schwerdtner, 22 f.; Eich, in: DB 1973, 1702 f.; Hessel, in: RdA 1952, 412; Duden, in: JW 1972, 1326; Trinkhaus, in: RdA 1958, 13; Stolterfoth, S. 241 ff., 244, 269 f.; Pfennigstorf (Umfang), S. 76 ff. Demgegenüber hat der Bundesrat schon 1952 (vgl. amtliche Begründung der HV-Novelle, S. 50) den Erlaß der Verordnung gefordert.

[22] Der vor allem die theoretische Fundierung des „Begriffs“ als eine Typologie der idealen wie realen Handelsvertreterformen systematisch geordnet und kritisch kommentiert hat.

[23] Der unter wirtschaftlichen Aspekten eine Realanalyse der Handelsvertreterabhängigkeiten vornimmt und über den Weg eines wirtschaftlichen Funktionsmodells der Handelsvertretertätigkeit zu einer kritischen Stellungnahme gegenüber den §§ 84 ff. HGB kommt.

[24] Vgl. weiter die umfangreiche Monographie von Stolterfoth (Selbständigkeit); ferner Tomandl (Wesensmerkmale), S. 81 ff., 193 f. und öfter; Rehbinder; Ballerstedt (Marktmacht); Arndt (Macht); Schwerdtner; Bogs, in: VersR 1977, 197 ff.; Plander, in: RdA 1973, 234 ff.; aus der älteren Literatur vgl. Schmidt-Rimpler; Herschel / Beine, S. 19 ff.; von Brunn (Reform); von Gierke, in: ZHR 117 (1955), 138 ff.; Hessel, in: RdA 1952, 410 ff.; Trinkhaus, in: RdA 1958, 11 ff.

Arbeit sprengen. Es soll jedoch zu zeigen versucht werden, wie die überwiegende Meinung in Lehre und Rechtsprechung entgegen einigen kritischen Stimmen in der Literatur auch im Recht der Handelsvertreter in formaljuristischen Qualifikationsbemühungen befangen bleibt, die letztlich „das rechtliche Gewand dieses Vertrages ... zum Totenhemd der wirtschaftlichen Selbständigkeit (werden lassen)“[25].

Eine Antwort auf die Frage, wie es zu dieser Entwicklung kommen konnte und welche Faktoren dafür ursächlich waren, kann befriedigend nur gegeben werden, wenn man sich kurz die historische Entwicklung des Handelsvertreterrechts vergegenwärtigt. Nach den Erfordernissen der Wirtschaftstätigkeit, die Mitte des 19. Jahrhunderts von einer raschen Erhöhung des Produktionsrahmens und der ständigen Ausweitung von Absatzmöglichkeiten durch die Erschließung immer neuer Märkte gekennzeichnet war[26], bildete sich eine neue Form der Absatz- und Vermittlungshilfe für die Unternehmen in Gestalt der Handelsvertreter — die damals noch Handlungsagenten hießen — heraus. Nachdem das ADHGB von 1861, welches für das Deutsche Reich durch Gesetz vom 16. 4. 1871 eingeführt wurde, von dieser neuen Tätigkeit noch keine Notiz genommen hatte[27], wurde erstmalig, einer Definition des *Reichsgerichts*[28] folgend[29], in § 84 des HGB vom 10. 5. 1897 eine Legaldefinition des Handelsvertreters vorgenommen. Sie lautete: „Wer, ohne als Handlungsgehilfe angestellt zu sein, ständig damit betraut ist, für das Handelsgewerbe eines anderen Geschäfts zu vermitteln oder im Namen des anderen abzuschließen (Handlungsagent), ...“ Diese Formulierung war an einem Idealtypus des Handelsvertreters orientiert, dessen leitbildhafter Charakter in der Vorstellung des „königlichen Kaufmanns“ und „freien Unternehmertums“ lag[30]. Doch schon die Zeit der Jahrhundertwende, spätestens aber die Wirtschaftskrisen der Weimarer Republik hatten einen ganz anderen Handelsvertretertypus[31] in der Rechtswirklichkeit entstehen lassen.

---

[25] Schüller, 235.

[26] Dazu v. Gierke, 138 ff.; Sombart (Volkswirtschaft), S. 63 ff., 202 ff.; Schmidt-Rimpler, S. 48 ff.; Stolterfoth, S. 86 ff.; amtliche Begründung der HV-Novelle, S. 10 ff.

[27] Obwohl 1857 bei den Beratungen der Kommission zur Schaffung des ADHGB bereits vom Einfluß der Handelsvertreter auf den Handelsverkehr gesprochen wurde, vgl. Lutz (Protokolle), S. 103, und Hirsch, 164 ff.

[28] RGZE 31, 59 f.

[29] So Hirsch, S. 169; v. Gierke, 139; Schmidt-Rimpler, S. 5.

[30] So die allgemeine Meinung, vgl. von Gierke, 141; Stolterfoth, S. 31 ff. m. w. N. und die amtliche Begründung der HV-Novelle, S. 11.

[31] Es ist allgemein anerkannt, daß die gesetzliche Begriffsbestimmung des Handelsvertreters in § 84 HGB auf einer Handelsvertretertypik beruht; vgl. etwa Evans (Anwendung), S. 116 und öfter; von Brunn, S. 2; Hirsch, S. 170 und öfter; Raisch (Voraussetzungen), S. 39; Ballerstedt (Marktmacht), S. 18 f.;

Er war gekennzeichnet durch weitgehende wirtschaftliche Abhängigkeit vom vertretenen Unternehmer und eine soziale Unselbständigkeit und Unfreiheit, die ihn teilweise schutzbedürftiger machten als die Masse der Arbeitnehmer[32]. So heißt es daher völlig zu Recht bei *Hirsch*[33]: „... die der reichsgerichtlichen Formulierung entsprechend vorgenommene gesetzliche Typisierung (entsprach) als empirischer Normaltyp nicht dem üblichen Sachverhalt des Lebens ...“ und bei *Schmidt-Rimpler*[34]: „Das formal juristische Gewand des Handlungsagenten paßt ihm häufig nicht vollkommen, da seine wirtschaftliche Statur zu klein dafür ist. Formaljuristisch ist er selbständig, freier Unternehmer, wirtschaftlich befindet er sich aber überaus oft — abgesehen von großen Firmen und von besonderen Verhältnissen (Exportagentur) — in starker Abhängigkeit vom Geschäftsherren.“

Die katastrophale wirtschaftliche Situation während der Weimarer Republik mit ihrem Heer an Arbeitslosen hatte es den Unternehmen ermöglicht, eine Vielzahl von arbeitsuchenden sozial schwachen Personen mit den Aufgaben einer Handelsvertretertätigkeit zu betrauen. Obwohl ihr sozialer Status, ihre Abhängigkeit, ihr Angewiesensein auf die Arbeitszuteilung durch den Unternehmer faktisch völlig der Situation der Arbeitnehmer glich, wurde ihnen ein Handelsvertretervertrag „diktiert“, der sie rechtlich zu Selbständigen machte, „auch wenn sie keineswegs die wirtschaftliche Stellung und Funktion eines solchen einnahmen“[35]. Damit wurde ihnen der Schutz des Arbeitsrechts vorenthalten[36]; der Grundsatz der Vertragsfreiheit mußte sich zu ihrem Nachteil auswirken[37]; kollektive Aktionen zur Sicherung und Verbesserung ihrer sozialen Situation konnten für rechtswidrig erklärt werden, worauf es dem Unternehmer wohl vor allem ankam[38].

Finke, in: WM 1972, 1110; Schwerdtner, 17 f. Gegen die Tauglichkeit eines Handelsvertretertypus spricht sich Stolterfoth, S. 187 und öfter aus; darauf kann hier im einzelnen nicht eingegangen werden. Stolterfoths Kritik beruht vor allem auf einer von ihm mißverstandenen Funktion des Typusbegriffs für die Rechtswissenschaft und insbesondere das Handelsrecht (gegen ihn auch schon Herschel, Buchbesprechung, 308 f.); vgl. demgegenüber Raisch, S. 34 ff.

[32] So Schneider (Begriff), S. 26 m. w. N. in Fn. 89; Hick (Agent), S. 29, 46; Trinkhaus, 13; von Gierke, S. 141; Herschel / Beine, S. 15; amtliche Begründung der HV-Novelle, S. 10 f.

[33] S. 170.

[34] S. 52; zustimmend Stolterfoth, S. 31 f.; Hirsch, S. 170 f.; Ballerstedt, S. 14; Schüller, 245; Schwerdtner, 18.

[35] Hirsch, S. 171.

[36] Falkenberg, in: DB 1969, 1412; Hirsch, S. 171; Kahn-Freund (Ideal), S. 194 f.; Trinkhaus (Handbuch), S. 43 Fn. 21.

[37] Amtliche Begründung der HV-Novelle, S. 10; Herschel / Beine, S. 16; Ballerstedt, S. 16.

[38] Meissinger, in: DBetrVerf 1957, 68; so auch schon grundsätzlich Kahn-Freund (Funktionswandel), S. 214.

So ist es nicht weiter verwunderlich, wenn im Laufe der Jahre die Forderungen nach einer Neuordnung der Handelsvertretervorschriften immer dringlicher wurden[39]. Die rechtspolitische Diskussion fand von vornherein unter der — zumeist unbewußten — Geltung zweier Prämissen statt, die den heutigen Rechtszustand ganz entscheidend geprägt haben.

cc) Die einseitige Ausrichtung des neuen Handelsvertreterbegriffs an herkömmlichen arbeitsrechtlichen Kriterien

Zum einen mußte die Diskussion der Reform des Handelsvertreterrechts von den Daten ausgehen, die Lehre und Rechtsprechung schon seit längerer Zeit für den Arbeitnehmerbegriff gesetzt hatten. Denn das dringendste Problem der Reform war die Suche nach einem befriedigenden Abgrenzungskriterium des Handelsvertreters vom Arbeitnehmer[40], wie die wahre Flut von Entscheidungen des *Reichsgerichts* und *Reichsarbeitsgerichts* hierzu beweisen[41]. Dieses Kriterium aber meinte die überwiegende Meinung im Arbeitsrecht in der Formel von der persönlichen Abhängigkeit des Arbeitnehmers gefunden zu haben, wie wir oben gesehen haben. Gerade weil das Problem der Abgrenzung des Handelsvertreters vom Arbeitnehmer nur Teil der grundsätzlichen, umfassenden Begriffsproblematik des Arbeitnehmers war, mußte die Reformdiskussion sich an die mittlerweile gefestigten Maßstäbe von Lehre und Rechtsprechung halten[42]. Dies fiel ihr um so leichter als das Kriterium der persönlichen Abhängigkeit ja gerade am Beispiel vor allem des Handelsvertreters entwickelt worden war[43, 44]. Und schon die Beratungen des ADHGB hatten eines mit aller Deutlichkeit gezeigt[45]: Bei aller Zerstrittenheit über die wirtschaftlichen Funktionen der Handelsvertreter war man sich einig, daß es den selbständigen Handelsvertreter, und den „Handlungsbevollmächtigten", der zu seinem Geschäftsherrn in einem Dienstverhältnis stand, gab. Das Kriterium der

[39] Vgl. dazu die amtliche Begründung der HV-Novelle, S. 11 f.

[40] So auch von Brunn, S. 4; von Gierke, S. 140; Trinkhaus, 11.

[41] Vgl. die bei Hueck / Nipperdey I, S. 45 Fn. 23; Nikisch I, S. 98; Brüggemann, § 84 Anm. 9 und Siebert, in: BB 1949, 747, genannten Entscheidungen.

[42] Die amtliche Begründung der HV-Novelle, S. 14, beruft sich denn auch auf die arbeitsgerichtliche Rechtsprechung.

[43] Vgl. Schmidt-Rimpler, S. 18 ff.; Molitor, in: ZBH 1928, 33 ff.; daher steht die Abgrenzung Handelsvertreter — Arbeitnehmer auch im Mittelpunkt der Erörterung des Arbeitnehmerbegriffs in den Lehrbüchern des Arbeitsrechts, soweit es auf das Merkmal der persönlichen Abhängigkeit ankommt (vgl. etwa Hueck / Nipperdey I, S. 44 ff.; Nikisch I, S. 97 f.; Söllner, S. 27).

[44] Daher ist es nicht ganz korrekt, wenn Schwerdtner, 17 (ähnlich Hirsch, S. 184) meint, daß der Gesetzgeber „das Merkmal der Selbständigkeit am Arbeitsrecht orientiert (hat), obwohl dieses mit diesem Kriterium bis heute noch nicht fertig geworden ist".

[45] Zum folgenden vgl. Hirsch, S. 164 ff.

„Selbständigkeit" sollte eine Unterscheidung ermöglichen. Die Vermutung, daß es eher auf personale, denn auf wirtschaftliche Aspekte, über die man sich nicht einigen konnte, bezogen wurde, liegt daher nahe. Eine Reform des Handelsvertreterrechts konnte wohl Teilbereiche der Arbeitnehmerproblematik neu ordnen, wie etwa eine für das Handelsvertreterrecht dringend notwendige spezialgesetzliche Lösung der Arbeitnehmerähnlichkeit schaffen[46], eine grundsätzliche Revision des Arbeitnehmerbegriffs konnte und wollte sie nicht leisten.

α) *Die gesetzliche Normierung der persönlichen Selbständigkeit*

Das für die Unterscheidung des selbständigen Handelsvertreters (§ 84 I HGB) vom Angestellten (§ 84 II HGB) wesentliche Kriterium ist daher 1953 in § 84 I S. 2 HGB derart neu formuliert worden, daß „selbständig ist, wer im wesentlichen frei seine Tätigkeit gestalten und seine Arbeitszeit bestimmen kann". Damit ist eindeutig die persönliche Abhängigkeit (bzw. Selbständigkeit), konkretisiert durch zwei ihrer wesentlichen Bestandteile, zum begriffsentscheidenden Merkmal erhoben worden. Zugleich sind damit aber auch sämtliche ungeklärten Probleme und Schwierigkeiten, die das Merkmal der persönlichen Abhängigkeit mit sich brachte, in das neue Recht übernommen und — was wohl schwerwiegender ist — gesetzlich festgeschrieben worden. Der gesetzlichen Definition in § 84 I HGB liegt — wenn auch nur mittelbar — der historische Idealtypus des Arbeitnehmers zugrunde, dessen Untauglichkeit und Unbrauchbarkeit für die Bildung zeitgemäßer Ordnungsbegriffe, die den sozialen und wirtschaftlichen Abhängigkeiten gerecht werden können, oben dargestellt worden ist. Daher unterscheidet sich die rechtliche Problematik einer befriedigenden Qualifizierung der Rechtsverhältnisse der Handelsvertreter nicht von der des freien Mitarbeiters. Die dort erhobenen Einwände treffen grundsätzlich auch für die Rechtsverhältnisse der Tankstellenhalter, Gastwirte, Zeitungsausträger, Zählerableser, Hörerwerber und die vielen anderen Handels- und Versicherungsvertreter — bei aller Verschiedenheit im Einzelnen — zu.

β) *Die Folgen dieser Normierung*

Im Bewußtsein der Unzulänglichkeit der neuen Legaldefinition haben daher Lehre und Rechtsprechung schon früh unter Hinweis auf den relativierenden Einfluß der Floskel „im wesentlichen" für die Beurteilung eines konkreten Falles versucht, „alle Umstände des Einzelfalles" zu berücksichtigen[47].

---

[46] So Trinkhaus, 13.

[47] So die amtliche Begründung der HV-Novelle, S. 15; Hirsch, S. 185; Herschel / Beine, S. 20; Nippold (Tankstellenvertrag), S. 23; Brüggemann,

Diese Argumentation konnte jedoch die grundsätzliche Fixierung auf die personale Situation der konkret zu beurteilenden Vertragsverhältnisse nicht überwinden, was zu der Unfähigkeit, die gefundenen Kriterien in ihrem sozialen Kontext zu sehen, führen mußte. Dafür waren vor allem die Tradition der Abgrenzungspraxis, die sich in einer fast unüberschaubaren Zahl von grundsätzlich übereinstimmenden Urteilen des *Reichs-* und *Reichsarbeitsgerichts* und später des *Bundesgerichtshofs* äußerte, zu stark und, dadurch bedingt, die Legaldefinition in § 84 I HGB zu eindeutig. Es ist daher nicht richtig, wenn *Hirsch*[48] meint, daß „die Gerichte (es als ihre Aufgabe ansehen) in Zweifelsfällen ... den Begriff des selbständigen Gewerbetreibenden mit Hilfe von Merkmalen zu klären, die dem wirtschaftlichen Sachverhalt angemessen sind ...“ Denn nur allzuoft wird übersehen, daß die augenfälligen Erscheinungen der Vertragsbeziehungen, die den wirtschaftlichen Sachverhalt widerspiegeln sollen, nur Folgen der einseitigen Machtausübung des vertretenen Unternehmers sind, die es ihm erlauben, Selbständigkeit schlicht vertraglich zu bestimmen, obwohl es an jeder materiellen Grundlage dafür fehlt. Auch der Rückgriff auf die „Gesamtumstände eines Einzelfalles“ kann nicht darüber hinwegtäuschen, daß Lehre und Rechtsprechung nicht in der Lage sind, mit den herkömmlichen Kritierien wirtschaftliche Abhängigkeiten und soziale Unselbständigkeit, bzw. Schutzbedürftigkeit adäquat zu erfassen[49]. Formale, an persönlichen Abhängigkeiten orientierte Kriterien vermögen diese Zusammenhänge nur schwer aufzuklären.

γ) *Die Eignung des § 138 BGB für die Begrenzung wirtschaftlicher Machtausübung in der Auslegung durch die Zivilgerichtsbarkeit*

Daraus dürfte auch die Zurückhaltung der Gerichte resultieren, Verträge, die der anderen Vertragspartei das wirtschaftliche Risiko eines Selbständigen aufbürden, obwohl ihr weder ausreichend Betriebsvermögen noch eine Dispositionsmöglichkeit über den ihr etwa verbliebe-

§ 84 Anm. 9; Schröder, § 84 Anm. 3; RAG ARS 45, 34; OLG Nürnberg, VersR 1960, 904; BAG VersR 1966, 382; BSGE 13, 196; BFH VersR 1960, 204; *a. A.* Baumbach / Duden, § 84 Anm. 5 B; kritisch Stolterfoth, S. 67 ff.; Schwerdtner, 18.

[48] S. 184 f.; auch Finke, 1110, weist darauf hin, daß der BGH den Handelsvertretertypus auch nach dem wirtschaftlichen Erscheinungsbild „echter“ Handelsvertreter abgrenze. Die Urteile des BGH in: WM 1972, 936 ff. und E 56, 290 ff., die Finke anführt, betreffen zum einen (S. 937) die Auslegung des Begriffs „vermitteln“ und erschöpfen sich zum anderen in einem Hinweis auf die gebotene wirtschaftliche Betrachtungsweise, die dann in lediglich organisatorischen Erwägungen stecken bleibt (S. 293 f.).

[49] Siehe die Kritik daran bei Schwerdtner, 18. Sehr widersprüchlich sind auch in diesem Punkt die Ausführungen von Hirsch, S. 185, der das „Gesamtbild“ entscheidend sein lassen will und dazu erstaunlicherweise auf die

nen Rest zukommt, gemäß § 138 BGB als wirtschaftliche Knebelung für sittenwidrig und damit für nichtig zu erklären[50]. Allerdings ist damit nur — worauf es hier jedoch vor allem ankommt — die grundsätzliche Ausgangssituation erklärt, die Rechtsprechung und Lehre nur dann verlassen können, wenn sie die Argumentation in formalen Oberflächenkategorien zugunsten einer stärker materiellen, die soziale und wirtschaftliche Fundierung der Berufsstellung reflektierenden Betrachtungsweise aufgeben[51]. Weitere Gründe für den vorsichtigen Umgang der Rechtsprechung mit § 138 BGB liegen auch in den jeweiligen Besonderheiten der unterschiedlichen Praktiken zur Vertragsgestaltung, die die Abhängigkeiten zwar aufrecht erhalten, aber doch in einer Weise, die das Verdikt der Sittenwidrigkeit, auch wenn es mit der neueren Literatur als objektivierbarer Ordnungsmaßstab verstanden wird[52], nicht zuläßt. In erster Linie ist hier an die Tankstellenhalter- und an die Bierlieferungsverträge der Brauereien mit den Gastwirten zu denken[53]. Deren Verträge führen zwar eine weitgehende Subordination der Betroffenen herbei, werden aber in der Regel dann nicht für nichtig erklärt, wenn die Unternehmen durch die Gewährung eines größeren Darlehens erst zur Gründung einer selbständigen Existenz verholfen haben[54]. Dabei darf, eine typische Gestaltung der Vertragsbedingungen vorausgesetzt, die Bezugsverpflichtung 20 Jahre nicht überschreiten[55]. Ein dritter und letzter Grund für die Zurückhaltung der Rechtsprechung dürfte schließlich darin zu sehen sein, daß die Anwendung des

unechten Kriterien rekurriert, obwohl er zuvor gerade am Beispiel eines solchen Kriteriums die Untauglichkeit dieser Qualifizierungsmethode nachgewiesen hat (gegen ihn auch Stolterfoth, S. 177 Fn. 123).

[50] Vgl. dazu Stolterfoth, S. 250 ff.; Klaas, in: BB 1974, 1098 ff.; Schüller, 241; Rehbinder (Tankstellenvertrag), S. 38 f.; Herschel / Beine, S. 32 f., führen dazu aus: „Diese gesetzliche Bestimmung (§ 138 BGB, d. Verf.) ist die einzige allgemeine Vorschrift, welche den Handelsvertreter gegen Ausbeutung seiner Arbeitskraft schützt.

[51] Davon geht offenbar Reuter, in: ZfA 1974, 307, aus, wenn er kurz und bündig zu dem Ergebnis kommt, „mit Rücksicht auf § 138 BGB (sei es) unerläßlich", daß persönlich Abhängige vom Unternehmerrisiko befreit seien. Ebenso Stolterfoth, S. 251 f., der dabei jedoch übersieht, daß er mit seinen eigenen Prämissen in Widerspruch gerät, wenn er, nachdem er auf vielen Seiten die Untauglichkeit einer Typenbegrifflichkeit zur Lösung unseres Problems nachzuweisen versuchte, nun auf die „typische Situation des Vertragshändlers" zurückkommen muß; daran zeigt sich mit einiger Deutlichkeit, daß sich die rechtliche Qualifizierung funktionsabhängiger Vertragsformen ohne materielle Kriterien und ein diese bedingendes Verständnis vom „typischen" Handelsvertreter- (Vertragshändler-, etc.)vertrag und von der „typischen" Handelsvertreterfunktion nicht durchführen läßt.

[52] Vgl. Esser, in: ZHR 135 (1971), 333 ff.; einschränkend allerdings Lindacher, in: AcP 173 (1973), 134 ff.

[53] Vgl. hierzu Rehbinder, S. 38 f.; Westrick / Loewenheim, § 18 Rdnr. 17, 18; Weyhenmeyer, in: ZRP 1971, 157; Klaas, 1098 ff.

[54] BGH NJW 1970, 2243; WM 1970, 99; NJW 1972, 1459.

[55] BGH NJW 1970, 2243.

§ 138 BGB stets die Nichtigkeit des Vertrages zur Folge hat, wenn man einmal von der Möglichkeit der Anpassung über § 139 BGB absieht, der von einer tatsächlichen oder vermuteten Übereinstimmung beider Parteien ausgeht, die gerade in diesen Fallkonstellationen nur fiktiv sein kann[56]. Die strikte Nichtigkeitsfolge ist aber in jedem Fall ungünstiger für den Geknebelten und weniger elastisch als eine „Umdeutung" des angeblichen Selbständigenverhältnisses in ein den tatsächlichen Umständen entsprechendes Arbeitsverhältnis. Im übrigen ist der § 138 BGB sicher kein brauchbares Instrument zur ordnungspolitisch sinnvollen Begrenzung vertikaler Machtstrukturen[57], wie sie im Tankstellen- und Brauereigewerbe an der Tagesordnung sind. Diese Aufgabe ist vielmehr primär den §§ 15 ff. GWB zugedacht, die allerdings gerade in diesem Bereich, wie noch zu zeigen sein wird, versagen.

Zusammenfassend kann zunächst einmal festgestellt werden, daß das Ziel der Handelsvertreterreform von 1953, „das Handelsvertreterrecht in einer Weise neu (zu) gestalten, welche die sozialpolitischen Forderungen der Gegenwart und die Belange der Handelsvertreter und Unternehmer angemessen berücksichtigt und damit den Handelsvertretern die für eine erfolgreiche Tätigkeit erforderliche Rechtssicherheit gibt"[58], insofern nicht erreicht worden ist, als die Definition des Selbständigkeitsbegriffs unbrauchbar ist. Denn man ist über die unzureichende Abgrenzungspraxis von Lehre und Rechtsprechung zum Arbeitnehmerbegriff nicht hinausgelangt, sondern hat diese auch noch festgeschrieben, so daß weiterhin die Möglichkeit besteht, Vermittlungsverhältnisse als Handelsvertreterverhältnisse zu qualifizieren, „die ihrer wirtschaftlichen Funktion und rechtlichen Struktur nach nichts damit zu tun haben"[59].

dd) Die Leitbildorientierung des neuen Handelsvertreterrechts am freien Unternehmertum

Die zweite Prämisse, unter der die reformpolitische Diskussion des Handelsvertreterrechts stand, war die Leitbildorientierung der Handelsvertreter am freien Unternehmertum[60]. Insbesondere die einflußreiche Centralvereinigung Deutscher Handelsvertreter- und Handelsmaklerverbände (CDH) überschüttete — und tut dies auch heute noch[61]

[56] Dazu Klaas, 1099.

[57] So Schüller, 241; Rehbinder, S. 38.

[58] Amtliche Begründung der HV-Novelle, S. 12.

[59] Hirsch, S. 172.

[60] Das dürfte unbestritten sein; vgl. nur die amtliche Begründung der HV-Novelle, S. 16; von Brunn, S. 2; Evans, S. 116 und öfter; Stolterfoth, in: DB 1973, 1075; Koch, in: Informationsdienst — Gewerkschaftspresse Nr. 120, 1971, S. 6; von Gierke, 140 f.; Molitor, 38.

[61] Dies zeigt ein Blick in das offizielle Organ des CDH: „Der Handelsvertreter und Handelsmakler"; vgl. nur Heft 2 vom 20. 1. 1971; Heft 4 vom 20. 2. 1972.

— die Handelsvertreter und die Öffentlichkeit mit einem wahren Bombardement an Mittelstandsparolen und Glorifizierungen der angeblich so segensreichen Selbständigkeit[62]. Vor allem diesem Einfluß ist es wohl zuzuschreiben, daß der größte Teil aller Handelsvertreter die Einführung des neuen Handelsvertreterrechts zunächst begrüßte, insbesondere im Hinblick auf die darin enthaltenen zwingenden Schutzvorschriften[63]. Auch der Regierungsentwurf des Handelsvertreterrechts ist, wie schon die Begründung zeigt[64], von den Vorstellungen der Handelsvertreterverbände maßgeblich beeinflußt worden. Unter dem Eindruck der massiven Verbandspropaganda für den selbständigen Handelsvertreter unterwirft das Handelsvertretergesetz wie bisher schon alle, auch die arbeitnehmerähnlichen Handelsvertreter, die doch ihrer ganzen Stellung nach eher Arbeitnehmer denn selbständige Handelsvertreter sind, den §§ 84 ff. HGB und sieht sie demnach grundsätzlich als Selbständige an. Die damit verbundenen Nachteile für die „kleinen" Handelsvertreter versucht es durch die Einführung einer Reihe von zwingenden sozialen Schutzvorschriften zu umgehen. Diese Konzeption hat einen entscheidenden Einfluß auf die seitherige Behandlung der Abgrenzungsproblematik durch die herrschende Meinung ausgeübt[65]. Es sind dies vor allem zwei Konsequenzen, deren weniger wichtige zuerst genannt werden soll.

α) Die Qualifizierung des Handelsvertreterrechts als „Schutzrechtsordnung" in Literatur und Rechtsprechung

Sie liegt in der Tendenz von Rechtsprechung und Lehre, die ohnehin schon vorhandene Ineffizienz des Abgrenzungskriteriums der Selbständigkeit noch dadurch zu verstärken, daß der Verbund der zwingenden Rechtsnormen der §§ 84 ff. HGB als eine soziale Schutzordnung begriffen wird, die zwar gegenüber dem Arbeitsrecht nicht gleichrangig ist, aber doch auch solche Vermittler adäquat zu erfassen vermag, die unter ähnlichen rechtlichen und soziologischen Bedingungen wie ein Arbeitnehmer tätig sind[66]. Der Handelsvertreter wird so zu einem „neuen so-

---

[62] Siehe auch die Hinweise bei Stolterfoth (Selbständigkeit), S. 32 Fn. 145.

[63] Schwerdtner, 18; Hirsch, S. 175; Rehbinder, S. 31; Stolterfoth, S. 240 Fn. 92.

[64] S. 11 und öfter.

[65] Stolterfoth, S. 33, spricht hier im Anschluß an von Brunn, S. 2 f., recht anschaulich von einem „nie zur Synthese gebrachten Leitbild-Dualismus", in dem letztlich die Schwierigkeit einer wissenschaftlichen Behandlung des Handelsvertreters als Unternehmer begründet sein soll, vgl. dazu weiter im Text unten.

[66] Solche oder ähnlich lautende Formulierungen finden sich bei Rehbinder, in: JZ 1973, 155; Palme, in: RdA 1973, 241; Ballerstedt, S. 13 f., 16; Weimar, in: AuR 1954, 16; von Gierke / Sandrock (Handels- und Wirtschaftsrecht), S. 429; wohl auch Nipperdey (Handelsvertreter), S. 234.

zial geschützten Wesen"[67]. Dadurch entfällt natürlich der sozial motivierte Zwang, wirtschaftlich unselbständige, „kleine" Handelsvertreter in jedem Fall dem Arbeitsrecht zu unterstellen, weil auch das Handelsrecht Schutznormen bereithält. Im Ergebnis wird dadurch der Kreis der „Selbständigen" erweitert, der Adressatenkreis des Arbeitsrechts eingeengt[68].

β) *Die Argumentation der herrschenden Meinung am Beispiel Stolterfoths, ihres konsequentesten Vertreters*

Den wohl konsequentesten Versuch, das Handelsvertreterrecht in dieser Weise auszulegen, hat kürzlich *Stolterfoth* unternommen[69]. Er sieht in den zwingenden Schutzvorschriften, insbesondere in den §§ 89 b und 92 a HGB, ein funktionales „Gegengewicht zur Erreichung der Äquivalenz zwischen Arbeitsschutz und Handelsvertreterschutz"[70]. Die Handelsvertreternormen bedeuten für *Stolterfoth* genauso wie die Arbeitsrechtsnormen — nur mit dem Unterschied der größeren Freiheits-, aber auch Risikogewährung durch die Handelsrechtsnormen — die gesetzliche Statuierung zweier Schutzrechtsordnungen, die aus dem allgemeinen Zivilrecht herausgehoben sind[71]. Im Vergleich der Arbeitnehmer mit den „kleinen Selbständigen", deren gesamte Situation keine sachlichen Unterschiede aufweisen soll[72], bietet das Handelsrecht, nach *Stolterfoth*, den „Selbständigen" einen ebensolchen Schutz wie das Arbeitsrecht den unter denselben Bedingungen arbeitenden Arbeitnehmern[73]. Die grundsätzlichen Bedenken gegen den in diesen Gedanken zum Ausdruck kommenden Versuch *Stolterfoths*, den Unterschied zwischen Arbeitnehmern und Selbständigen auf lediglich „unterschiedliche rechtliche Organisationsformen für gleichartige Tätigkeiten, die die Rechtsordnung den Parteien zur Wahl stellt[74] ..." zu reduzieren und alle Qualifikationsbemühungen anhand objektiv-inhaltlicher Kriterien ins Reich der Ideologie zu verweisen[75], sollen hier zunächst noch außer acht gelassen werden. Aber auch seine Ausführungen zu den zwingenden Schutznormen des Handelsvertreterrechts sollten kritisch betrachtet werden, weil sie die Widersprüche der herrschenden Meinung deutlich werden lassen, indem sie deren gegensätzliche Ansätze

---

[67] von Brunn, S. 5.

[68] Trinkhaus (Handbuch), S. 43 Fn. 21.

[69] In: Die Selbständigkeit des Handelsvertreters, 1973.

[70] S. 236.

[71] S. 29, 266 und öfter.

[72] S. 268.

[73] S. 235 ff.

[74] S. 277.

[75] S. 251, 233, 235.

(Stichwort: Leitbild-Dualismus) klar herausarbeiten und radikal in *einer* Richtung zu Ende denken.

So soll der Ausgleichsanspruch des Handelsvertreters (§ 89 b HGB) die Gleichwertigkeit und Gleichgewichtigkeit von Arbeitsrecht und Handelsvertreterrecht gewährleisten, also „die Vorteile bestimmter Sozialleistungen an den Angestellten, wie Arbeitgeberanteil zur Rentenversicherung, Urlaubsgeld, Lohnfortzahlung im Krankheitsfalle usw." kompensieren[76]. Leider geht *Stolterfoth* nicht auf die Einwände ein, die bisher schon, vor allem von *Schüller*, gegen die Wirksamkeit des Ausgleichsanspruchs zur materiellen Sicherung der Selbständigkeit des Handelsvertreters vorgebracht worden sind[77]. Wenngleich eine die Wirksamkeit des Ausgleichsanspruchs richtig einschätzende Stellungnahme erst nach einer erschöpfenden rechtstatsächlichen Analyse möglich ist[78], läßt sich doch anhand der vorliegenden Untersuchungen, vor allem zu den hier interessierenden „kleinen" Handelsvertretern, eindeutig feststellen, daß der Ausgleichsanspruch die ihm von *Stolterfoth* beigelegte Funktion nicht erfüllt. Vielmehr „entpuppt sich dieses Instrument ... als ein mit zunehmender Vertragsdauer sich verschärfendes Zwangsmittel zur uneingeschränkten ... Durchsetzung des Weisungsrechts des Unternehmers und damit zur ... Subordination des Handelsvertreters"[79]. Diese Wirkung kann *Stolterfoth* auch nicht dadurch negieren, daß er entgegen der herrschenden Meinung[80] den angeblichen sozialen Schutzcharakter der Norm herausstellt[81]. Wenn die Floskel vom sozialen Schutzcharakter und der Gegengewichtsbildung überhaupt einen Sinn haben soll, dann liegt er jedenfalls weniger in der damit erfolgten „richtigen" theoretischen Integration dieser Norm „in die Wertungen der gesetzlichen Systematik"[82], was *Stolterfoth* vor allem zu beschäftigen scheint, sondern in der faktischen Effizienz und Erfüllung der behaupteten Funktion dieser Norm. Da es *Stolterfoth* um einen „Aushöhlungsschutz" des Arbeitsrechts durch die Normen des Handelsvertreterrechts geht, hätte er untersuchen müssen, ob die Wahrung des sozialen Standards und die Sicherung der Arbeitsbedingungen gegen die wirtschaftliche Macht des Arbeitgebers, auf die das Arbeitsrecht primär zielt, tatsächlich durch den § 89 b HGB gewährleistet werden kann. Gerade das wird in den neueren rechtstatsächlichen Unter-

---

[76] S. 236.

[77] ORDO XIX (1968), 216 ff., 233.

[78] So auch Ballerstedt, S. 23.

[79] Schüller, 218 f.; auch Herschel, in: AuR 1974, 308, scheint dieser Auffassung zuzuneigen.

[80] Vgl. z. B. Schröder, § 89 b Anm. 1; Brüggemann, § 89 b Anm. 2; Franta, in: MDR 1953, 530; Ballerstedt, S. 14 f., 17.

[81] S. 236 ff.

[82] Stolterfoth, S. 237.

suchungen bestritten[83]. Wie sollte auch der Ausgleichsanspruch, der nicht nur sozial schwachen, sondern allen Handelsvertretern zuerkannt wird, die in jahrzehntelangem Sozialkampf erworbenen Rechte der Arbeitnehmer, sei es auf kollektiven, sei es auf individuellem Gebiet, äquivalent ersetzen können? Selbst wenn man einmal die stark restriktive Interpretation des § 89 b HGB durch die höchstrichterliche Rechtsprechung[84], die mit dem angeblichen Sozialcharakter der Norm nur schwer in Einklang zu bringen sein dürfte[85], außer acht läßt, könnte diese Norm ihrer Funktion und ihres Regelungsbereichs nach nur einen ganz kleinen Ausschnitt der arbeitsrechtlichen Regelungen ersetzen. Sie schafft lediglich einen *nachträglichen* Ausgleich für bereits erbrachte Leistungen[86] (Abs. 1, 4), der auch noch der Höhe nach begrenzt ist (Abs. 2) und dessen Geltendmachung zeitlich eng beschränkt ist (Abs. 4). Sie hat aber überhaupt keinen Einfluß auf die zu vereinbarende Höhe des Lohnes, bzw. der Provision am Beginn der Tätigkeit. Erst recht bewirkt sie während der Dauer der Tätigkeit keine Provisionskonstanz, die ganz entscheidend von der Umsatzentwicklung des Unternehmens und dem Geschäftsgebaren des Unternehmers abhängt, was für die Existenzbedingungen der „kleinen" Handelsvertreter der wichtigste Aspekt ist. Gerade die Sicherung des Lebensstandards *während* der Tätigkeit für das vertretene Unternehmen bewirkt das Arbeitsrecht, wenn es zu einem zeitlich befristeten Ausfall der Arbeitskraft des Arbeitnehmers, etwa durch Krankheit, kommen sollte. In einer solchen Situation steht der „kleine" Handelsvertreter weitgehend schutzlos da. Zu keinem anderen Ergebnis würde eine Untersuchung über die Wirkung anderer arbeitsrechtlicher Schutzgesetze führen. Der Handelsvertreter dagegen wird gegen die typischen Arbeitnehmer„gefahren" während der Zeit seiner Tätigkeit gesetzlich überhaupt nicht geschützt. Er ist — bei

---

[83] Untersuchungsgegenstand sind in der Regel die gesamten zwingenden Rechtsnormen des Handelsvertreterrechts ohne eine Beschränkung auf § 89 b HGB; vgl. Schüller; Rehbinder (Tankstellenvertrag); Hirsch; Schwerdtner.

[84] Zunächst stellte der BGH z. B. den Vertragshändler hinsichtlich des § 89 b HGB dem Handelsvertreter gleich (in: E 29, 83), ist dann aber zurückhaltender geworden (in: E 34, 282); siehe dazu auch Finke, 1117; Ulmer (Vertragshändler), S. 399 f.

[85] Deutlich BGH DB 1977, 860 ff. Zum grundsätzlichen Verhältnis von Arbeitnehmer und Handelsvertreter führt BGH WM 1971, 561 aus, daß die Beziehungen zwischen Unternehmer und Handelsvertreter wesentlich anders gelagert seien als die zwischen Arbeitgeber und Arbeitnehmer, auch wenn rechtliche und soziologische Ähnlichkeiten in einzelnen Beziehungen bestünden.

[86] Die Rechtsnatur des Ausgleichsanspruchs ist heftig umstritten; vgl. dazu Stolterfoth, S. 237 ff.; Schröder, § 89 b Anm. 21 f.; auf diesen Streit soll hier nicht weiter eingegangen werden, da es für die Zwecke der vorliegenden Untersuchung vor allem auf die Bedeutung dieser Norm zur Sicherung der Existenzbedingungen der „kleinen" Handelsvertreter sowie zur Ersetzbarkeit der Arbeitsrechtsnormen ankommt.

gleichen Arbeitsbedingungen und gleicher sozialer Stellung — auf das Wohlwollen des Unternehmers, auf das sich das Arbeitsrecht gerade nicht verläßt, angewiesen. § 89 b HGB versagt hier völlig, genauso wie der Hinweis von *Stolterfoth* auf die größere Freiheitsgewährung durch das Handelsrecht[87]. Solange der „kleine" Handelsvertreter faktisch nicht in der Lage ist, die über die Wirtschaftsmacht des vertretenen Unternehmens vermittelte Abhängigkeit zu überwinden, bedeutet die *Möglichkeit* zu größerer Freiheit für ihn tatsächlich nur die *Realisierung* eines erhöhten wirtschaftlichen Risikos. Für den Handelsvertreter, der unter Arbeitnehmerbedingungen arbeitet — und um diese „Grenzsituationen" geht es *Stolterfoth* hier —, wäre eine gesetzliche Sicherung dieser Modalitäten sehr viel dringlicher als ein nachträglich vom Unternehmer zu fordernder Billigkeitsausgleich. Aber nicht einmal diesen ersten *Ansatz* zur Äquivalenz des Handels- mit dem Arbeitsrecht kann § 89 b HGB schaffen, geschweige denn das umfassende und komplexe System der arbeitsrechtlichen Schutznormen ersetzen.

Wäre *Stolterfoths* Ansicht richtig, müßte der größte Teil der arbeitsrechtlichen Individualrechtsnormen als überflüssig angesehen werden. Die Tarifautonomie zumal wäre ein Fremdkörper in diesem System.

Schlechterdings unverständlich ist dagegen die Behauptung, neben der gesetzlichen Sicherung durch das Handelsvertreterrecht sichere „der Mechanismus des Arbeitsmarkts" die Äquivalenz zwischen selbständigen und unselbständigen Vermittlungsverträgen[88]. Obwohl er selbst auf die relativ geringe Mobilität im Bereich der Vermittlungstätigkeiten hinweist[89], auf die hohe Zahl der Ein-Firmen-Vertreter unter den Handelsvertretern, deren Situation besonders kritisch und deren Abhängigkeit naturgemäß besonders stark ist, aufmerksam macht[90] und die Funktionsstörung des Marktes in oligopolistisch strukturierten Märkten, die nach dem Tätigkeitsbericht des Bundeskartellamtes für 1974 einen immer größer werdenden Anteil der Gesamtwirtschaft ausmachen[91], wie etwa im Tankstellen- und Versicherungsgewerbe, konstatiert[92], und damit seinen eigenen Anspruch erheblich relativiert, mißt er dem Arbeitsmarktmechanismus diese hohe Bedeutung im Bereich der Vermittlungstätigkeiten zu. Demgegenüber lassen alle vorliegenden Informationen nur den Schluß zu, daß die Funktion des Arbeitsmarktmechanismus in diesem Bereich gestört ist[93]. Dem kann

[87] S. 266.
[88] S. 235, 239 ff.
[89] S. 240.
[90] S. 45.
[91] Tätigkeitsbericht 1974, S. 28 ff., 30.
[92] S. 241.
[93] Vgl. hierzu und zum folgenden die Ausführungen oben unter 1.

nicht entgegengehalten werden, daß es sich bei den Tankstellenhaltern und den Versicherungsvertretern um insoweit atypische Vertragsgestaltungen handelt.

Erwiesenermaßen erscheint der Ein-Firmen-Vertreter immer mehr als der rechtstatsächlich dominierende Handelsvertretertypus[94]. Diesem Handelsvertreter ist es aber kaum noch möglich, dieselbe Tätigkeit als Angestellter zu verrichten, wie ein Blick auf die Praxis des Tankstellen- oder Versicherungsgewerbes zeigt. *Stolterfoth* zeichnet hier das idealistische Bild einer Marktwirtschaft, deren Funktionsfähigkeit in weiten Bereichen der Vermittlungstätigkeiten spätestens seit der berühmten Abhandlung *Schmidt-Rimplers* über den Handlungsagenten im Jahre 1928[95] kritisch betrachtet werden sollte. Es fehlt jeder Anhaltspunkt dafür, daß die behauptete idealtypische Funktion des Arbeitsmarktes der Wirklichkeit entspricht.

Für zwei Konstellationen ist *Stolterfoth* denn auch selbst gezwungen, Ausnahmen von seiner generellen These zu machen. Es sind dies die Fälle der Massenarbeitslosigkeit und der oligopolistisch strukturierten Märkte[96]. In diesen Situationen soll der § 92 a HGB den versagenden Marktmechanismus ersetzen und „die Sicherung des Arbeitsrechts vor einer Aushöhlung übernehmen“[97]. Konsequent qualifiziert er daher den § 92 a HGB entgegen der einhelligen Meinung in Lehre und Rechtsprechung, die in § 92 a HGB einen „sozialen Mindestschutz“ für Ein-Firmen-Vertreter erblicken[98], als ein „Instrument der Krisenregelung“[99], welches „weniger die Wohlfahrt des einzelnen sozial zu sichernden Handelsvertreters als vielmehr die Gewährleistung der Funktionsfähigkeit des Arbeitsrechts als eines einen bestimmten Lebensbereich sichernden Regelungskomplexes, weniger Individualschutz als Institutionenschutz“[100] bedeutet.

Damit ist freilich die Grenze einer zulässigen Auslegung weit überschritten[101]. Läßt sich die Argumentation *Stolterfoths* hinsichtlich § 89 b HGB nur im Rückgriff auf den Sinn und Zweck dieser Norm widerlegen, so widerspricht seine Ansicht zu § 92 a HGB schon dem Wortlaut des Gesetzes, das als Regelungsziel der Rechtsverordnung die „notwen-

---

[94] Schüller, 214; Rehbinder, S. 16; Herschel / Beine, S. 15.

[95] (Handlungsagent).

[96] S. 241.

[97] S. 241.

[98] Vgl. etwa die amtliche Begründung der HV-Novelle, S. 39 f.; ähnlich Pfennigstorf (Umfang), S. 76 ff.; Eberstein (Handelsvertretervertrag), S. 22; Trinkhaus, in: RdA 1958, 13; Hessel, in: RdA 1952, 412; Duden, in: NJW 1962, 1326; Schwerdtner, 22 f.; Eich, in: DB 1973, 1702 f.; Schröder, § 92 a Anm. 1.

[99] S. 245.

[100] S. 244.

[101] Gegen Stolterfoth auch Herschel, 309.

digen sozialen und wirtschaftlichen Bedürfnisse" dieser Handelsvertreter bestimmt. Wie sich eindeutig aus der Begründung des Handelsvertretergesetzes ergibt[102], ist der Gesetzgeber 1953 von der Existenz marktschwacher Handelsvertreter, die vor allem als Ein-Firmen-Vertreter kraft Vertrages und kraft „verlangter ausfüllender Tätigkeit" auftraten und „nur eine bescheidene, wirtschaftlich schwache Existenz" führten, ausgegangen. Auf der anderen Seite hat das Gesetz an der Rechtsstellung des Handelsvertreters als eines Kaufmanns mit eigenem Unternehmerrisiko nichts geändert. Um der Gefahr der Rechtszersplitterung zu entgehen, sah man sich gezwungen, ein einheitliches Recht der Handelsvertreter, das „dem Grunde nach" am Leitbild des selbständigen Unternehmers orientiert blieb, beizubehalten, obwohl dadurch die Rechtsverhältnisse der „kleinen" Handelsvertreter nur unzureichend geregelt wurden. Dieser Unterschied in der wirtschaftlichen Stellung wegen ist u. a. der Sozialschutz des § 92 a HGB eingefügt worden. Für solche selbständigen Handelsvertreter, die aufgrund der Modalitäten ihres Beschäftigungsverhältnisses der *ständigen* Gefahr einer sozialen Verelendung ausgesetzt sind — und dazu zählt in erster Linie erfahrungsgemäß der Ein-Firmen-Vertreter, der vielfach schlechter gestellt ist als ein Angestellter —, ist die Möglichkeit zur Verordnung einer unteren Grenze der vertraglichen Leistungen des Unternehmers vorgesehen. Ob dagegen für diese Personengruppe eine Wahlmöglichkeit zwischen selbständiger und abhängiger Beschäftigung noch besteht, wie es für *Stolterfoth* Anwendungsvoraussetzung des § 92 a HGB ist[103], ist völlig unerheblich. Angesichts der strukturimmanenten Schwäche der Ein-Firmen-Vertreter, die vor allem in der unterschiedslosen Einbeziehung aller Handelsvertreter in die §§ 84 ff. HGB ihre Ursache hat[104], erscheint es wenig sinnvoll, § 92 a HGB als ein „Instrument der Krisenregelung" aufzufassen. Ebensowenig wird die Ansicht von der Gewährleistung der Funktionsfähigkeit des Arbeitsrechts durch § 92 a HGB dem Wortlaut und der gesetzgeberischen Intention gerecht[105]. § 92 a HGB soll die Rechtsverhältnisse von Selbständigen regeln. In der vom Gesetzgeber vorgenommenen Systematik ist die Verordnungsermächtigung in § 92 a HGB deshalb materiell kein Arbeitsrecht[106], auch wenn sie nach einem arbeitsrechtlichen Vorbild gestaltet worden ist[107]. Die Norm, die den Regelungsbereich des Arbeitsrechts

---

[102] S. 39.
[103] S. 245.
[104] Ähnlich Schüller, 221; Schwerdtner, 22, 17.
[105] Wie hier Herschel, 309.
[106] So die h. M. vgl. z. B. Hueck / Nipperdey I, S. 59; Weimar, 16.
[107] Vorläufer und Vorbild des § 92 a HGB waren § 34 AOG vom 20. 1. 1934 und das Gesetz über die Festsetzung von Mindestarbeitsbedingungen vom 11. 1. 1952; vgl. dazu Stolterfoth, S. 241 f.; Weimar, 16; Hessel, 412; Schwerdtner, 23.

bestimmt und die parteiautonome „Abwahl" des Arbeitsrechts aufgrund wirtschaftlicher und sozialer Übermacht einer Vertragspartei verhindern soll, ist, jedenfalls nach dem Willen des Gesetzgebers, § 84 HGB und nicht § 92 a HGB, wie *Stolterfoth* meint.

Eines zeigt jedoch der Versuch *Stolterfoths*, die Handelsvertreterschutzvorschriften in der eben geschilderten und kritisierten Weise auszulegen, ganz deutlich: die Unzulänglichkeiten und die Widersprüchlichkeit des Systems der Handelsvertreterrechtsnormen, die über eine mißglückte Fassung des § 84 HGB den Begriff der Selbständigkeit seines materiellen Inhalts entkleiden und ausufern lassen, um im Nachhinein die unsozialen Folgen dieser mangelhaften Begriffsbestimmung zu mildern, indem soziale Schutzvorschriften zwingenden Charakters für eben diese „Selbständigen" geschaffen werden. „Zunächst wird der arbeitnehmerähnliche Handelsvertreter über die Fiktion der persönlichen Selbständigkeit zum selbständigen Handelsvertreter hochstilisiert. Da man aber doch zugeben muß, daß die wirtschaftliche, soziale Situation eines großen Teils dieser Handelsvertreter absolut schutzbedürftig ist, geht man den bisher völlig ungewöhnlichen Weg, die Rechtsverhältnisse des eben zum selbständigen Unternehmer erklärten Menschen durch staatlichen Eingriff zwingend zu regeln ... Wäre es nicht konsequenter und einfacher gewesen, den direkten Weg zu gehen, nämlich diesen Handelsvertreter als echten Arbeitnehmer anzuerkennen und ihn dann direkt den Schutzbestimmungen des modernen Arbeitsrechts zu unterstellen[108, 109]?"

ee) Die Inhaltslosigkeit des Unternehmerbegriffs von § 84 HGB in der Konzeption der traditionellen Lehre und Rechtsprechung

Die zweite Konsequenz[110] hinsichtlich der vom Gesetzgeber vorgenommenen Konzipierung des Handelsvertreterrechts, auch die Rechtsverhältnisse der „kleinen" Handelsvertreter rechtseinheitlich in den §§ 84 ff. HGB zu regeln, liegt in der völligen Sinnentleerung des Unternehmerbegriffs.

Da nur derjenige Handelsvertreter sein kann, der selbständiger Gewerbetreibender, also Unternehmer ist[111], muß auch der „kleine" Vertreter Unternehmer sein, wenn er, wie es Literatur und Rechtsprechung festgestellt haben, Handelsvertreter sein soll. Wenn es auch hier nicht der Ort ist, Stellung im Streit um die Interpretation des Unternehmerbegriffs und seine Funktion als Rechtsbegriff im Handels- und

[108] Hessel, 411 f.

[109] Im Ergebnis ebenso Trinkhaus (Handbuch), S. 43 Fn. 21; Schüller, 216, 244; Schwerdtner, 22 f.

[110] Siehe oben unter 4. c) cc).

[111] Schröder, § 84 Anm. 2.

Wirtschaftsrecht zu beziehen[112], so fällt doch immerhin eines auf: So mehrdeutig der Begriff im HGB, GWB und BGB auch sein und so uneinheitlich er auch gebraucht werden mag[113], so sehr verliert andererseits die Unterscheidung zwischen Selbständigkeit und Unselbständigkeit und damit auch der materielle Gehalt des Unternehmerbegriffs an Bedeutung, wenn nicht mehr die wirtschaftliche Fundierung einer Existenz[114] Gradmesser für den arbeits-, wirtschafts- und sozialrechtlichen Status einer Person ist, sondern die Kriterien einer formaljuristischen „Selbständigkeit" an ihrer Stelle verwandt werden[115]. Die Einbeziehung der Handelsvertreter, wie auch der anderen freien Berufe in das Arbeits- oder Wirtschaftsrecht kann sachgerecht nur dann entschieden werden, wenn die wirtschaftlichen Existenzbedingungen einer Personengruppe untersucht werden.

Denn — und darüber ist man sich, soweit ich sehe, auch im Grundsätzlichen einig — die ökonomische Komponente des Rechtsbegriffs „Unternehmer" darf bei der juristischen Begriffsbestimmung nicht außer acht gelassen werden[116]. Nach welchen Gesichtspunkten dann welche Kriterien ausgewählt werden, etwa um die spezifische Unternehmereigenschaft des Handelsvertreters zu begründen *und* zu gewährleisten, ist im einzelnen umstritten[117].

Mit der wohl überwiegenden Meinung wird man die ökonomische Komponente des Unternehmensbegriffs zum einen in der Existenz eines äußerlich sinnfälligen, organisatorischen Gebildes[118, 119] und zum ande-

---

[112] Vgl. dazu Raisch (Voraussetzungen), S. 179 ff.; von Gierke / Sandrock, S. 171 ff.; Stolterfoth, S. 29 ff.; Lieb, in: RdA 1974, 261 f.; Müller (Einbeziehung), S. 73 ff.; Rittner (Unternehmen), S. 1 ff.

[113] Darauf weisen Hirsch, S. 176; Lieb, 261; Müller, S. 73, hin.

[114] Siehe dazu Schnorr von Carolsfeld, in: (Anmerkung).

[115] So Schüller, 188; ähnlich Schwerdtner, 17; dagegen z. B. Rittner, S. 18; Stolterfoth, S. 262 ff.

[116] Vgl. etwa Hirsch, S. 174; Tomandl (Wesensmerkmale), S. 84; Stolterfoth, S. 70 f., 73 ff., 88, 236; Raisch, S. 182, 188; Molitor, 38 und öfter; Pakebusch, in: BlStSozVArbR 1964, 253; Trinkhaus, in: RdA 1958, 12; Rehbinder (Sicherung), S. 25 f., 34; Bley, in: SGb 1973, 242 f.; Schwerdtner, 18, 22, mit jeweils wechselnden Formulierungen, die zwar in der Sache dasselbe aussagen, aber einen unterschiedlichen Stellenwert in den einzelnen Problemlösungen haben. Sehr unklar ist hier Rittner, S. 18, der auch bei geringster „Sachbezogenheit", deren Realisierung zufällig und daher begrifflich irrelevant sei, noch die Unternehmereigenschaft bejahen will.

[117] Eine äußerste Grenze bildet jedoch die einhellige Überzeugung, daß der Arbeitnehmer *nicht* Unternehmer seiner eigenen Arbeitskraft sei; so Bauer (Wettbewerbsbeschränkungen), S. 8; Hofmann, in: ZfA 1974, 334; Däubler (Grundrecht), S. 311.

[118] So Raisch, S. 183 f.; Raiser (Unternehmen), S. 117 ff., 133 f.; ähnlich auch Hirsch, S. 174; Schmidt-Rimpler (Handlungsagent), S. 28 ff.; Haemmerle (Handelsrecht), S. 266; von Godin / Wilhelmi, § 15 Anm. 2 für das Recht der Aktiengesellschaft; Coester (Selbständigkeit), S. 18, definiert den mittelständischen Unternehmer unter marktpolitischen Aspekten als denjenigen,

ren in der Dispositionsmöglichkeit über die Gesamtheit der einem kaufmännischen Unternehmen gewidmeten Gegenstände[120] zu sehen haben[121]. Ob darüber hinaus auch das Kapitalwagnis und die Risikotragung wesentliche Elemente des Begriffs sind, ist äußerst umstritten[122]. Ausgehend von der Beobachtung, daß gerade die „kleinen" Handelsvertreter trotz eines im Ganzen eher abhängigen Status vertraglich verpflichtet werden, ihr Risiko zu tragen, ohne daß eine dies Risiko erst erträglich machende ausreichende Wirtschaftskraft vorhanden ist, erscheinen Zweifel an der Berechtigung des letztgenannten Kriteriums berechtigt[123]. Es zeigt sich hier die auch sonst schon erkannte relative Inhaltslosigkeit der akzidentiellen Merkmale, deren unreflektierte An-

---

der erstens unter vollem Einsatz seiner Arbeitskraft einen Betrieb leitet, zweitens im wesentlichen auch Eigentümer des von ihm geführten Betriebs ist, drittens das volle wirtschaftliche Risiko trägt und mit seinem Vermögen haftet und viertens sämtliche Führungsaufgaben des Betriebs in einer Person vereinigt.

[119] Daher sollte es für den Handelsvertreter nicht ausreichen, nur über einen Stamm von Kunden, einschließlich ihrer Adressen etc. zu verfügen (Raisch, S. 184; Schwerdtner, 18), wie es bei den „kleinen" Handelsvertretern die Regel ist.

[120] So Hirsch, S. 174; Rehbinder, S. 25 f., 34; Wiedemann (Arbeitsverhältnis), S. 14 f.; Trinkhaus, 12; ähnlich und andeutungsweise auch Tomandl, S. 84; Bley, 243; Hessel, 411; G. Hueck, in: DB 1955, 386; Molitor, 38; *a. A.* Schwerdtner, 18; Stolterfoth, S. 123 ff. Die Unsicherheit in diesem Bereich ist außerordentlich groß; man vgl. etwa die Ausführungen von Lieb, in: RdA 1974, 262 f., der sehr vage und unbestimmte von „wirtschaftlicher Chance der Eigendisposition" und des sich darin verwirklichenden Unternehmerrisikos spricht, ohne die Begriffe näher zu erläutern und auf ihre Eignung zu untersuchen.

[121] Wenn es dagegen bei Stolterfoth, S. 180, heißt, die Planungs- und Entscheidungsfreiheit des Handelsvertreters sei nur notwendige Konsequenz der wirtschaftlichen Verhältnisse zur Zeit der Entstehung des HGB und nicht Ausdruck eines besonderen Wesens selbständiger Tätigkeit, so ist das schlicht falsch, denn selbständige Tätigkeit *ohne* dieses Merkmal verdiente nicht ihren Namen, es sei denn, man nähme eine totale Begriffskonfusion in Kauf. Auch hier zeigt sich wieder die Tendenz von Stolterfoth, Begriffen wie selbständig, abhängig, Unternehmer etc. jedes Sinngehalts zu entkleiden und sie zu normativ-juristischen Zweckbegriffen, die beliebig auswechselbar sind, umzufunktionieren.

[122] *Dafür:* Hirsch, S. 174, 186; Rehbinder, S. 25 f.; Lieb, 262 f.; Wahle (Tankstelleninhaber), S. 333; Hueck, in: Hueck / Nipperdey I, S. 57; Hick (Agent), S. 52; Bley, 243.

Dagegen: Stolterfoth, S. 122 f.; Raisch, S. 188 f.; Schwerdtner, 18, 22; Raiser, S. 111 ff. Eine Übersicht über die Rechtsprechung des BSG und des BFH, die überwiegend auf den Risikogedanken in Zweifelsfällen abstellen, findet sich bei Bley, 241 ff.

[123] So auch Raisch, S. 189 und Schwerdtner, 18; auch Hübner (Schadenszurechnung), S. 141 ff., 160, nimmt eine Bestimmung der beiderseitigen Risikobereiche nur vor, wenn zuvor das Bestehen einer eigenen Arbeitsorganisation bejaht werden kann. Insoweit bestehen m. E. durchaus Parallelen zur hier vertretenen Ansicht, wenngleich Hübner, ausgehend von seinem schadensersatzrechtlichen Ansatz über den Begriff der schadensgeneigten Arbeit, zu einer anderen Gewichtung der Argumente gelangt.

wendung in jedem Fall zu einem falschen Ergebnis führen muß. Eine neue Inhaltsbestimmung des Arbeitnehmerbegriffs, die sich nicht in einer isolierten Betrachtung des Phänomens „Arbeitnehmer“ erschöpft, sondern den Begriff sozusagen *auch* von der Peripherie des Begriffskerns her durch eine Analyse der den Arbeitnehmern im sozialen Status angenäherten oder entsprechenden Personengruppen definieren will, darf die Elemente des Unternehmerbegriffs in § 84 HGB nicht außer acht lassen. Dies ist um so wichtiger, weil nur dann, wenn beide Begriffe möglichst nahtlos aneinanderstoßen, die Bildung einer dritten Gruppe, die das Handelsvertreterrecht gerade vermeiden will, wie § 84 II HGB zeigt[124], unterbunden wird. Die Begriffe „Unternehmer“ und „Arbeitnehmer“ markieren die rechtlichen Fixpunkte zweier Rechtsgebiete, die konträren Zielen verpflichtet sind. Gerade das Handelsvertreterrecht zeigt mit aller Deutlichkeit in § 84 II HGB, daß derjenige, der nicht Unternehmer ist, von Gesetzes wegen als Arbeitnehmer gilt.

d) Zusammenfassung und Überleitung

Die Reihe der beispielhaft untersuchten Berufsgruppen — freie Mitarbeiter, Handelsvertreter, sonstige sogenannte arbeitnehmerähnliche Personen — ließe sich noch um einige andere erweitern wie z. B. die großen Gruppen der freien Schriftsteller, Kassenärzte und Rechtsanwälte. Hier ging es jedoch vor allem darum, die Unbeweglichkeit des Arbeitsrechts gegenüber Veränderungen in der Sozialstruktur anhand des Arbeitnehmerbegriffs, der Hauptursache für die Unfähigkeit zur Anpassung, aufzuzeigen. Gerade am Beispiel der Berufe, deren soziale Problematik am drängendsten ist, ließen sich die Ungereimtheiten des geltenden Rechts sowie die mangelnde Abstimmung der Rechtsgebiete — hier des Arbeits- vom Wirtschaftsrecht — in der Auslegung, die der formalistischen und begrifflich-abstrakten Sicht der jahrzehntelang herrschenden Überzeugung in Literatur und Rechtsprechung entspricht, am besten darstellen. Dabei hat sich auch herausgestellt, daß die bloße Nuancierung, die Veränderung von Teilen des Arbeitnehmerbegriffs nicht weiterhilft. Das beste Beispiel dafür finden wir in der Rechtsfigur der arbeitnehmerähnlichen Person. Der Versuch, dem Arbeitnehmerbegriff einen neuen Inhalt zu geben, hat weiter auszuholen. Er hat zurückzugreifen auf die Grundsatznormen des Arbeits- und Wirtschaftsrechts. Die isolierte Betrachtung einzelner Phänomene im Grenzbereich zwischen Arbeits- und Wirtschaftsrecht führt nur zu einem „Herumdoktern“ an den Symptomen. Im Sinne der eingangs formulierten Maxime[125] ist es vielmehr notwendig, im Durchgriff auf

[124] Das ist einhellige Meinung, vgl. z. B. Trinkhaus (Handbuch), S. 79 f. und Stolterfoth, S. 5.

[125] Siehe oben unter 1.

die leitenden Grundideen des Arbeitsrechts seinen personellen Schutzbereich neu zu bestimmen. Diese Erörterung hat sich an den Fakten einer veränderten Sozialstruktur zu orientieren.

5. Die Neubestimmung des Arbeitnehmerbegriffs

Ein Blick auf die momentane Situation der freien Berufe zeigt eins mit aller Deutlichkeit: die latente Bereitschaft, zur Durchsetzung ihrer Forderungen auf kollektive Aktionen zurückzugreifen. Wie schon oben in der Einleitung erwähnt, liegt hier eines der markantesten Phänomene in der gesellschaftlichen Entwicklung der freien Berufe[1]. Die Bereitschaft der freien Berufe zu kollektiven Aktionen wirft damit zugleich die Frage ihrer rechtlichen Zulässigkeit auf[2]. Und ein weiteres Problem liegt in der Qualifizierung, der rechtlichen Einordnung solcher kollektiver Aktionen.

a) Die strikte Trennung von Individual- und Kollektivarbeitsrecht bei der bisherigen Bestimmung des Arbeitnehmerbegriffs

Die Literatur hat von diesen Fragen bisher kaum Notiz genommen[3]. Wenn sie überhaupt angeschnitten werden, dann erschöpfen sich die Ausführungen in der Regel in einigen wenigen Sätzen[4]. Dies ist zweifellos konsequent im Sinne der bisherigen Auseinandersetzung mit Fragen des Arbeitnehmerbegriffs. Die Argumentation beschränkte sich bisher, auf den ersten Blick möglicherweise einleuchtend, auf das Individualarbeitsrecht[5]. Beispielhaft sind insoweit die bisher vorliegenden Ausführungen zum neuen § 12 a TVG[6]:

---

[1] Siehe oben unter 1.

[2] Zu einer Kontroverse über die rechtliche Qualifizierung der Streikaktionen von Tankstellenhaltern vgl. oben unter 1. bei Fn. 41.

[3] Zu nennen sind hier aus dem älteren Schrifttum Heuß (Organisationsprobleme) und Potthoff (Diskussionsbeitrag) und (Arbeitsrecht), S. 359, sowie aus dem neueren Schrifttum Starck, in: Ortskrankenkasse 1964, 613; Zacher, in: ZSR 1966, 129 ff.; Reuß, in: RdA 1972, 321 ff.; Uhlenbruck, in: RdA 1972, 327 ff.; Burkhardt (Standespflichten), die den Ärztestreik zum Gegenstand haben. Zu den anderen freien Berufen vgl. Hanau / Adomeit (Arbeitsrecht), S. 123; Maus, in: RdA 1968, 367 ff.; G. Hueck, in: DB 1955, 384; Kunze (Stellung); Reichel, in: RdA 1972, 145; Stolterfoth, in: DB 1973, 1068 ff.; Eich, in: DB 1973, 1699 f.; Lieb, in: RdA 1974, 257 ff.; Badura, in: RdA 1974, 129 ff.; Zeuner, in: RdA 1975, 84 ff.

[4] Exemplarisch die Erörterungen bei Hanau / Adomeit; Kunze, S. 82 ff. und Maus.

[5] Man vgl. z. B. die Gewichtung individual- und kollektivrechtlicher Erörterungen in den o. a. Arbeiten.

[6] BGBl. I, 2879 vom 29. 10. 1974.

In jedem Fall wird zuerst der Arbeitnehmerbegriff in der bekannten Weise definiert, dann stellt man fest, daß die freien Berufe nicht dazu gehören, untersucht ihre mögliche Arbeitnehmerähnlichkeit und entscheidet aufgrund dieses Ergebnisses über rechtliche Möglichkeiten zu und Gewährleistungen von kollektiven Rechten[7].

Sichtbares Ergebnis dieser Argumentation ist § 12 a TVG. Im Bewußtsein der unzureichenden sozialen Situation vieler freiberuflich Tätiger wollte der Gesetzgeber diesem Personenkreis möglichst schnell und wirksam helfen[8]. Dieses Ziel ist sozialpolitisch durchaus billigenswert und wurde von allen drei im Bundestag vertretenen Parteien einmütig gewürdigt[9, 10]. Dies sollte bei einer Kritik der neuen Tarifvertragsnorm, die ein gewisses Vorbild in der Regelung des § 17 Abs. 1 HAG gefunden hat[11], berücksichtigt werden, schließt aber andererseits ihre Überprüfung unter grundsätzlichen Aspekten nicht aus[12, 13].

---

7 So etwa Kunze, S. 61 ff.; Stolterfoth; Eich und Lieb.

8 Vgl. das amtliche Protokoll des Deutschen Bundestages 1974, 7207 ff., über die dritte Lesung des Heimarbeitsänderungsgesetzes, den Bericht des Arbeits- und Sozialausschusses, BT-Drucks. 7/2025, S. 3 f., 5 f. sowie den von der Bundesregierung eingebrachten Entwurf eines HAG-Änderungsgesetzes, BT-Drucks. 7/975, S. 13, 20 f.; siehe auch den Überblick bei Wlotzke, in: AuR 1974, 5 f. und bei Lund, in: BABl 1974, 682 f.

9 Die Regelung des § 12 a TVG geht auf einen Entwurf (vgl. aber schon die Antwort des Bundesministers für Arbeit und Soziales auf eine kleine Anfrage vom 10. 6. 1970, BT-Drucks. VI/934) des Bundesarbeitsministeriums aus dem Jahr 1971 zurück (vgl. RdA 1971, 355 ff., 357), wurde sodann im Regierungsentwurf des zweiten Arbeitsrechtsbereinigungsgesetzes vom 20. 4. 1972 neu formuliert, 1973 in den Entwurf eines HAG-Änderungsgesetzes neu formuliert aufgenommen (vgl. BR-Drucks. 395/73), 1974 in einem Beschluß des Arbeits- und Sozialausschusses zum HAG-Änderungsgesetz nochmals in seinem Text erweitert (vgl. BT-Drucks. 7/2025, S. 23 in einer Synopse), gemäß Art. 77 Abs. 2 GG vom Bundesrat wegen verfassungsrechtlicher Bedenken hinsichtlich der Absätze 2 und 3 des § 12 a TVG dem Vermittlungsausschuß vorgelegt (vgl. AuR 1974, 273) und sodann im Gesetzblatt unverändert (vgl. BT-Drucks. 7/2382 und 2628) veröffentlicht (BGBl. I, 2879).

10 Vgl. die Äußerungen der Bundestagsabgeordneten Lutz (SPD), Ziegler (CDU) und Hölscher (FDP), abgedruckt in den amtlichen Protokollen 1974, 7209 ff. Trotz unterschiedlicher Standpunkte wird die Gesetzesänderung auch in der Literatur unter sozialen Aspekten begrüßt (vgl. z. B. Stolterfoth, 1068 einerseits und Gerschel, in: FuR 1973, 544 andererseits).

11 So ausdrücklich die Begründung des Regierungsentwurfs, BT-Drucks. 7/975, S. 20 und Wlotzke, in: DB 1974, 2256.

12 Eine detaillierte Analyse des § 12 a TVG kann im Rahmen dieser Arbeit nicht geleistet werden. Hier kommt es eher auf den gleich im Text zu skizzierenden grundsätzlichen Aspekt der Tarifierbarkeit freiberuflicher Leistungen an.

13 Ganz allgemein *für* eine Tarifierbarkeit freiberuflicher Leistungen setzen sich ein Maus, 374; Lewenton, in: FuR 1966, 290; Wlotzke, 5 f.; Gerschel, 543; Zeuner, 87; Woltereck, in: AuR 1973, 129, 135; Schwerdtner, in: BlStSozVArbR 1972, 22; Wiedemann / Stumpf, § 12 a Rdnr. 1; Dersch, § 1 Rdnr. 66; § 4 Rdnr. 15; Nikisch II, S. 22 und S. 22 Fn. 16 (vgl. allerdings S. 287); Kunze, S. 82 f.; Schwenger (Schriftsteller), S. 190; Dannenhaus / Riepenhausen (Mit-

aa) Als Beispiel für die Methode: der neue § 12 a TVG

Die Einwände richten sich gegen die durch § 12 a TVG angeblich bewirkte Kollektivierung freier Berufe[14], was zu einer Bereichsausnahme von § 1 GWB führe[15] — d. h., § 1 GWB fände keine Anwendung mehr auf freie Berufe — und daher Art. 9 III GG dem Schutz bestimmter Formen der Kartellierung dienstbar mache[16]. Auch erscheine es immerhin zweifelhaft, ob den unter § 12 a TVG fallenden Personen ein Streikrecht gegeben sei[17], es sei sogar fraglich, ob sie wegen der besonderen Natur ihres Beschäftigungsverhältnisses überhaupt zu streiken tatsächlich in der Lage sein[18]. Des weiteren verstoße die Regelung des § 12 a TVG sowohl gegen das Grundrecht der Rundfunkfreiheit (Art. 5 I S. 2 GG)[19] als auch gegen den „verfassungsrechtlichen und medienpolitischen Grundsatz der externen Pluralität“[20], weil die Formulierung der Honorarbedingungen wegen der besonderen Aufgabe, die Ausgewogenheit des Programms zu sichern, der einzelnen Rundfunkanstalt überlassen bleiben müsse und weil der Begriff der „Organisationsgemeinschaft“ in § 12 a Abs. 2 TVG[21] den Rundfunkföderalismus negiere[21].

---

arbeiter), S. 48 f.; Wiesand / Fohrbeck, in: GMH 1973, 593 ff.; früher schon Potthoff (Diskussionsbeitrag), S. 215 und (Arbeitsrecht), S. 359.

Dagegen: Hueck / Nipperdey II 1, S. 245 ff.; Rehbinder, S. 35; Eich, 1702 ff.; Stolterfoth, 1072 f. und (Selbständigkeit), S. 270; G. Hueck, 384; Meissinger, in: DBetrVerf 1957, 67; wohl auch Reichel, in: RdA 1972, 145; sehr zurückhaltend auch Maier, in: FuR 1974, 29 f.; Lieb, 267, meint, „eine solche tarifvertragliche Normsetzung gegenüber nur arbeitnehmerähnlichen Personen ist von der Tarifautonomie des Artikel 9 Abs. 3 GG, § 1 TVG streng zu unterscheiden“ und kommt damit zu einer Tarifautonomie sui generis.

[14] So Eich, 1699 ff.; Stolterfoth, 1074 f.; Lieb, 261 f.; Löning, in: NZfArbR 1929, Sp. 539, 604; *a. A.* Zeuner, 87; Gerschel, 543; Wlotzke, 5 f.

[15] Lieb, 262; Stolterfoth, 1074; Buchner, in: ZHR 134, 166; Wiedemann / Stumpf, § 12 a Rdnr. 7.

[16] Stolterfoth, 1073; *a. A.* Nikisch II, S. 22; ähnlich Zeuner, 87.

[17] Stolterfoth, 1074; Lieb, 267 f.; *a. A.* Wiedemann / Stumpf, § 12 a Rdnr. 55; Reichel, TVG, § 12 a Anm. 2a) und offenbar Kunze, S. 84 ff. und in Ufita 74, 36 f.

[18] Eich, 1703; *a. A.* z. B. Reichel, in: DB 1975, 104.

[19] von Sell (Funktion), S. 50 grundsätzlich, etwas abgeschwächt S. 53; ähnlich Feldmann, in: Rundfunk und Fernsehen Nr. 1/1972, 44 und Lieb, 266 f.; wohl auch Rehbinder (Sicherung), S. 35 ff.; so auch die neuere Rechtspr. des BSG in: BB 1974, 233 und Breith. 1974, 459 ff., 461 f. und andeutungsweise auch des BAG in AP Nr. 18 zu § 611 BGB — Abhängigkeit, die auf ein berechtigtes Abwechslungsbedürfnis der Rundfunk- und Fernsehanstalten bei der Heranziehung freier Mitarbeiter aus gesellschaftspolitischen Gründen hinweisen. Dagegen wird von einigen Autoren sowohl grundsätzlich wie auch speziell im Hinblick auf § 12 a TVG der Vorrang der Sozialstaatsnorm (Art. 20 Abs. 1 GG) betont (Krause / Ablaß, in: ZSR 1972, 326 f.; Oppinger, in: DAngVers 1973, 98; Woltereck, in: AuR 1973, 134 f.; Schnorr, Anm.; Wiegand, in: DVBl. 1974, 559).

[20] Vgl. den (Diskussionsbericht) von Krüger, S. 88 f.

[21] Zu den Auslegungsproblemen, die diese „Arbeitgeberfiktion“ (damit wird allerdings wohl rechtlich keine Auftraggeberfiktion geschaffen, sondern

Auch sei das Verhältnis von § 12 a TVG zu § 92 a HGB[22] und § 17 HAG noch weitgehend ungeklärt[23]. Von den uneingeschränkten Befürwortern der Gesetzesänderung wird dagegen zu Bedenken gegeben, daß § 12 a TVG tatsächlich nur einen geringen Teil aller im Medienbereich tätigen schutzbedürftigen Personen erfassen werde[24], weil viele von ihnen bei einer ganzen Reihe von einzelnen Arbeitgebern beschäftigt seien und daher die Voraussetzungen der Abs. 1 Nr. 1 Ziff. b und 3 des § 12 a TVG (Erhalt von 50 % bzw. 1/3 des ihnen insgesamt zustehenden Entgelts von *einem* Arbeitgeber) nicht erfüllten[25].

Eine Kritik, die nicht den Symptomen verhaftet bleibt, sollte demgegenüber weiter greifen, um so die Ursachen aufzudecken, die eine sachgerechte und wirksame Problemlösung durch die gewählte Regelung verhindern.

Das schwerwiegendste Versäumnis des Gesetzgebers liegt wohl darin, bestimmten Berufsgruppen, hier insbesondere den freien Mitarbeitern, den Status der Arbeitnehmerähnlichkeit zuzuweisen[26], ohne zuvor versucht zu haben, über eine Revision des schon lange umstrittenen Arbeitnehmerbegriffs eine *einheitliche Lösung*[27] der personenrechtlichen Statusfragen im Arbeits- und Wirtschaftsrecht zu erreichen[28].

So zeigt schon die Gesetzesbegründung, zu welchen Widersprüchen punktuelle Lösungsansätze nur einheitlich zu lösender Problembereiche führen können.

Obwohl es dem Gesetzgeber bekannt war, „daß einige Gruppen der Selbständigen infolge sehr weitgehender wirtschaftlicher Abhängigkeit

---

nur zum Zweck der Berechnung von Beschäftigungszeiten und Einkommensanteilen als solche statuiert, so Wlotzke, in: DB 1974, 2258; Wiedemann / Stumpf, § 12 a Rdnr. 3) bereitet vgl. im Einzelnen Maier, in: FuR 1973, 379 f.; FuR 1974, 29 ff.; Gerschel, in: FuR 1973, 542 f.; Rehbinder, S. 24; Kunze, S. 70 f., 82; Lieb, 266. Daß mit dem Begriff „Arbeitsgemeinschaft“ vor allem die ARD gemeint ist, dürfte auf der Hand liegen (vgl. „Die Zeit“ vom 5. 4. 1974 und den Bericht des Arbeits- und Sozialausschusses, S. 6).

[22] Nach der Begründung des Regierungsentwurfs, BT-Drucks. 7/975, S. 21, ist die Regelung des § 12 a TVG an § 92 a HGB angelehnt.

[23] Stolterfoth, 1071 Fn. 40, 1074 (Diskussionsbericht) von Krüger, S. 89; Eich, 1702 f.

[24] Wiesand / Fohrbeck, 594; Wlotzke, in: AuR 1974, 5.

[25] Vgl. dazu die Angaben oben unter 4. a) aa).

[26] Trotz der abstrakt und allgemein formulierten Regelung hatte der Gesetzgeber von vornherein nur bestimmte Zielgruppen im Auge, so Wlotzke, in: DB 1974, 2258 und Wiedemann / Stumpf, § 12 a Rdnr. 4, 21.

[27] Daß der Gesetzgeber in der „Zuweisung“ einen Akt autonomer Entscheidung, der grundrechtlich nicht zwingend geboten war (dazu unten im Text, S. 255 ff.), gesehen hat, zeigen die Ausdrücke „erhält“, „erweitert“ (Begründung des Regierungsentwurfs, S. 13, 20), „verleihen“ (Abg. Lutz, amtl. Protokolle 1974, 7208).

[28] Zu einem sehr originellen „Lösungs“-vorschlag siehe Rehbinder, S. 37, der meint, man solle einen Ombudsmann als Interessenvertreter der freien Mitarbeiter schaffen.

gegenüber den durch Gesetze und Tarifverträge abgesicherten Arbeitnehmern sozial zurückbleiben können"[29] und sich ihre Beschäftigungsverhältnisse „der Art der auszuübenden Tätigkeit nach nicht entscheidend von einem Arbeitsverhältnis unterscheiden"[30], nahm er dennoch eine *sondergesetzliche* Regelung für diese Personengruppe vor. Darüber hinaus werden in § 12 a Abs. 3 TVG auch noch die Rechtsverhältnisse der Handelsvertreter von der Regelung ausgenommen, weil, wie es in der Begründung heißt, „diese Ausnahme ... dem Wunsch der Mehrzahl der Verbände der Handelsvertreter (entspricht)"[31], obwohl allgemein, auch dem Gesetzgeber, bekannt war[32], daß gerade diejenigen Handelsvertreter, deren soziale Lage den von § 12 a TVG angesprochenen freien Mitarbeitern gleicht, *nicht* von den in den „Hearings" vertretenen Handelsvertreterverbänden repräsentiert werden[33]. Um wieviel näher hätte es doch angesichts dieser Gesetzesbegründung gelegen, einmal zu untersuchen, ob sich nicht die Rechtsverhältnisse dieser Personengruppe dem Status der Arbeitnehmer soweit angenähert haben, daß eine einheitliche Behandlung geboten ist[34]. Die Behauptung, die Rechtsverhältnisse der arbeitnehmerähnlichen Personen seien zu differenziert, als daß ein Tarifvertrag sie regeln könnte[35], wiegt dagegen in dieser pauschalen Form nicht schwer. Denn auch die Rechtsverhältnisse der angestellten Journalisten z. B. werden durch Tarifverträge geregelt, obwohl auch deren Tätigkeit die unterschiedlichste inhaltliche wie formale Gestaltung erfahren kann.

Und welcher *sachliche* Grund rechtfertigt es, den Handelsvertretern, die sozial ebenso schutzbedürftig sind wie die freien Mitarbeiter, die

---

[29] Im Grundsatz ebenso Fohrbeck / Wiesand, 579: „Schuld ist vielmehr in erster Linie die immer noch uneinheitliche Konstruktionsweise des deutschen Arbeitsrechts, ... das auf die Probleme und Bedürfnisse von bislang Selbständigen kaum eingerichtet ist."

[30] Begründung des Regierungsentwurfs, S. 20.

[31] Begründung des Regierungsentwurfs, S. 21.

[32] Noch der Regierungsentwurf des zweiten Arbeitsrechtsbereinigungsgesetzes, sah eine Einbeziehung der arbeitnehmerähnlichen Handelsvertreter vor (s. dazu die Begründung des Entwurfs, S. 25, die von einer sehr weitgehenden wirtschaftlichen Abhängigkeit der Handelsvertreter spricht und vgl. die Thesen zur Erklärung von Bundesminister Arendt vom 25. 1. 1973, in: AuR 1973, 82).

[33] Vgl. den Bericht in AuR 1974, 84 f. unter 7) sowie die Forderungen von DGB und HBV, abgedruckt in DGB-Nachrichten-Dienst, ND 190/74 vom 11. 7. 1974; s. auch oben unter 4. c) aa) bei Fn. 21. Lieb, 258, spricht in diesem Zusammenhang von „massiven Protesten".

[34] Zumal angesichts der drängenden und eindeutigen Feststellungen und Forderungen in der Literatur (s. dazu oben unter 1. zu Fn. 64 - 69) sowie der diesbezüglichen Tendenzen in der Rechtspr. (BAG AP Nr. 6, 8, 10, 12, 15, 16, 17, 20 und 21 zu § 611 BGB — Abhängigkeit und BSG, Breith. 1974, 459 ff., 462 ff.; AP Nr. 11 zu § 611 BGB — Abhängigkeit und BB 1974, 233).

[35] Eich, 1701; Stolterfoth, 1075; ähnlich früher schon Heuss (Diskussion) über die freien Berufe; *a. A.* sind Gerschel, 543; Lewenton, 290; Wlotzke, 5, und wohl auch Kunze, S. 83 ff.

Mittel zur Selbsthilfe, die nur auf dem Weg der Tarifautonomie erreicht werden kann[36], zu versagen? Die Gesetzesbegründung verweist nur auf § 92 a HGB[37], der m. E., wie oben ausgeführt[38], in diesem Bereich die Tarifautonomie nicht ersetzen kann und der von der Bundesregierung bisher noch nicht in Funktion gesetzt worden ist, weil dafür kein Bedürfnis bestanden haben soll[39]. Diese Hypothese entbehrt freilich jeder Grundlage[40]. Die Begründung des Gesetzesentwurfs hält sich stattdessen an den überkommenen Begriff des durch die persönliche Abhängigkeit definierten Arbeitnehmers[41] und der diesem Begriff zugrunde liegenden Typologie der Berufe mit ihren Ungereimtheiten und ihrer Widersprüchlichkeit, die ich oben aufzuzeigen versucht habe[42]. In der Existenz des § 12 a TVG offenbart sich aber, abgesehen von aller Kritik im einzelnen, ein Problem von weit grundsätzlicherer Bedeutung. Es ist dies die Frage nach dem personellen Regelungsbereich des Art. 9 III GG. Da diese Frage während des Gesetzgebungsverfahrens bezüglich § 12 a TVG vom Gesetzgeber auch nicht annähernd erschöpfend beantwortet worden ist, kann die Regelung des § 12 a TVG nur als willkürlich bezeichnet werden.

§ 12 a TVG wie auch die Begründung des Regierungsentwurfs gehen aus von der Prämisse, daß die arbeitnehmerähnlichen Personen, die vor allem durch die wirtschaftliche Abhängigkeit und die Typik der Arbeitnehmerähnlichkeit definiert werden, vom Regelungsbereich des Art. 9 Abs. 3 GG nicht erfaßt werden[43], und das deshalb nicht, weil sie keine Arbeitnehmer sind. Und Arbeitnehmer sind sie nicht, weil sie nicht persönlich abhängig sind. Zwar wird diese Prämisse nirgends aus-

---

[36] *A. A.* Eich, 1702 f., der § 92 a HGB mit der Festsetzung gesetzlicher Mindestbedingungen für ausreichend hält. Dem stimmt Schwerdtner, 23, zu, aber nur, weil das Tarifvertragswesen für Handelsvertreter ausfalle. Er meint allerdings, die beteiligten Verbände könnten Normenverträge abschließen, die ein Schutzrecht ähnlich dem des Arbeitsrechts schaffen würden (ähnlich Stolterfoth, 1076).

[37] Begründung, S. 21.

[38] Siehe unten 4. c) dd), β).

[39] Vgl. oben unter 4. c) aa).

[40] Ebenso Reichel, in: DB 1975, 103 und Wiedemann / Stumpf, § 12 a Rdnr. 19 f.

[41] Daher ist nicht jeder freie Mitarbeiter quasi automatisch als arbeitnehmerähnliche Person anzusehen, weil § 12 a TVG vor allem deren Rechtsverhältnisse regeln will (Maier, 378); es muß vielmehr vorher seine mögliche persönliche Abhängigkeit geprüft werden (so der Bericht des Arbeits- und Sozialausschusses, S. 3 f.).

[42] Siehe unter 3. e).

[43] Bisher wurde unter dem Stichwort „personelle Grenzen des Regelungsbereichs von Art. 9 Abs. 3 GG“ vor allem die Regelungsbefugnis der Koalitionen in bezug auf die Arbeitsverhältnisse der „Außenseiter“ diskutiert (Säcker, Grundprobleme, S. 42 ff. m. w. N.).

gesprochen[44], aber anders wäre es nicht verständlich, warum dieser Personenkreis nicht sowieso dem Tarifvertragsgesetz unterfiele, ohne daß es des § 12 a TVG bedurft hätte. Darüber hinaus hat der Gesetzgeber durch den Begriff der arbeitnehmerähnliche Person in § 12 a TVG eindeutig erklärt, daß diese Personen jedenfalls keine Arbeitnehmer sind und schon deswegen die Rechte aus Art. 9 III GG und §§ 1 I, 2 I und 3 I TVG nicht unmittelbar beanspruchen können[45]. Durch die Möglichkeit, ihre Rechtsverhältnisse tariflich zu regeln, ändert sich auch nicht etwa die Rechtsform ihrer Verträge. Ein nach § 12 a TVG tariflich vereinbarter Dienst- oder Werkvertrag eines freien Mitarbeiters wird dadurch nicht unter der Hand zu einem Arbeitsverhältnis[46].

bb) Die Bedeutung des Art. 9 Abs. 3 GG für die Definition des Arbeitnehmerbegriffs

Der Begriff des Arbeitnehmers bestimmt also den personellen Regelungsbereich des Art. 9 III GG. Das bedeutet aber auch: Eine Analyse des Arbeitnehmerbegriffs ohne eine Definition des Regelungsbereichs von Art. 9 III GG muß die Diskussion notwendigerweise um den wichtigsten Aspekt verkürzen. Die herkömmliche Praxis von Literatur und Rechtsprechung, einen Arbeitnehmerbegriff, der von den leitenden Schutzideen und der Ordnungsaufgabe der Verfassungsnorm des Art. 9 III GG abgehoben und in einer historisch motivierten Berufstypologie des eingegliederten Arbeitsprozesses begründet ist, zu „finden“ und diesen Begriff dann den personellen Regelungsbereich des Art. 9 III GG bestimmen zu lassen, muß umgekehrt werden. Art. 9 III GG ist die „verfassungsgesetzliche Fundamentalnorm“[47] des gesamten Arbeits- und Wirtschaftslebens. Die Frage nach dem personellen Geltungsbereich des Arbeitsrechts ist identisch mit der nach dem Regelungsbereich des Art. 9 III GG und kann ohne einen Rückgriff auf die Systematik

---

[44] Allerdings dürfte der Wortlaut der Begründung des Regierungsentwurfs, S. 2 unter 2 sowie des Berichts des Arbeits- und Sozialausschusses, S. 3, insoweit ziemlich eindeutig sein.

[45] So schon vor der Verkündung des neuen § 12 a TVG Hueck / Nipperdey II 1, S. 246 Fn. 30 a; G. Hueck, 384; Reichel, 39; 145, der dies in DB 1975, 102 dahingestellt sein läßt.

[46] Ebenso Palme, in: BlStSozVArbR 1968, 223; G. Müller, in: Ufita 28 (1959), 141; Gerschel, 543; Fabricius (Arbeitsverhältnis), S. 190. Daß dagegen von einem Tarifvertrag die persönliche bzw. die wirtschaftliche Abhängigkeit beeinflußt wird, ist das Ziel jedes Tarifvertrages und dürfte tatsächlich die Regel sein (so auch Gerschel; *a. A.* ausdrücklich Eich, 1703), wenn sich auch „die Möglichkeit, durch Abschluß von Tarifverträgen die allgemeinen Arbeitsbedingungen zu verbessern, historisch als unzureichend erwiesen hat“ (Säcker, Institutionsgarantie, S. 48).

[47] Rüthers, in: RdA 1968, 168; Buchner (Grundgesetz), S. 9 ff.; ähnlich Biedenkopf (Grenzen), S. 88.

des Art. 9 III GG, seine Wertungsgrundlage und die seine Anwendung teleologisch rechtfertigenden Kriterien[48] nicht entschieden werden.

Allerdings hat es auch in der Vergangenheit nicht an Stimmen gefehlt, die den Arbeitnehmerbegriff, wie er in Art. 9 III GG vorausgesetzt wird, nicht so eng definiert sehen wollten, wie dies herkömmlicherweise der Fall ist. Wenn auch in aller Regel die enge Verknüpfung des individualrechtlich definierten Arbeitnehmerbegriffs mit den Tatbestandsvoraussetzungen des Art. 9 III GG nicht wahrgenommen wurde[49], so hat die durch die spezifische Funktion des Art. 9 III GG angeregte Betrachtungsweise doch zu einer mittelbaren Ausweitung des Arbeitnehmerbegriffs insofern geführt, als die individuelle Koalitionsfreiheit wie die funktionelle Koalitionsgarantie (Betätigungsgarantie)[50] auch auf solche Personen auszudehnen gefordert wurde, die wegen der engen Definition des Arbeitnehmerbegriffs als Selbständige qualifiziert werden mußten. So meint etwa *Nikisch*[51] dazu, man dürfe den Schutz des Art. 9 III GG den selbständigen Berufstätigen nicht vorenthalten, „wenn sie unter den gleichen kollektiv vereinbarten Bedingungen für andere tätig sind und sich zusammenschließen, um ihre Interessen beim Abschluß dieser Kollektivverträge gemeinsam zu wahren, denn die soziale und wirtschaftliche Abhängigkeit, die zur Bildung von Koalitionen der Arbeitnehmer geführt hat, ist auch in diesem Fall vorhanden“[52]. Diese Problematik wurde zumeist dann diskutiert, wenn die freien Berufe durch öffentlichkeitswirksame Aktionen auf ihre bedrohte soziale und wirtschaftliche Existenz aufmerksam gemacht haben, wenn also die rechtliche Zulässigkeit freiberuflicher „Streiks“ in Frage steht. Bevorzugter Gegenstand der Erörterungen sind der Streik freiberuflicher Ärzte[53], insbesondere der Kassenärzte[54], der Tankstellen-

[48] Auch wer die soziale Schutzbedürftigkeit des Arbeitnehmers (dazu unten unter 5. b) cc) α)) als das allein tragende Prinzip der Zuerkennung dieses Status ansieht, muß die teleologische Zielgerichtetheit seiner Rechtsanwendung betonen (etwa Schnorr, Anm.; ähnlich Bulla, Rechtsprechung, S. 18; Mayer-Maly, in: ZAS 1966, 6).

[49] Auch Biedenkopf, S. 126 f., beklagt grundsätzlich die weit verbreitete Unkenntnis einer Wechselbezüglichkeit von Individual- und Kollektivrecht (ebenso Wiethölter, Rechtswissenschaft, S. 286).

[50] Hierzu Säcker (Grundprobleme), S. 34 Fn. 57 m. w. N.; Scholz (Koalitionsfreiheit), S. 51 Fn. 1.

[51] II, S. 22; ähnlich auch Zeuner, 87; Zacher, 158; Uhlenbruck, 334; Hueck / Nipperdey II 1, S. 103; Dietz (Koalitionsfreiheit), S. 422 Fn. 21; Wiedemann / Stumpf, § 12 a Rdnr. 5; wohl auch Däubler (Grundrecht), S. 189 Fn. 65; früher schon Potthoff (Arbeitsrecht), S. 348 f. und öfter; *a. A.* Eich, 1703 f.; Stolterfoth, 1072; Denecke (Berufe), S. 338; Burkhardt (Standespflichten), S. 23 f.; wohl auch Heuss (Organisationsprobleme), S. 239.

[52] Nikisch denkt hier vor allem an die kassenärztlichen Vereinigungen, um die es in den meisten Fällen auch bei den in Fn. 51 genannten Autoren geht.

[53] Dazu vgl. Uhlenbruck, 333 f.; Zacher, 154 f., 163; Reuß, in: RdA 1972, 321 f.; Burkhardt, S. 20 f.; Deneke, S. 208, 338; Heuss, S. 239; Starck, in: Die Ortskrankenkasse 1964, 613.

halter und anderen Handelsvertreter[55] und der anderen arbeitnehmerähnlichen Personen im Sinne des § 12 a TVG[56].

Bei der Behandlung der Streikproblematik fällt allerdings auf, daß diejenigen Autoren, die den Streik der freien Berufe um die Regelung ihrer Arbeitsbedingungen für unzulässig, weil mit Art. 9 III GG unvereinbar halten[57], eine spezifische Form der kollektiven Meinungsäußerung in den allermeisten Fällen unerwähnt lassen, die für den „Selbständigen" durchaus schon eine Hilfe bedeuten kann.

Wenn die selbständigen Handelsvertreter, Ärzte, Architekten etc. und freien Mitarbeiter beschließen, die Öffentlichkeit durch eine Demonstration auf ihre soziale Situation aufmerksam zu machen, dann machen sie lediglich von ihrem jedem Deutschen zustehenden Recht auf kollektive Meinungsäußerung und Willensbildung[58] Gebrauch (Art. 8 I, 9 I GG).

Die Inanspruchnahme der Versammlungsfreiheit geschieht zum verfassungsrechtlich geschützten Zweck der politischen Willensbildung der Öffentlichkeit. Pressionen auf den Vertragspartner, die großen Ölgesellschaften, Rundfunk- und Fernsehanstalten, etc., werden durch diese Maßnahme, wie etwa durch einen Arbeitskampf, nicht ausgeübt[59]. Adressat ist die Öffentlichkeit im weitesten Sinn. Insbesondere verbieten auch die zum Teil gesetzlich normierte (vgl. § 86 I HGB) Interessenwahrungspflicht oder das Vertragsverhältnis als eine Art Vertrauensverhältnis Maßnahmen dieser Art nicht, weil sie, abgesehen davon, ob sie überhaupt in der Lage sind, das Grundrecht auf Versammlungsfreiheit zu beschränken, nur dazu dienen, in geschäftlicher Hinsicht die Belange des Unternehmers oder sonstiger Vertragspartner zu fördern, nicht aber die zweifellos bestehenden Interessengegensätze aufzuheben. Die Frage, ob die Demonstration *während* der „Arbeits"zeit dadurch zu einem nicht von Art. 8 I, 9 I GG geschützten Arbeitskampf

---

[54] Auf die durch zusätzliche Probleme des Standesrechts belastete und auf einer gewissen ethischen Verpflichtung basierende besondere Streikrechtsproblematik der freiberuflichen Ärzte (Kassenärzte) soll hier nicht eingegangen werden (vgl. dazu Burkhardt und oben unter 1. m. w. N.).

[55] Vgl. oben unter 1. und 4. c).

[56] Vgl. oben unter 4. b) bb).

[57] Etwa Zacher, 151; Starck, 613; G. Hueck, 384; Stolterfoth, 1074; Lieb, 267 f.; Eich, 1703; Burckhardt, S. 20 f.; Denecke, S. 338; Hanau / Adomeit, S. 123; wohl auch Reuß, 321 f.; *a. A.* Maus, 374; Kunze, S. 84 ff.; wohl auch Zeuner, 87.

[58] Stein (Staatsrecht), S. 121; ähnlich Uhlenbruck, 333 und 333 Fn. 95; Zacher, 151.

[59] Auch wenn die Grenze zwischen Art. 9 Abs. 1 und Art. 9 Abs. 3 GG fließend ist (Ramm, in: JuS 1966, 227), braucht in diesem Zusammenhang nicht auf eine Typik der Sozialpartner zurückgegriffen zu werden (so richtig Zacher, 150 Fn. 116 a); die Unterschiede innerhalb einer wie hier erörterten Konstellation liegen auf der Hand.

wird, muß verneint werden, da die freiberuflich Tätigen, wenn sie von der herrschenden Meinung als *Selbständige* angesehen werden, insoweit jedenfalls ihre „Arbeits"zeit, die dann eine Art Geschäftszeit ist, selbst festlegen können. Eine Vertragsverletzung aus diesem Grund wäre daher ausgeschlossen.

Eine auf Art. 9 III GG beschränkte Betrachtung, die es vor allem auf die rechtliche Qualifizierung des Streikrechts angesehen hat, kann die erwähnten Zusammenhänge jedoch nicht erkennen. Erst eine umfassende Analyse, die den grundsätzlichen Aspekt des personellen Regelungsbereichs von Art. 9 III GG mit den klassischen Methoden juristischer Interpretationstechnik und unter Beachtung der sozialen Implikationen für die Betroffenen hervorhebt, wird zu einer sachgerechten und plausiblen Definition des Arbeitnehmerbegriffs kommen.

b) Versuch einer Bestimmung des personellen Regelungsbereiches von Art. 9 Abs. 3 GG

Es soll daher im folgenden untersucht werden, welche *Rahmenbedingungen* Art. 9 III GG zur Bildung eines Arbeitnehmerbegriffs setzt, der dem Anspruch dieser Verfassungsnorm gerecht wird, indem er diejenigen, die abhängige Arbeit leisten, vor den „daraus resultierenden Gefahren für (ihre) Freiheit und Würde ... durch die Einrichtung einer kollektiven Selbstbestimmungsordnung"[60] schützt. Es ist evident, daß diesem Anspruch ein formal-funktionalistischer Arbeitnehmerbegriff, wie er herkömmlicherweise gebildet wird, nicht gerecht wird, sondern nur ein solcher, der die soziale Realität begrifflich exakt widerzuspiegeln und der Teleologie des Art. 9 III GG normativ zu entsprechen vermag.

aa) Interpretation des Art. 9 Abs. 3 GG durch Wortauslegung

Das Grundrecht des Art. 9 III S. 1 GG ist für jedermann und alle Berufe zum Zwecke der Wahrung und Förderung der Arbeits- und Wirtschaftsbedingungen gewährleistet. Dabei ist allgemein anerkannt, daß der Begriff der Arbeits- und Wirtschaftsbedingungen im Zusammenhang gelesen werden muß[61]. Die Interpretation dieser Begriffe ist jedoch in Literatur und Rechtsprechung uneinheitlich. Ein Teil versteht die Arbeits- und Wirtschaftsbedingungen als einen „weit zu fassenden Lebenstatbestand der abhängigen Arbeit, im Verhältnis zwischen Arbeitnehmern und Arbeitgebern, zwischen Diensttuenden und Dienstherren"[62]. Ein anderer Teil meint, daß die Formulierung und

[60] Däubler (Grundrecht), S. 425.

[61] Hueck / Nipperdey II 1, S. 103; Reichel, 145; ähnlich auch Däubler, S. 189.

[62] Mangoldt / Klein, Art. 9 Anm. V 9; von Münch (Bonner Kommentar), Art. 9 Anm. 125; Maunz / Dürig / Herzog, Art. 9 Anm. 96; Dietz, S. 427.

damit das Koalitionswesen nicht nur für Arbeitnehmer und Arbeitgeber im strengeren Sinne dieser Begriffe bedeutsam sei[63] und es sich nicht unbedingt um fremdbestimmte Arbeit zu handeln brauche[64]. Ein dritter Teil schließlich meint, daß die Koalitionsfreiheit der Vereinigungen des Art. 9 III S. 1 GG nur die Vereinigungen[65] meint, die in den arbeitsrechtlichen Gesetzen als „Vereinigungen von Arbeitnehmern (in den neueren Gesetzen Gewerkschaften, d. Verf.) und Arbeitgebern" bezeichnet sind[66]. Unter den Befürwortern dieser Meinung besteht aber wohl Einigkeit darin, daß der Begriff Gewerkschaft (§ 2 I TVG) zwar innerhalb der arbeitsrechtlichen Gesetzgebung ein einheitlicher ist[67], aber keine eigenständige normative Bedeutung besitzt, weil in Art. 9 III S. 1 GG der Zusammenschluß und seine spezifisch koalitionsgemäße Betätigung bereits enthalten sind[68]. Konsequenterweise hat es das *Bundesverfassungsgericht*[69] abgelehnt, den Gewerkschaftsbegriff des § 2 I TVG in Art. 9 III S. 1 GG hineinzuinterpretieren, sondern es hat das Gesetzesrecht von der Verfassung her bestimmt und den Begriff der Vereinigung *weit* gezogen[70].

Im Hinblick auf den Arbeitnehmerbegriff führt jedoch eine Auslegung des Normwortlauts nicht weiter. Es ist selbstverständlich, daß die „Jedermann"-Formulierung auch die freien Berufe erfaßt. Nur ist man damit noch keinen Schritt weiter gekommen, denn es bleibt die Frage zu entscheiden, ob die freien Berufe auch die spezifisch arbeitsrechtlichen Gewährleistungen des Art. 9 III GG (z. B. die Tarifautonomie) für sich in Anspruch nehmen können und damit Teil des Arbeitnehmerbegriffs werden. Die Aussage des Art. 9 III S. 1 GG ist viel zu vage[71] und in ihrem Grundsatzcharakter viel zu global, als daß eine Interpretation des Wortlauts die notwendigen Elemente eines Arbeitnehmerbegriffs erkennen ließe. Auch die unterschiedlichen Auffassungen in Literatur und Rechtsprechung über die personellen Grenzen des Re-

---

[63] G. Müller (Koalitionen), S. 134; Bauernfeind (Mitgliedschaft), S. 21 Fn. 10; Maus, 373 f.

[64] Bauernfeind, S. 21; Nikisch II, S. 22; *a. A.* Däubler, S. 425; Stolterfoth, 1073; ähnlich auch Lieb, 267.

[65] Allgemein zum Begriff der Vereinigungen vgl. Säcker (Tariffähigkeit) I 2 a und (Entwicklung) C; Ramm, in: AuR 1971, 97 ff.; Reuß (Koalitionseigenschaft), S. 269 ff. und in: RdA 1972, 5.

[66] Hueck / Nipperdey II 1, S. 90; Säcker (Tariffähigkeit), I 2 a; BAG AP Nr. 11 u. 25 zu § 11 ArbGG und in BB 1971, 1322 f., 1323.

[67] *A. A.* aber Reuß, 7 f.

[68] Ramm, 97; Säcker, I 2 a.

[69] In: E. 18, 18 ff., 33.

[70] Ramm.

[71] Säcker (Institutionsgarantie), S. 20.

gelungsbereichs von Art. 9 III GG haben ihr Ergebnis nicht aus einer Auslegung des Normwortlauts gewonnen[72].

bb) Interpretation des Art. 9 Abs. 3 GG durch die Gesetzesmaterialien

Auch die Gesetzesmaterialien zu Art. 9 III GG geben keinen Aufschluß über die hier zu entscheidende Frage[73]. Art. 9 III GG ist das Ergebnis einer typischen sozialpolitischen Kompromißentscheidung, auf deren Grundlage eine Regelung überhaupt nur erfolgen konnte, wenn entscheidende Probleme ausgeklammert wurden und einer späteren Klärung vorbehalten blieben[74].

Mit einiger Sicherheit läßt sich nur sagen, daß man sich bei der Normierung des Art. 9 III GG inhaltlich an Art. 159 WRV orientierte[75], was nichts anderes heißt, als daß alle die Streitfragen, die auch schon während der Geltungsdauer des Art. 159 WRV bestanden, ungelöst in das Grundgesetz übernommen worden sind, es sei denn, man hätte eine ausdrückliche Änderung in Art. 9 III GG vorgenommen und dies im Wortlaut kenntlich machen können. Soweit es die hier interessierenden Passagen betrifft, ist Art. 9 III GG jedoch eine fast wortwörtliche Übernahme des in Art. 159 WRV enthaltenen Textes. Da auch während der Weimarer Republik die Grenzen des personellen Regelungsbereichs von Art. 159 WRV in der juristischen Literatur durchaus nicht einheitlich gezogen wurden — und damals war insbesondere die Einbeziehung von Personen in einer solchen wirtschaftlich-sozialen Situation, die der Lage der meisten Arbeitnehmer glich, wichtigster Diskussionspunkt in diesem Bereich[76] —, kann eine Klärung dieser Frage durch die Gesetzes-

---

[72] Abgesehen von einigen neueren Aufsätzen (Eich, Lieb, Maus, Stolterfoth und Zeuner) wird das vorliegende Problem in der juristischen Literatur nicht behandelt. Das dürfte seinen Grund vor allem in der bisher eher geringen praktischen Relevanz haben. Allgemeine Ausführungen, die sich auch auf das Problem des personellen Regelungsbereichs von Art. 9 Abs. 3 GG beziehen lassen, fanden sich in der Vergangenheit zumeist in den Abhandlungen zu Fragen der Tariffähigkeit und „Mächtigkeit" der Koalitionen sowie in den Ausführungen zu Inhalt und Grenzen der Koalitionsbetätigung (Däubler, Ramm, Reichel, Reuß und Säcker).

[73] Vgl. dazu die Zusammenfassung in JöR 1, S. 116 ff. sowie die Verhandlungen des Ausschusses für Grundsatzfragen des parlamentarischen Rates, 6. Sitzung vom 5. 10. 1948, ungedrucktes Stenoprotokoll, S. 14; Parlamentarischer Rat, Verhandlungen des Hauptausschusses Bonn 1948/49, 1950, S. 211, 570 f.

[74] So Abendroth (Grundgesetz), S. 65 ff.; Däubler, S. 188; Hartwich (Sozialstaatspostulat), S. 49 ff.

[75] So ausdrücklich Reichel, 145. Vgl. im übrigen die Darstellung der Entwicklungsgeschichte des Art. 159 WRV bei Ramm, in: RdA 1968, 413 f.; auch Schneider (Streik), S. 66 - 86.

[76] Insbesondere ging es unter der Geltung des Art. 159 WRV schon um die Gesamtverträge der kassenärztlichen Vereinigungen auf der einen und den Verbänden der Krankenkassen auf der anderen Seite (vgl. etwa Potthoff,

materialien zu Art. 9 III GG bei insoweit übereinstimmendem Wortlaut nicht erwartet werden.

cc) Interpretation des Art. 9 Abs. 3 GG durch eine historisch-teleologische Vergleichsbetrachtung am Maßstab der wirtschaftlich-sozialen Existenzbedingungen der Arbeitnehmer

Ob eine Interdependenz der Aussagebestandteile des „Jedermann" und der „Arbeits- und Wirtschaftsbedingungen" besteht und wie sie sich konkret auswirkt, kann schon eher eine historisch orientierte Betrachtung ergeben[77]. Das kollektive Arbeitsrecht hat sich *unabhängig vom Gesetz* aus den Bedürfnissen der Praxis entwickelt, wie es *A. Hueck*[78] einmal sehr vorsichtig und zurückhaltend formuliert hat. Die größte Bedeutung hat in dieser Entwicklung zweifelsohne der Kampf der Arbeitnehmerschaft um die Erzwingung der Koalitionsfreiheit gehabt. Es ist hier nicht der Ort, auf die einzelnen historischen Etappen dieses Emanzipationskampfes einzugehen[79], wie es gegenwärtig nicht notwendig ist, die Entwicklung der Koalitionsfreiheit in diesem Zusammenhang im einzelnen zu betrachten. Festzustellen bleibt die Tatsache, daß eine der wichtigsten Maximen der Arbeiterbewegung die Freiheit zur Selbstbestimmung war und ist, die ihr vom bürgerlichen Staat mit seiner kapitalistischen Wirtschaftsordnung verweigert worden war[80]. Solange die liberal-individualistische Vorstellung von der Funktion der Privatautonomie nicht nach den Voraussetzungen fragte, unter denen Privatautonomie die Freiheit und Gleichheit des Einzelnen

Diskussionsbeitrag, S. 215; Melsbach, Arbeitsrecht, S. 24; Marcuse, Ausgestaltung, S. 72; Nipperdey, Grundrechte, S. 398). Aber auch die Probleme der übrigen freien Berufe wurden bereits damals erörtert (vgl. Potthoff, Arbeitsrecht, S. 359; Löning, Sp. 604). Das Reichsarbeitsministerium hatte die Vereinbarung freier Schriftsteller mit den Verlegern, entgegen dem Wortlaut des Gesetzes, in weitherziger Auslegung der Verordnung über Tarifverträge, Arbeiter- und Angestelltenausschüsse und Schlichtung von Arbeitsstreitigkeiten vom 23. 12. 1918 als allgemein-verbindlich anerkannt (so Potthoff, S. 215 und S. 359 und 348 f.; ebenso Schwenger, S. 160). Auch in der DDR enthielt die Regelung freiberuflicher Rechtsverhältnisse durch sogenannte „Normalverträge" (vgl. oben unter 5. a) aa) in Fn. 36), die keinen Tarifvertragscharakter haben sollten, dennoch die grundsätzliche Anerkennung der Tarifierbarkeit solcher Leistungen (Schwenger, S. 160).

[77] Das ist für die Exegese des Art. 9 Abs. 3 GG unbestritten, vgl. nur Hueck / Nipperdey, 6. Aufl., S. 79; Säcker, S. 36 f.; Biedenkopf, S. 127 ff.; Däubler, S. 189, 198; allerdings mit deutlicher Zurückhaltung (S. 199); Eich, 1702; Zacher, 150; Stolterfoth, 1073; Hensche, in: RdA 1971, 12; Ramm, in: RdA 1968, 415 und in: AuR 1971, 99 ff.

[78] In: RdA 1956, 45.

[79] Siehe aber auch die Ausführungen oben unter 2. a).

[80] Vgl. die unten unter 2. a) in Fn. 22 Genannten sowie aus der juristischen Literatur Säcker (Entwicklung), A, B II m. w. N. und in: ZHR 137 (1974), 465 f.; Däubler, S. 149 ff. Umstritten war dagegen, wie diese Freiheit zu erlangen sei (dazu Biedenkopf, S. 129 ff. mit Blick auf den Tarifvertrag).

ermöglicht[81], mußten (und müssen) diejenigen, deren wirtschaftliche und soziale Existenz auf der Verwertung der eigenen Arbeitskraft aufbaut, ihr Recht auf Solidarisierung und kollektive Selbstbestimmung in autonom gebildeten Vereinigungen erkämpfen.

Daraus folgt aber ohne weiteres, wenn der allgemeine Hinweis auf die Notwendigkeit einer historischen Interpretation des Art. 9 III GG heute überhaupt noch einen Sinn haben soll, daß der Maßstab für einen wertenden Vergleich der historischen Arbeiterbewegung mit den aktuellen Bestrebungen weiter Teile der freien Berufe zu kollektiven Aktionen in der *wirtschaftlichen und sozialen Existenz* der freiberuflich Tätigen liegt. Nicht die Art und Weise der Tätigkeit, der Typus des in einem Betrieb Eingegliederten, sondern die permanente Bedrohung der wirtschaftlich-sozialen Existenz aufgrund der notwendigen Verwertung der eigenen Arbeitskraft ist die erste unabdingbare Voraussetzung, um das Recht auf Koalierung in Anspruch nehmen zu können. Die wirtschaftlich-soziale Existenz ist daher eine[82] wichtige, zunächst noch recht weit gefaßte, durch Art. 9 III GG geforderte Komponente des neu zu bestimmenden Arbeitnehmerbegriffs[83].

Die wirtschaftlich-soziale Existenzbedingung der Arbeitnehmer ist in der juristischen Literatur durchaus als Merkmal anerkannt, soweit es den rechts*politischen* Anlaß, der zur Entstehung des Arbeitsrechts und der grundrechtlichen Gewährleistung der Koalitionsfreiheit geführt hat, betrifft[84]. Das Merkmal der persönlichen Abhängigkeit ist dann erst später, wie wir oben gesehen haben, auf diesen allseits anerkannten Grundtatbestand „aufgesetzt" worden[85]. Der Hinweis auf das „Politische" des Entstehungstatbestandes kann jedoch nur dann akzeptiert werden, wenn er sich auf die Forderungen nach weiterer Präzisierung für die Zwecke der juristischen Begriffsbildung beschränkt, nicht aber, wenn er in sich das Verdikt der juristischen Unbrauchbarkeit wegen des politischen Charakters dieses Entstehungstatbestandes trägt. Denn das würde bedeuten, für die Zwecke juristischer Begriffsbildung auf die meisten Erkenntnisse über reale gesellschaftliche Sachverhalte ver-

---

[81] Hierzu näher Säcker (Gruppenautonomie), S. 205 ff., 236 ff.

[82] Zur zweiten „Rahmenbedingung" siehe unten unter 5. c) cc).

[83] Zu einem in Tendenz oder Aussage ähnlichen Ergebnis kommen Rosin (Recht), S. 35 f.; Flatow / Joachim, § 5 Anm. 1; Melsbach (Arbeitsrecht), S. 21 f.; Dersch (Anmerkung), 268 f.; Mathys (Verhältnis), S. 38; Simitis (Vertragsverhältnisse), S. 386; Hessel, in: RdA 1952, 411; Endemann, in: AuR 1954, 210; Woltereck, 190 f.; Ady, in: FuR 1974, 94; Kehrmann, in: Die Quelle 1972, 25; ähnlich auch Mayer-Maly, in: BB 1974, 1126, bezüglich der leitenden Angestellten gemäß § 5 Abs. 3 BetrVG.

[84] Vgl. die oben unter 2. a) in Fn. 34 Genannten und die unter 5. a) bb) Fn. 51.

[85] Siehe oben unter 2. a).

zichten zu müssen, ohne daß dies aus *Rechtsgründen* geboten wäre[86], nur weil solche Erkenntnisse immer auch politische Aussagen beinhalten. Die Beliebigkeit der Argumente wäre evident, eingegrenzt nur durch die logische Stringenz eines einheitlichen Konzepts. Der Arbeitnehmerbegriff könnte durch die unterschiedlichsten Merkmale definiert werden, seine Inhalte könnten beliebig wechseln, ohne daran durch zwingende Rechtsnormen gehindert zu sein. Diese Methode birgt allerdings die Gefahr einer idealisierenden Betrachtungsweise in sich, die dem Willen des Gesetzgebers nicht entsprechen kann, weil sie dessen grundlegende Entscheidung ignoriert.

Eine an Verfassung und Gesetz gebundene Normbestimmung des Arbeitnehmerbegriffs kann sich der Willkür dieser weitverbreiteten Methode nur entziehen, wenn sie sich an den Ursachen und Bedingungen orientiert, die Arbeitsrecht als das Sonderrecht einer bestimmten Personengruppe entstehen ließe. Denn die politische und wirtschaftliche Macht der Arbeiterschaft zwangen den Staat, die Koalitionen anzuerkennen. Er mußte einen vorgefundenen Zustand, den die Arbeiterschaft in einem „erbitterten Kampf" zur Wahrung ihrer Existenzbedingungen und Erhaltung ihrer Arbeitskraft herbeigeführt hatte, sanktionieren[87]. Zu Recht sagt daher *Hensche*[88], daß sich historisch-politische Ursache und geltender Rechtsgrund des Grundrechts auf Solidarisierung decken.

α) Die wirtschaftlich-soziale Existenz des Arbeitnehmers als erstes Moment einer vergleichenden Neubestimmung des Arbeitnehmerbegriffs

Wenn aber die Faktizität der arbeitsrechtlichen Vereinigungen durch Art. 159 WRV zur Verfassungsnorm erhoben und durch Art. 9 III GG im Grundsatz tradiert worden ist, dann kommt es entscheidend auf die realen Ursachen und faktischen Bedingungen an, die zur Bildung dieser Vereinigungen geführt haben. Das hat für den Rechtsbegriff, der diese Personengruppe, d. h. die Mitglieder der Vereinigungen, exakt begrifflich erfassen will, die notwendige Konsequenz, diese Bedingungen zu formulieren und auf ihnen das begriffliche Schema aufzubauen. Dabei darf eine eventuell notwendig werdende Abstraktion nur soweit gehen, daß sie noch den Adressatenkreis der Norm ohne die Zuhilfenahme weiterer Merkmale aus anderen Begriffen erkennen läßt[89]. Zu-

[86] Dazu unten unter 6. c) bb).

[87] Scheuch (Inhalt), S. 43 Fn. 105; Ridder (Stellung), S. 32 Fn. 67; Säcker, S. 241.

[88] 12.

[89] Wie dies traditionellerweise mit den Merkmalen der wirtschaftlichen Abhängigkeit, der soziologischen Ähnlichkeit, der Betriebsbezogenheit, der Eingliederung etc. geschieht (siehe oben unter 3. c) bb)).

gleich muß sie noch begrifflich die entscheidenden Statusmerkmale des Adressatenkreises nennen, um einen sachlich begründeten, überprüfbaren Maßstab zu liefern, der eine Entscheidung über die Einbeziehung neuer Personengruppen ermöglicht, deren Status sich aufgrund der gewandelten Sozialstruktur verändert hat.

Diese Methode hat den Vorteil, an einigen wenigen begriffskonstituierenden Merkmalen, die den Status des historischen, von Art. 159 WRV und Art. 9 III GG vorausgesetzten Adressatenkreises exakt „beschreibt", die aktuellen Ursachen und Bedingungen, die den Status einer anderen, neuen Personengruppe gebildet haben, vergleichend auf eine Übereinstimmung zu überprüfen, ohne einen umfassenden Vergleich der historischen Tatsachen mit den aktuellen Tendenzen vornehmen zu müssen.

In welcher Weise die konstituierenden Merkmale des Arbeitnehmerbegriffs geändert werden müssen, weil die sich wandelnde Sozialstruktur den „erstarrten" Rechtsbegriff des Arbeitnehmers wirkungslos werden läßt, indem sie neue Formen von Abhängigkeit hervorbringt, kann nur durch einen Rückgriff auf die wirtschaftlich-sozialen Bedingungen dieser neuen Abhängigkeiten geklärt werden. Denn vor allem die wirtschaftlich-sozialen Existenzbedingungen können erklären, warum die Arbeiterschaft gezwungen war, auf ihren sozialen Gegner Druck auszuüben und der Staat sich gezwungen sah, die Ausübung sozialer Macht und Gewalt einer (wenn auch sehr großen) Gruppe von Menschen durch die Anerkennung der Vereinigungsfreiheit und der kollektivrechtlichen Machtmittel zu legalisieren[90]. Zweifellos haben noch andere Faktoren eine Rolle in der historischen Entstehung der Arbeiterbewegung gespielt. Einer monokausalen Verursachung soll nicht das Wort geredet werden. Die Entstehung des kollektiven Arbeitsrechts und der durch die Verfassung geschützten Vereinigungen basiert dagegen im wesentlichen auf diesen Existenzbedingungen. Das kollektive Arbeitsrecht gab (und gibt) dem Arbeitnehmer die prinzipielle Möglichkeit, seine strukturelle Unterlegenheit, die sich im Verkauf seiner Arbeitskraft aus zwingenden Gründen der materiellen Existenzsicherung zur Erhaltung und Reproduzierung dieser Arbeitskraft mani-

[90] Auch in der Literatur wird dieser Sachverhalt erkannt, wenn es zum Beispiel heißt, daß die wirtschaftliche Abhängigkeit unter den derzeitigen sozialen Verhältnisse die Unfreiheit der Arbeitnehmer schaffe (Zöllner, Mitbestimmung, S. 161; Simitis, S. 386; ähnlich auch Bulla, Die Arbeitskammer 1961, 407 und Nikisch II, S. 22) oder wenn gesagt wird, die Besitzlosigkeit und das Angewiesensein auf fremde Produktionsmittel sei regelmäßig der Grund für das Eingehen eines Arbeitsverhältnisses (Scheidt, Rechtsbegriff, S. 68; Richter, Grundverhältnisse, S. 14; Molitor / Hueck / Riezler, Arbeitsvertrag, S. 70; ähnlich auch Adomeit, Rechtsquellenfragen, S. 100); vgl. auch die Ausführungen von Rosin (Recht), S. 35 f., die der hier vertretenen Auffassung recht nahe kommen.

festiert, gegen das wirtschaftliche Übergewicht der Arbeitgeber durch funktionsfähige Gewerkschaften auszugleichen[91].

Die hier sogenannte strukturelle Unterlegenheit ist aber ein wesentlicher Teil der wirtschaftlich-sozialen Existenzbedingungen. Sicherlich gehört auch die persönliche Abhängigkeit des Arbeitnehmers zu den Existenzbedingungen, indem sie eine faktisch durchaus korrekte Beschreibung der Arbeitsplatzsituation eines großen Teils der Industriearbeiterschaft liefert. Sie bietet damit aber nur einen kleinen Ausschnitt aus dem sehr viel umfassenderen Rahmen aller Existenzbedingungen und kann zur inhaltlichen Ausführung der wirtschaftlich-sozialen Existenzbedingungen nur am Rande etwas beitragen, weil sie die materielle Fundierung und wirtschaftliche Struktur der Arbeitnehmerexistenz nur unzureichend zu erklären vermag.

Auch das zur Definition des Arbeitnehmers hin und wieder herangezogene Kriterium der sozialen Schutzbedürftigkeit kann den hier gestellten Anforderungen nicht genügen[92]. Es stellt nur das Resümee der beobachteten Unterlegenheit des Arbeitnehmers dar, ohne den oder die Gründe der Schutzbedürftigkeit zu nennen.

Es ist nicht zu bestreiten, daß der Arbeitnehmer schutzbedürftig ist. Nur setzt der Grundsatz der Schutzbedürftigkeit als bekannt voraus, was er eigentlich definieren will: den Arbeitnehmerbegriff. Anders wäre der Grundsatz nicht zu verstehen, denn es gibt eine Reihe von Menschen, die sozial schutzbedürftig sind, ohne daß bisher jemand auf die Idee gekommen wäre, sie als Arbeitnehmer zu betrachten, etwa Kleinkinder, Kranke, alte Menschen usw. Der Grundsatz der sozialen Schutzbedürftigkeit ist ein „äußerst nebulöses, für die Rechtsanwendung wenig brauchbares Kriterium"[93]. Auch die wirtschaftlich-sozialen Existenzbedingungen sind als Grundsatz noch recht weit gefaßt und müssen in einer, allerdings besonders akzentuierten Weise[94] inhaltlich bestimmt werden. Der Unterschied zwischen beiden liegt jedoch darin, daß der Grundsatz der wirtschaftlich-sozialen Existenzbedingung des Arbeitnehmers einen tauglichen Rahmen abgibt, aufgrund dessen entschieden werden kann, welche Einzelkriterien herangezogen werden

[91] Es ist durchaus zweifelhaft, ob der ökonomische Ausdruck dieser Tatsache: die freie Bildung gegengewichtiger Marktmacht auf dem Arbeitsmarkt (vgl. dazu Hueck / Nipperdey II 2, S. 868, 928; Säcker, Grundprobleme, S. 20 und in: ZHR 137 (1974), 464 Fn. 10 m. w. N.) die historische Entwicklung auch nur annähernd korrekt widergibt (vgl. Wiethölter, Rechtswissenschaft, S. 302 f., 304).

[92] Ebenso wie hier, soweit es die reine Kriterienbildung betrifft, Stolterfoth, S. 116 und Wolf (Arbeitsverhältnis), S. 30; *a. A.* sind Bulla, 407 f.; Farthmann, in: RdA 1960, 8; Kaskel / Dersch (Arbeitsrecht), S. 1; Wiedemann (Arbeitsverhältnis), S. 13.

[93] Däubler, S. 197.

[94] Näher dazu unten unter 5. b) cc) γ).

dürfen und welche nicht. Der Grundsatz der sozialen Schutzbedürftigkeit ist hingegen so diffus in seiner Aussage, daß er eine sachlich bestimmte, auf ein oder mehrere Kriterien beschränkte Auswahl unter allen möglichen und denkbaren Kriterien zur Bestimmung der Arbeitnehmereigenschaft unmöglich macht[95].

β) *Die Fixierung auf historische Abhängigkeitsformen durch mangelnde begriffliche Reflexion der sozialen Realität*

Über den Ansatz der historisch-teleologischen Auslegung darf freilich nicht vergessen werden, daß Art. 9 III S. 1 GG ein Grundrecht, das in der sozialen Realität effektiv sein will, beinhaltet[96] und, in seiner historisch überkommenen und in seiner heute ebenso Geltung beanspruchenden Funktion, den sozialen Schutz seiner Regelungsadressaten gewährleisten will[97].

Eine historisch-teleologische Betrachtung der Entwicklungsbedingungen von Koalitionsfreiheit kann daher nicht bedeuten, die geschichtlich gewachsenen, heute vorgefundenen Formen der abhängigen Arbeitsleistung ein für allemal begrifflich festzuschreiben[98].

Wie einige Beispiele in der neueren Literatur zeigen[99], erliegt dieser Gefahr in der Regel derjenige, der von einer Berufstypologie der Arbeitnehmer bzw. Arbeitnehmerähnlichkeit ausgeht, ohne die Berechtigung dieser Einordnung geprüft zu haben. Legitimiert wird diese Methode offenbar durch einen unausgesprochenen allseitigen Konsens über den sozialen Standort der betroffenen freien Berufe[100]. Vorhan-

---

[95] Der Hinweis, daß die soziale Schutzbedürftigkeit im Wege einer teleologischen Interpretation ermittelt werden müsse (so Schnorr, Anmerkung; ähnlich Bulla, Rechtsprechung, S. 18 und Mayer-Maly, in: ZAS 1966, 6) kann die Substanzlosigkeit des Begriffs nicht überspielen, sondern zeigt nur, mit welch beliebigen Wertungsmaßstäben dieser Grundsatz ermittelt werden soll.

[96] Däubler (Streik), S. 163.

[97] Vgl. etwa Maunz / Dürig / Herzog, Art. 9 Anm. 91; Biedenkopf, S. 148; Hoffmann, in: GMH 1966, 155; Ramm, in: JuS 1966, 229; Hensche, 12.

[98] Ebenso Nipperdey, in: Hueck / Nipperdey II, 6. Aufl., S. 79, wenn er betont, daß die Voraussetzungen der Koalitionseigenschaften nicht „in alle Ewigkeit in diesem Umfang kanonisiert" seien; sie entsprächen der gegenwärtigen, historisch entstandenen Situation und Rechtslage; trotzdem solle man an gewissen, zumeist soziologisch bedingten Funktionswandlungen im Arbeitsrecht nicht vorübergehen; zustimmend Säcker (Institutionsgarantie), S. 36 f.; A. Hueck, in: RdA 1956, 45 f.; Däubler (Grundrecht), S. 147 ff.; Scholz, S. 92 ff.

[99] Vgl. etwa die oben unter 3. d) bb) bei Fn. 17 - 22 Genannten.

[100] So heißt es an vielen Stellen ganz pauschal, ohne daß zuvor auch nur der Versuch einer empirischen Verifizierung gemacht wird: das Schutzbedürfnis der arbeitnehmerähnlichen Personen sei nicht so groß, wie oft angenommen werde (vgl. etwa Stolterfoth, in: DB 1973, 1075; Maier, in: FuR 1974, 29; ähnlich Wahle, Tankstelleninhabern, S. 336 hinsichtlich der Arbeitnehmerähnlichkeit von Tankstellenhaltern; Rehbinder, Sicherung, S. 25).

dene soziologische Literatur, die auf Veränderungen in der Sozialstruktur dieser Berufsgruppe aufmerksam macht, wird nicht ausgewertet. Auch der Gesetzgeber hat sich der Methode mit § 12 a TVG, wenn auch aus sozialpolitisch billigenswerten Gründen, vorschnell bedient. In den meisten Fällen wird daher die Arbeitnehmereigenschaft der freien Berufe erst gar nicht erwogen, allenfalls ihre Arbeitnehmerähnlichkeit, ein Begriff, dessen Bedeutung für das Arbeitsrecht und insbesondere für Art. 9 III GG, wie wir oben gesehen haben[101], so ungeklärt wie umstritten ist. Die herkömmlichen Argumente der heute herrschenden Meinung entbehren jeder Plausibilität, solange die empirisch erfahrbaren Veränderungen der Sozialstruktur ohne Resonanz für die arbeitsrechtliche Begriffsbildung bleiben. Eine Deduktion, die die persönliche Abhängigkeit als von Art. 9 III GG gefordertes, zur Begrenzung seines personellen Regelungsbereichs geeignetes Kriterium ansieht, die aber den Geltungsgrund des Grundrechts auf Koalitionsfreiheit durch einen Rückgriff auf wirtschaftlich-soziale Faktoren zu erklären versucht, darf diese Diskrepanz nur dann ignorieren, wenn die dadurch gewonnene (angeblich) exaktere Definitionsmöglichkeit[102] *ohne* einen Realitätsverlust des Begriffs erreicht werden kann. Andernfalls wendet sie zur Regelung und Erklärung von Rechtsbeziehungen Begriffe, die schon zur Zeit ihrer Entstehung für die Adressaten nicht begriffskonstituierend waren, auf eine soziale Realität an, deren Veränderung vom Begriff nicht reflektiert und erfaßt zu werden vermag.

Das Arbeitsrecht ist gerade durch die grundrechtliche Gewährleistung der Koalitionsfreiheit gezwungen, die Wirkungen seiner Begriffsbildung auf das soziale Substrat ständig zu überprüfen. Denn nur diejenigen, die kollektive Maßnahmen zur Regelung ihrer Arbeits- und Wirtschaftsbedingungen in Anspruch nehmen müssen, um damit die Gefahr für ihre Existenz und die Würde ihrer Person zu bannen, unterliegen dem Schutz und den Selbstbestimmungsmöglichkeiten des Arbeitsrechts. Da aber die Arbeits- und Wirtschaftsbedingungen ebenso wie die Existenzbedingungen der Menschen sich permanent ändern, ist auch das Arbeitsrecht mit seinen Personenbegriffen einem ständigen Wandlungsprozeß unterworfen. Dieser Prozeß muß sozial-wissenschaftlich bestimmt, seine Auswirkungen auf die wirtschaftlichen und sozia-

---

[101] 4. b).

[102] Das Kriterium der wirtschaftlichen Abhängigkeit, das, darauf sei hier ausdrücklich hingewiesen, nicht mit der vom Verf. vertretenen Konzeption identisch ist, wenn es auch vom Ansatz her damit übereinstimmt, würde eine ausschließlich aus Arbeitnehmern und arbeitnehmerähnlichen Personen bestehende Gesellschaft wegen der fast überall gegebenen Abhängigkeit schaffen, heißt es bei Eich, 1700; (ähnlich auch Rehbinder, S. 37 und Wahle, S. 332; siehe auch dazu Schuhler, in: Kürbiskern 1972, 643) und der Begriff verhindere differenzierende Lösungen, meinen Stolterfoth (Selbständigkeit), S. 104 und Adomeit, S. 99.

len Existenzbedingungen der zu untersuchenden Personengruppe analysiert und in die juristische Begriffsbildung integriert werden. Erst dann läßt sich sachgerecht entscheiden, ob die wirtschaftlichen und sozialen Existenzbedingungen weiter Teile der freien Berufe die Voraussetzungen erfüllen, die Art. 9 III S. 1 GG an die Vergleichbarkeit der historischen mit der aktuellen Situation stellt.

Es kann keinem Zweifel unterliegen, daß Art. 9 III GG „das Bestehen abhängiger Arbeit“[103] voraussetzt, weil sonst die Funktion der Koalitionsfreiheit und die Institutionen des Tarifvertragsrechts aufgehoben werden. Ebensowenig kann geleugnet werden, daß „seiner historisch-politischen Stoßrichtung nach ... die Koalitionsfreiheit immer nur auf solche Personen ab(zielte), die als Arbeitnehmer der arbeitsrechtlichen Ordnung in toto unterlagen“[104]. Welche Art von abhängiger Arbeit und welche Vorstellung vom Arbeitnehmer von Art. 9 III GG gefordert und vorausgesetzt wird, kann nicht durch einen Rückgriff auf als inadäquat erkannte, formal-abstrakte Begriffe, die nur die Fixpunkte historisch festgelegter Typizität sind, „gelöst“ werden, sondern nur in einer Analyse der sozial und wirtschaftlich fundierten materiellen Existenzbedingungen seiner Regelungsadressaten im Sinne einer historischen Auslegung, die sich am sachlichen Geltungsgrund des Art. 9 III GG orientiert, vergleichend herausgearbeitet werden. Die wirtschaftlich-soziale Existenz bildet dabei ein juristisch-normativierendes Element, sozusagen den einen Teil des Wertungsrahmens, in den die soziologische Analyse ihre Ergebnisse einzuordnen hat.

γ) *Die einzelnen Komponenten der wirtschaftlich-sozialen Existenzbedingungen des Arbeitnehmers*

Veränderungen in der Sozialstruktur, die unser Rechtssystem beeinflussen, weil sie auf die faktische Wirksamkeit der Rechtsbegriffe einwirken, ereignen sich ständig. Diese Änderungen sind relativ uninteressant, solange das Rechtssystem, bzw. der jeweilige Begriff flexibel genug sind, darauf im Sinne des jeweiligen, vorher festgelegten Normzwecks zu reagieren. Das ändert sich dann, wenn, wie beim Arbeitnehmerbegriff, die Wandlung der Sozialstruktur im Rechtsbegriff keine Entsprechung mehr findet, so daß sich die Intention des Gesetzgebers nicht mehr durchsetzen kann.

---

[103] Däubler, S. 425.

[104] Stolterfoth, in: DB 1973, 1073 und ähnlich Lieb, 267, der wegen der Ungenauigkeit seiner Formulierung der Gefahr erliegen könnte, die Rangordnung der Normen zu vertauschen, indem er mit der vom einfachen Gesetzgeber geschaffenen arbeitsrechtlichen Ordnung Umfang und Grenzen der Koalitionsfreiheit bestimmen will; eine vergleichbare Tendenz zeigen auch seine Ausführungen auf S. 1073 Fn. 64 (dazu weiter unten im Text).

Um eine solche Entwicklung zu verhindern, muß der benötigte Begriff, soweit er gesetzlich nicht eindeutig fixiert ist, so flexibel sein, daß er etwaige Strukturveränderungen erkennen läßt und sie, wenn nötig, in das von ihm abgegrenzte Rechtssystem zu integrieren in der Lage ist, ohne den Rahmen des ursprünglichen Normzwecks zu verlassen. Dieser Begriff ist, wie wir gesehen haben, für das Arbeitsrecht und seine Personendefinition in erster Linie durch das Merkmal der wirtschaftlich-sozialen Existenzbedingungen des Arbeitnehmer bestimmt. Dieses Merkmal ermöglicht es, die Indikatoren der aktuellen Strukturveränderung aufzuzeigen und mit denen, die zur Entwicklung des gegenwärtigen Rechtszustandes und seiner Rechtsbegriffe ursächlich beigetragen haben, zu vergleichen und liefert damit die juristischen Voraussetzungen, um die Einbeziehung neuer Personengruppen ins Arbeitsrecht anhand einer soziologisch-empirischen Analyse wertend entscheiden zu können.

Diesen Vorteil hat die hier verwendete Methode gegenüber solchen, die wie von *Raiser*[105] und *Schelsky*[106] vorgeschlagen, direkt auf sozialwissenschaftliche Erkenntnisse und (oder) Theorien rekurrieren, ohne zuvor die Prämissen und Bedingungen, die das Rechtssystem an seine Grundbegriffe stellt, für die Bildung neuer Kriterien aufgezeigt zu haben.

Aus diesem Grund ist die von *Raiser* vorgeschlagene soziologische Rollentheorie zur Definition des Arbeitnehmers inakzeptabel. Die Einbettung der Rollentheorie in einen organisationstheoretischen Rahmen[107], die zwar nicht zwingend logisch notwendig, aber in diesem Zusammenhang üblich ist[108], führt zu einer apriorischen Verengung des begrifflichen Anwendungsbereichs auf soziale Tatbestände innerhalb einer industriellen Organisation[109], ohne daß die Notwendigkeit einer solchen Einschränkung auch nur diskutiert würde. Dieser Nachteil disqualifiziert alle rollentheoretischen Überlegungen zur Neubestimmung des Arbeitnehmerbegriffs, weil sie über die Ergebnisse der herkömmlichen Kriterien nicht hinausgelangen. Dabei kann es dahingestellt bleiben, ob die begriffliche Verengung typische Folge rollentheoretischer Definitionsversuche ist. Der Versuch *Raisers* leidet an einem wesentlichen Mangel: Es wird nicht nach den Voraussetzungen gefragt,

---

[105] In: ZRP 1973, 13 ff. und (Unternehmen), insbesondere S. 104 f., 153 ff.

[106] In: FAZ vom 29. 9. 1973, S. 11. Jetzt auch in etwas modifizierter Form zusammen mit anderen Aufsätzen erschienen in (Mensch), 1976, S. 13 ff.

[107] Raiser (Unternehmen), S. 104 f.

[108] Raiser, in: ZRP 1973, 15.

[109] Dies muß Raiser, 15, selbst zugestehen. Den Ausweg, den er vorschlägt, für alle nicht mit dem rollentheoretischen Normentyp zu vereinbarenden Sachverhalte Sonderregeln zu schaffen (S. 16), zerstört die notwendige Einheitlichkeit des Arbeitnehmerbegriffs (dazu unten unter 6. b)).

die zur Übernahme einer bestimmten Rolle, hier die des Arbeitnehmers innerhalb einer Unternehmensorganisation, führen[110]. Da es aber eine Abhängigkeit der wissenschaftlichen Kategorien der Rollentheorie von der gesellschaftlich zugelassenen Rollenpraxis gibt[111], gelangt eine solche Methode notwendigerweise zu einem entscheidenden Realitätsverlust, weil sie lediglich eine Teilbetrachtung des Gesamtproblems erlaubt, ohne daß dies in irgendeiner Weise sachlich gerechtfertigt wäre. Soweit *Raiser* für den Gesellschafterbegriff des Gesellschaftsrechts nach eben diesen Voraussetzungen forscht, muß er denn auch die Überforderung der Organisationstheorie — und damit wohl angesichts der gegenseitigen Abhängigkeiten auch der Rollentheorie — zur Erklärung der Doppelrolle von Gesellschaftern[112] konstatieren[113].

Ebensowenig kann auch der Beitrag von *Schelsky* zu unserem Problem überzeugen. Wenn er denjenigen als selbständig definiert, der a) in seiner beruflichen Arbeit individuelle Verfügungsfreiheiten hat, b) berufliche Tätigkeitsfreude entwickeln kann und c) individuelle Lebensplanung zu verwirklichen imstande ist[114], dann dehnt er den Bereich der selbständigen Tätigkeit, wiewohl es auf den ersten Blick nicht so erscheinen mag, in unzulässiger Weise auf alle die aus, die infolge ihrer strukturellen Unterlegenheit der Hilfe durch die kollektive Interessenwahrnehmung immer noch bedürfen. Im Ergebnis bleibt das Arbeitsrecht wohl nur noch auf Ungelernte und Handlangerdienste Verrichtende anwendbar[115]. Hier zeigen sich die Folgen eines ausschließlich sozialwissenschaftlich bestimmten Forschungsansatzes, der die juristischen Bedingungen der Existenz von Arbeitsrecht nicht reflektiert. Die Bedingungen einer selbständigen Tätigkeit, die *Schelsky* nennt, weisen nur am Rande einen Bezug zu den oben diskutierten Grundlagen der arbeitsrechtlichen Personenbegriffe auf.

Jedenfalls ist nur schwer zu erkennen, welcher begriffsnotwendige Zusammenhang z. B. zwischen der Möglichkeit, berufliche Tätigkeitsfreude entwickeln zu können, und dem Arbeitnehmerbegriff bestehen soll[116]. Für die hier diskutierten Grenzbereiche hilft *Schelskys* Defini-

---

[110] Raiser (Unternehmen), S. 153 ff.; ähnlich auch Schnorr (Anmerkung).

[111] Dazu z. B. Thurn (Soziologie), S. 135.

[112] S. 139 f.

[113] S. 141.

[114] S. 11 r. Sp.

[115] S. 12 l. Sp. mit der zynischen Bemerkung: „... daß es einen Teil der Bevölkerung gibt, der diese monotone Arbeit als entlastend bejaht, ja in ihr nur arbeitsfähig ist (junge Frauen, Hilfsschüler)"; vgl. dazu auch den Leserbrief in „FAZ" vom 17. 10. 1973 sowie die Kritik von Osswald, abgedruckt in (Mensch), S. 39 ff.

[116] Dagegen auch Silberschmidt, in: LZ 1927, Sp. 295; Herschel, in: Ufita 36 (1962), 124; Richardi, in: ZfA 1974, 23 Fn. 96.

tionskatalog erst recht nicht weiter, denn es ist wohl kaum zu bestreiten, daß sowohl der Kassenarzt wie der Direktor eines Max-Planck-Institutes individuelle Verfügungsfreiheiten haben, Tätigkeitsfreude entwickeln als auch individuelle Lebensplanung durchführen können, obwohl beide Berufe von *Schelsky*[117] als Gegenpole verstanden werden, der Direktor als Selbständiger, der Kassenarzt als nicht mehr Selbständiger (Arbeitnehmer?)[118]. *Arbeitsrechtlich* relevante Unterscheidungskraft besitzen *Schelskys* Kriterien nicht.

In der Form dieses Definitionskatalogs scheint im übrigen *Schelskys* berühmte These von der nivellierten Mittelstandsgesellschaft in etwas modifizierter Weise wieder aufzutauchen, wenn er mit Hilfe neuer Definitionen dem größten Teil der Mitglieder unserer Gesellschaft einen selbständigen Status zuerkennt. Dieses Ergebnis mag als politisches Ziel anstrebenswert sein[119]. Das Verfahren ist zur exakten Erfassung der Wirklichkeit wie zur Lösung arbeitsrechtlicher Grundfragen ebenso ungeeignet wie seine These von der nivellierten Mittelstandsgesellschaft als überspitzt und mißverständlich zu bezeichnen ist[120]. An die Stelle anerkannter, sozialwissenschaftlich gebräuchlicher Kriterien zur Statusbestimmung einer Person bzw. einer Personengruppe, wie sie etwa im Autorenreport[121] und im Künstler-Report[121] verwandt werden, setzt er das Leitbild des selbständigen Menschen und nimmt damit den Betroffenen die Möglichkeit der kollektiven Interessenwahrnehmung zugunsten einer vagen Hoffnung auf erhöhte gesellschaftliche Wertschätzung.

In bewußter Abgrenzung zu den Versuchen *Raisers*, *Schelskys* und anderer mit sozialwissenschaftlichen Kriterien arbeitenden Autoren soll in dieser Arbeit versucht werden, das juristisch-normative Kriterium der wirtschaftlich-sozialen Existenzbedingungen, das zunächst als theoretischer Begriff auf der abstrakt-begrifflichen Ebene liegt, mit der empirisch erfahrbaren Beobachtungsebene zu verbinden, indem der theoretische Begriff durch strikt logische und empirisch falsifizierbare Erklärungssätze auf jeweils einige Dimensionen, die den Begriff in jeweilige teilkongruente Aspekte aufgliedern, und diese wiederum auf jeweils einige Indikatoren zurückgeführt wird. Die auf diese Weise er-

---

[117] Dieses Beispiel stammt von Schelsky, S. 11.

[118] Daß zwischen beiden Personen Unterschiede bestehen, soll nicht geleugnet werden, ebensowenig wie die Berechtigung der Frage, ob etwa der Direktor noch als Arbeitnehmer angesehen werden muß (dazu schon oben unter 2. b) in Fn. 96), aber hier geht es einzig um die Relevanz der Schelskyschen Kriterien.

[119] Die vorliegenden Thesen sind von Schelsky auf einem Parteitag der CSU in München vorgelegt worden.

[120] So Bolte / Kappe / Neidhardt (Schichtung), S. 284.

[121] Fohrbeck / Wiesand.

mittelten Indikatoren ermöglichen dann den unmittelbaren Zugriff, d. h. die empirisch durchzuführende Untersuchung, auf die Realität der wirtschaftlich-sozialen Existenzbedingungen der zu untersuchenden Personengesamtheit. Der von den Sozialwissenschaften sogenannte Prozeß der Operationalisierung soll hier nicht weiter untersucht und problematisiert werden[122]. Für den vorliegenden Zweck genügt es zu wissen, daß zwar einerseits die Multidimensionalität der Kriterien für eine Schichtposition betont wird, weshalb ein Individuum nicht aufgrund nur eines einzelnen Kriteriums einer Schicht und nur dieser Schicht zugeordnet werden kann[123], daß aber andererseits die Aussage, der Stand der wirtschaftlichen Entwicklung, die Organisation des Produktionsprozesses und die Erwerbsstruktur bildeten die Basis, auf der sich die sozialen Schichten ausbilden, in den Sozialwissenschaften weitgehend anerkannt wird[124]. Daraus folgt für den Begriff der wirtschaftlich-sozialen Existenzbedingungen: Es gibt eine ganze Reihe sozialwissenschaftlich anerkannter Indikatoren der den sozialen Status mitformenden Existenzbedingungen einer Person.

Dabei ist die vollständige Erfassung aller möglichen Indikatoren zur Definition des sozialen Status weder angestrebt noch erforderlich. Die wirtschaftlich-sozialen Existenzbedingungen sind nur ein Teil der umfassenden Voraussetzungen zur Definition des sozialen Status[125]. Sie haben als juristisch verwendetes Kriterium eine völlig andere Funktion. Vollständigkeit im soziologischen Sinn braucht daher nicht angestrebt zu werden. Ebensowenig ist es möglich, alle in Frage kommenden Indikatoren abschließend aufzuführen, weil die Indikatorenbildung — und dies ist eine unverzichtbare Voraussetzung der arbeitsrechtlichen Kriterienbildung, wie oben[126] dargelegt wurde — im Rahmen des juristischen Begriffs für Veränderungen der Sozialstruktur offen bleiben muß. Denn hierin liegt der Vorteil einer Begriffsbildung, die durch eine soziologische Analyse im Rahmen des juristisch-normativen Begriffs ein hohes Maß an begrifflicher Exaktheit sowie Flexibilität angesichts tatsächlicher Veränderungen garantiert.

Die Indikatoren können daher — auch dies ist eine sozialwissenschaftlich bekannte Erfahrung[127] — keinesfalls abschließend und end-

[122] Dazu etwa Mayntz / Holm / Hübner: Einführung in die Methoden der empirischen Soziologie, Opladen 1972, 3. Aufl., S. 9 ff., 40 ff.; Jürgen Friedrichs: Methoden empirischer Sozialforschung, Reinbek 1973, S. 73 ff., 100 ff. und Hartwig Berger: Untersuchungsmethode und soziale Wirklichkeit, Frankfurt/M. 1974, insbes. S. 99 ff., 125 ff.

[123] Vgl. z. B. Luckmann / Berger (Mobility), S. 332.

[124] Vgl. z. B. Lepsius (Sozialstruktur), S. 269.

[125] Siehe auch unten unter 5. c) cc).

[126] 4. b), 3. e).

[127] Friedrichs, S. 80.

gültig festgelegt werden, sondern müssen ständig auf ihre Gültigkeit (Validität) und Zuverlässigkeit (Reliabilität) in bezug auf den zu erklärenden theoretischen Begriff überprüft werden.

Sicher ist es nicht notwendig, für jeden Fall einer notwendigen Qualifizierung des rechtlichen Status alle in Betracht kommenden Indikatoren neu zu überprüfen, wie es ebensowenig erforderlich ist, in jedem arbeitsgerichtlichen Prozeß um die Feststellung der Arbeitnehmereigenschaft[128] die vorbezeichnete Analyse der wirtschaftlich-sozialen Existenzbedingungen durchzuführen. Dies schon deswegen nicht, weil die Arbeitnehmereigenschaft in den allermeisten Fällen unstreitig sein wird[129]. Aber zur Entscheidung der hier angesprochenen Grenzfälle ist eine solche Analyse unerläßlich. So hätte sich etwa angesichts der Prozeßlawine, die auf die Arbeits- und Sozialgerichte zugerollt ist und von den freien Mitarbeitern der Rundfunk- und Fernsehanstalten hervorgerufen wurde[130], angeboten, den arbeitsrechtlichen Status dieser Personen durch ein soziologisches Gutachten über ihre wirtschaftlich-sozialen Existenzbedingungen in einem Musterprozeß zu bestimmen. Dieses Verfahren kommt der arbeitsgerichtlichen Rechtsprechung insoweit sehr nahe, als auch das *Bundesarbeitsgericht*, die arbeitsrechtlichen Grundbeziehungen kollektiv, auf die Gruppe bezogen würdigt[131]. Der rechtliche Status einer Person wird also nicht ausschließlich durch die Betrachtung der individuellen Verhältnisse bestimmt. Das Individuum wird vielmehr auch und gerade mit seinen Beziehungen zum Kollektiv, hinsichtlich seiner sozialen Position und Schichtenzugehörigkeit gewürdigt. Mit Hilfe dieses Tatsachenmaterials — zur Zeit bieten etwa der Autorenreport und der Künstler-Report von *Fohrbeck / Wiesand*[132] für den Bereich der freien Mitarbeiter eine ausreichende Basis

[128] Zu einigen prozessualen Problemen einer Feststellungsklage vor dem Arbeitsgericht vgl. BAG AP Nr. 15, 16, 17, 20 zu § 611 BGB — Abhängigkeit.

[129] So schon oben unter 3.

[130] Nach einer Notiz im HFF Nr. 3 - 4/1974, S. 21, wurden allein im Bereich des WDR 1973/74 erstes Drittel ca. 150 Klagen gegen den WDR angestrengt, von denen 149 zugunsten der freien Mitarbeiter in der ersten Instanz entschieden wurden. Vgl. auch den Artikel von Schostak in der FAZ v. 25. 11. 1975.

[131] Vgl. die Ausführungen des BAG AP Nr. 10, 16, 17, 20 zu § 611 BGB — Abhängigkeit zur einheitlichen Statusbeurteilung; wie hier Herschel (Anmerkung), 69; E. Hueck (Anm. zu AP Nr. 10); Nikisch I, S. 33; Hueck / Nipperdey, I, S. 46; Rehbinder (Sicherung), S. 21; Stolterfoth, in: DB 1973, 1069.

[132] Siehe S. 218.

[132] (Künstler-Report), S. 128 ff. weisen zu Recht darauf hin, daß die sozialwissenschaftliche Kriterienbildung entscheidend von den juristischen Kategorien abhängt, wie dies oben im Text erläutert wurde. Das heißt, juristische Kategorien, die realitätsferne und idealtypische Begriffe produzieren (z. B. die persönliche Abhängigkeit), machen die sozialwissenschaftliche Analyse teilweise wirkungslos. Daher leiden auch die Ergebnisse des Autorenreports und des Künstler-Reports, die die herkömmlichen juristischen Kriterien zugrunde legen, an den Verzerrungen dieses Begriffs.

zur Durchführung der hier vorgeschlagenen Methode — wird jeder sozialwissenschaftlich vorgebildete Rechtsanwender, insbesondere der Richter, in der Lage sein, im jeweils zu entscheidenden Einzelfall den arbeitsrechtlichen Status einer Person zu bestimmen. Damit dürfte der nach der hier vorgeschlagenen Methode zu entscheidende Einzelfall nicht arbeitsaufwendiger und komplizierter sein als die herkömmliche Art der Qualifizierung. Unter Berücksichtigung der hier diskutierten Grenzfälle, aber mit dem Anspruch der grundsätzlichen Geltung für *den* Arbeitnehmerbegriff, lassen sich drei Dimensionen des Begriffs der wirtschaftlich-sozialen Existenzbedingungen erkennen:

(1) eine strukturelle Komponente,

(2) eine materielle Komponente,

(3) eine soziale Komponente.

Zu (1)

Erste Voraussetzung der Arbeitnehmereigenschaft ist die persönliche Leistungserbringung ohne wesentlichen Einsatz fremder Hilfskräfte und Hilfsmittel. Es muß eine gewisse Arbeitsplatzabhängigkeit bestehen, ohne daß die Eingliederung in einen Betrieb notwendig ist. Ein außerhalb der eigenen Wohnung gelegener Arbeitsplatz ist nicht erforderlich. Eine eigene Organisation von Sachmitteln, die über den Besitz von Schreibutensilien etc. beim Schriftsteller oder von Kundenkarteien und Musterware beim Handelsvertreter hinausreicht, darf nicht existieren. Es ist selbstverständlich, daß diese Erfordernisse je nach Art der Tätigkeit in gewissem Umfang variieren können[133]. Dieser Umfang ist jedenfalls überschritten, wenn mittels einer äußerlich sinnfälligen, organisierten Leistungseinheit (z. B. ein größeres Büro mit mehreren Beschäftigten) eine wirtschaftende Tätigkeit ausgeübt wird. Eine zweite wesentliche Voraussetzung der strukturellen Komponente ist die wirtschaftliche Abhängigkeit von einem Vertragspartner. In Anlehnung an § 12 a Abs. 3 TVG kann von wirtschaftlicher Abhängigkeit — die eine wirtschaftende Tätigkeit im o. a. Sinn ausschließt — dann gesprochen werden, wenn mindestens $^1/_3$ des Gesamteinkommens der betroffenen Person von einem Vertragspartner bezogen wird. Nach allgemein anerkannten Grundsätzen ist eine ständige Beschäftigung nicht erforderlich; der Arbeitnehmer kann auch nebenberuflich und teilzeitlich tätig sein. Eine nebenberufliche Arbeitnehmertätigkeit eines ansonsten Selbständigen wie auch umgekehrt wird dagegen nur sehr selten möglich sein. Die Statusbeurteilung aufgrund der wirtschaftlich-sozialen Exi-

[133] So auch BAG AP Nr. 21 zu § 611 BGB — Abhängigkeit.

stenzbedingungen schränkt die bisher geläufige Relativität des Arbeitnehmerbegriffs[134] entscheidend ein.

Zu (2)

Die materielle Komponente wird vor allem vom Verdienst des Arbeitnehmers bestimmt. Eine Höchstgrenze wird sich nicht festlegen lassen, weil das Arbeitsentgelt individuell unterschiedlich durch die sozialen Faktoren zu (3) relativiert wird und daher wenig aussagekräftig wäre, vielmehr zu willkürlichen Lösungen führen müßte. Der Durchschnittsverdienst des Industriearbeitnehmers kann dagegen als Orientierungshilfe dienen. Im übrigen muß das Verdienstniveau und die Lohnstruktur in dem zu beurteilenden Arbeitsbereich zur Gewinnung eines sachgerechten Maßstabs herangezogen werden. In aller Regel Bestandteil des Arbeitsentgelts und Anzeichen für eine Arbeitnehmereigenschaft ist auch die Fremdfinanzierung des Arbeitsmaterials sowie des Arbeits- und Übungsraumes.

Im übrigen spielen im Rahmen der materiellen Komponente auch die Marktstruktur sowie die Produktionsbedingungen des zu untersuchenden Bereichs eine Rolle. Hierzu zählt die vertragliche Abhängigkeit, d. h. die einseitige Bestimmung des Vertragsinhalts, und die Marktposition des zu Qualifizierenden. Die Arbeitstätigkeit in der Produktion, eine gewisse Schematisierung der Arbeit und die mögliche Fremdbestimmung der Arbeitsleistung (persönliche Abhängigkeit) sind Anzeichen für eine Arbeitnehmereigenschaft. Zudem sind die Grundsätze der Rechtsprechung in bezug auf die einheitliche Statusbeurteilung einer Gruppe heranzuziehen.

Zu (3)

Die soziale Komponente der Existenzbedingungen wird durch den sozialen Standard sowie die Fremdeinschätzung der betroffenen Gruppe definiert. Der soziale Standard relativiert vor allem die Aussagekraft des Arbeitnehmereinkommens. In dieser Beziehung — und nur in dieser Beziehung — sind die Familien- und Wohnsituationen zu berücksichtigen. Wichtigster Punkt des sozialen Standards ist jedoch die Vermögenssituation. Ein eventuell vorhandenes Privateinkommen ist in jedem Fall zu berücksichtigen, weil es in den oberen Bereichen zusammen mit dem Produktionsmittelbesitz, bzw. mit der ausschließlichen Verfügbarkeit darüber (s. zu (1)) die Notwendigkeit der Arbeitskraftverwertung beseitigt. Dabei soll als relevantes Vermögen nur das be-

---

[134] Dazu BAG AP Nr. 4 und 12 zu § 611 BGB — Abhängigkeit; SAE 1974, 69 ff., 71; Stolterfoth (Selbständigkeit), S. 103 f.; Tomandl (Wesensmerkmale), S. 59 ff., 78 f.; Adomeit (Rechtsquellenfragen), S. 99; von Bornhaupt, in: FR 1973, 109; Herschel (Anmerkung), 72.

zeichnet werden, das eine wirtschaftliche Sicherheit bietet, die ausreichend wäre, um dem Betroffenen und seiner Familie in Krisenzeiten über mehrere Jahre die Sicherung seines bisherigen sozialen Standards im wesentlichen zu gewährleisten. Zudem kann es heute auch für Arbeitnehmer als sozialtypisch gelten, in höherem Lebensalter über ein größeres Vermögen zu verfügen als in jungen Jahren.

Die Fremdeinschätzung dient vor allem der Ermittlung des Sozialprestiges durch die Gesamtgesellschaft, der Ermittlung des sozialen Standards der zu untersuchenden Gruppe im Bewußtsein der Anderen. Sie hat im Gefüge aller hier verwendeten Kriterien allerdings eine eher untergeordnete Bedeutung.

c) Interpretation der Systematik des Arbeits- und Wirtschaftsrechts anhand der grundlegenden Normentscheidungen von Art. 9 Abs. 3 GG und § 1 GWB

Das bisher gewonnene Ergebnis, den einen Teil des Wertungsrahmens, der Grenze und Richtschnur zur inhaltlichen Konkretisierung des neu zu bestimmenden Arbeitnehmerbegriffs ist, in einer an der historischen Genese der Koalitionsfreiheit und der dem Arbeitsrecht immanenten Teleologie orientierten Auslegung des Art. 9 III GG definiert zu haben, muß durch eine eher systematische Auslegung des Grundrechts auf Koalitionsfreiheit vertieft und weitergeführt werden. Denn das einem Grenzbereich von Arbeits- und Wirtschaftsrecht gewidmete Thema der Neubestimmung des Arbeitnehmerbegriffs kann nur dann erfolgversprechend bearbeitet werden, wenn es sich nicht nur den gesetzlichen Ordnungsaufgaben des Arbeitsrechts stellt und sich in den Definitionskatalog des Arbeitsrechts bruchlos einfügt, sondern darüber hinaus auch den Zwecken und Aufgaben des Wirtschaftsrechts gerecht wird. Der Arbeitnehmerbegriff kann als ein einheitlicher und die betreffende Personengruppe abschließend definierender Begriff nur dann zur Lösung von Problemen, die zwei oder mehr unterschiedlich strukturierte Rechtsgebiete tangieren, aufrechterhalten werden, wenn er, entsprechend seiner „Herkunft", den arbeitsrechtlichen Anforderungen gemäß konzipiert, begrifflich so gestaltet ist, daß die je verschiedenen Zielsetzungen und divergierenden Systematiken der einzelnen Rechtsgebiete in seiner begrifflichen Struktur ihre Entsprechung finden können. Andernfalls müßte man von einem kategorial gebildeten Arbeitnehmerbegriff Abschied nehmen und die Lösung des Problems in der Bildung typologisch-fallgruppenorientierter Anwendungsbereiche suchen[1]. Dieses Postulat läßt sich gerade im Bereich von Arbeits- und

---

[1] Die Bildung von Fallgruppen zur Erfassung neuer sozialer Abhängigkeitsstrukturen über § 242 BGB mit der Übertragung der Konkretisierungs-

Wirtschaftsrecht besonders gut exemplifizieren. Denn beide Rechtsgebiete werden im hier interessierenden Bereich durch einander ausschließende, aber auch aufeinander abgestimmte Prinzipien charakterisiert[2].

Im Arbeitsrecht gilt das Prinzip der Kollektivautonomie: Arbeitnehmern und Arbeitgebern wird das Recht zugestanden und grundrechtlich verbürgt, sich in Vereinigungen zusammenzuschließen, wodurch die Arbeitnehmer in die Lage versetzt werden, der intellektuellen, wirtschaftlichen und sozialen Übermacht der Arbeitgeber in Autonomie entgegenzutreten. Im Wirtschaftsrecht hingegen gilt das Prinzip der Individualautonomie: Freiheitsgefährdende Übermacht wird durch Kartellverbot, Fusionskontrolle und Mißbrauchsaufsicht über marktbeherrschende Unternehmen zu verhindern versucht[3].

Sowohl Art. 9 III GG wie § 1 GWB haben die Kooperation einzelner Rechtssubjekte und die Kollektivierung der Interessen zum Ziel ihrer gegensätzliche Rechtsfolgen auslösenden Regelungen. Während § 1 GWB in Verbindung mit § 38 I Nr. 1 GWB ein Kartellverbot für die Märkte der Güter und Dienstleistungen aufstellt, wird die gemeinsame Absprache von Arbeitnehmern und Arbeitgebern auf dem Arbeitsmarkt grundrechtlich gewährleistet[4].

Die fundamentale Bedeutung beider Normen für ihr Rechtsgebiet zeigt das Bestreben der Regelungsadressaten beider Rechtsordnungen, sich zusammenzuschließen und aufgrund der nun potenzierten Kräfte größere Macht auf den jeweiligen Vertragspartner auszuüben. Dies gilt für den einzelnen Arbeitnehmer ebenso wie für den auf Optimierung der Rentabilität seines Unternehmens bedachten Unternehmer. Die Kollektivierungstendenzen sind daher durchaus nicht auf den Bereich der Arbeitsvertragsparteien beschränkt[5]. Empirisch gesehen gibt es kaum einen Beruf, kaum einen Markt, dessen Mitglieder bzw. Teilnehmer nicht eine grundsätzliche Tendenz zur Kollektivierung auf-

befugnis auf den Richter schlagen Hübner (Sicherheit), S. 14, und Schäfer, in: DRdA 1974, 176 vor; dagegen wohl Tomandl (Metamorphose), S. 454.

[2] Steindorff, in: RdA 1965, 259; Vaubel (Anwendbarkeit), S. 15; Mathys (Verhältnis), S. 31 f., 37 f.; Biedenkopf (Wettbewerbsbeschränkungen), S. 117.

[3] Dazu Säcker, in: ZHR 137 (1974), 463 ff.

[4] Ob der Arbeitsmarkt „als gesetzlich zugelassener Modellfall eines bilateralen Monopols ... durch das Prinzip der Gruppenautonomie oder ökonomisch ausgedrückt: durch das Prinzip der Bildung gegengewichtiger Marktmacht (‚countervailing power') gekennzeichnet ist" (so Säcker, 464 und 464 Fn. 10 m. w. N.; ebenso Däubler, Grundrecht, S. 182 f. und in: JuS 1972, 643 f. und Reuter, in: JuS 1973, 285; *a. A.* z. B. Wiethölter, Rechtswissenschaft, S. 304), braucht im Rahmen dieser Arbeit nicht entschieden zu werden.

[5] Vgl. etwa die Übersicht über die Konzentrationstendenzen in der gewerblichen Wirtschaft im Tätigkeitsbericht des Bundeskartellamtes 1974, S. 28 ff. sowie die Hinweise bei Schüller, in: ORDO XIX (1968), 171 ff.; Arndt (Macht), S. 29 ff. und Kunze (Stellung), S. 61.

weisen[6]. Insbesondere bei den Berufen des alten und des neuen Mittelstandes sind diese Kollektivierungsbestrebungen beobachtet worden[7]. Wenn sich aber, terminologisch gesprochen, sowohl bei Arbeitnehmern wie bei Unternehmern eine Kollektivierungstendenz feststellen läßt, andererseits jedoch für die Güter- und Dienstleistungsmärkte eine solche Kollektivierung verboten, für den Arbeitsmarkt dagegen zugelassen und grundgesetzlich gewährleistet ist, dann erhebt sich sofort die Frage nach dem Unterscheidungskriterium des verbotenen bzw. erlaubten Verhaltens.

Die Unterscheidung kann begrifflich sowohl an den Subjekten[8] (Arbeitnehmer gemäß Art. 9 III GG bzw. Unternehmer gemäß § 1 GWB) als auch am Objekt (Gegenstand oder Ziel) des gemeinsamen Verhaltens orientiert sein[9]. Sowohl dem einen wie dem anderen Unterscheidungskriterium muß eins gemeinsam sein: Die Gegensätzlichkeit der Rechtsfolgen — Kartellverbot auf der einen, Koalitionsfreiheit auf der anderen Seite — bei der Regelung eines einheitlichen Lebenssachverhalts — Kollektivierungstendenz sowohl bei den Subjekten des Arbeitsrechts wie bei denen des Wirtschaftsrechts — impliziert die nahtlose Trennung beider Materien[10].

Entstehungsgeschichtlich wird diese Interpretation durch die Tatsache gestützt, daß der Gesetzgeber in § 1 GWB, der, abgesehen von den engen Voraussetzungen unterliegenden Ausnahmevorschriften der §§ 2 ff. GWB, einen umfassenden Regelungsanspruch erhebt, hinsichtlich der Arbeitsverhältnisse eine „Bereichsausnahme"[11] statuiert hat[12], weil „das Arbeitsverhältnis in einem soziologisch völlig anderen Bereich liegt, als die Einflußnahme auf den Gütermarkt, und deshalb einer gesonderten Regelung bedarf, die den spezifischen Machtverhältnissen und sozialen Risiken gerecht wird"[13]. Nach allgemeiner Ansicht[14] sind Kartelle demzufolge keine nach Art. 9 III GG geschützten Vereinigun-

---

[6] So z. B. Kairat (Professions), S. 19; siehe auch die Ausführungen im Tätigkeitsbericht, S. 28 ff.

[7] Vgl. die Ausführungen oben unter 1.

[8] Dazu Mayer-Maly, in: DB 1971, 338, mit der Bemerkung, daß die das Wirtschaftsleben beherrschende Trennung von Kapital und Arbeit das auf die Probleme dieser Trennung zielende Arbeitsrecht eingreifen ließe.

[9] Die im Einzelnen zu vollziehenden Schritte werden besonders anschaulich von Mathys, S. 30 ff., dargestellt.

[10] Säcker, S. 467.

[11] So etwa Vaubel, S. 6 ff., 49; Buchner, in: ZHR 134 (1970), 165; Eich, in: DB 1973, 1702; Baur, in: ZHR 134 (1970), 131 f.

[12] Zur Entstehungsgeschichte des GWB im Hinblick auf eine Herausnahme der Arbeitnehmer vgl. Vaubel, S. 6 ff.

[13] Vaubel, S. 14.

[14] Hueck / Nipperdey II 1, S. 236; Nikisch II, S. 22; Säcker (Arbeitsrechtsblattei — Berufsverbände, C II; von Münch (Bonner Kommentar), Art. 9 Rdnr. 123; ähnlich Hamann / Lenz, Art. 9 Anm. 8 c.

gen. Ihnen fehlt der Regelungsbezug zu den in Art. 9 III GG genannten Arbeitsbedingungen.

Für das begriffliche Unterscheidungskriterium ergibt sich daraus die Notwendigkeit, gemeinsamer Anknüpfungspunkt je unterschiedlicher Regelungsziele sein zu müssen. Ein Kriterium z. B., das zwecks Regelung der einen Materie eher rechtsformbezogen festgelegt ist, kann zur begrifflichen Trennung von der anderen Materie, die eher an verhaltenstypologischen Merkmalen unterschiedlicher Rechtsobjekte orientiert ist, nichts beitragen.

Da Gegenstand der Bereichsausnahme das Arbeitsverhältnis ist, wird der Arbeitnehmerbegriff zum Anknüpfungspunkt der Unterscheidung Arbeitsrecht — Wirtschaftsrecht, hier insbesondere Kartellrecht[15]. Soweit ein Arbeitnehmer bzw. eine Vereinigung der Arbeitnehmer im Sinne des Art. 9 III GG an einem Vertrag mit einem oder mehreren Unternehmern beteiligt ist, soll es sich *zunächst* einmal nicht um einen Kartellvertrag (unterstellt, daß alle sonstige Tatbestandsmerkmale des § 1 GWB erfüllt sind) handeln, weil Arbeitnehmer und ihre Vereinigungen keine Unternehmer bzw. Unternehmen im Sinne des § 1 GWB sind, ihre Regelungen sich daher in der Regel nicht auf den Markt für Güter und Dienstleistungen beziehen[16]. Es ist daher vorweg zu untersuchen, ob der durch eine wirtschaftlich-soziale Komponente neu definierte Arbeitnehmerbegriff in der Lage ist, mit dem Begriff des Unternehmers/Unternehmens in § 1 GWB in der oben skizzierten Weise zu korrespondieren.

Wie zwei neuere Arbeiten aus dem Grenzbereich von Arbeits- und Wirtschaftsrecht zeigen[17], kann die Trennung beider Rechtsmaterien werden[18]. „Die notwendige Abstimmung der arbeits- und kartellrechtlichen Beurteilungskriterien muß der Sache, nicht der durch die Form der Absprachen in erster Linie betroffenen Rechtsdisziplin nach vorgenommen werden[19].“ Das dem Kartellrecht unterliegende Regelungsziel läßt sich nur dann mit der Aussicht auf größtmögliche Effektivität verwirklichen, wenn analysiert wird, ob der Regelungsgegenstand, in dem hier interessierenden Bereich, also die *tarifvertragliche* Begründung

[15] So insbesondere Mathys, S. 34 ff.

[16] Das entspricht der allgemeinen Meinung, vgl. Vaubel, S. 21 ff.; Däubler, S. 311; Säcker, in: ZHR 137 (1974), 466 f.; sowie die beiden Entscheidungen des Kammergerichts WuW/E OLG 322 ff. — Vereidigte Buchprüfer II — und 339 ff., 342 — IG Bergbau —.

[17] Vaubel, S. 14 f. und Mathys, S. 31 f., dessen Untersuchung zum schweizerischen Recht z. T. auch für das deutsche Recht herangezogen werden kann.

nicht nur durch eine rechtsformbezogene Unterscheidung durchgeführt

[18] Ebenso etwa Däubler, S. 312 f.; Säcker, 466 f. und Eich, 1702, dessen weitere Ausführungen dagegen allzu formbezogen orientiert sind und der daher zu m. E. inakzeptablen Ergebnissen gelangt.

[19] Vaubel, S. 15.

gegenseitiger Rechte und Pflichten, auf die spezifische Funktion der Interessenwahrnehmung[20] und Zweckverwirklichung[21] für seine „privilegierten“ Mitglieder gerichtet ist.

Gerade für die freien Berufe, die entsprechend der teilweise heterogenen sozialen Situation ihrer Mitglieder zwischen dem Arbeits- und Wirtschaftsrecht „pendeln“ können[22], kann es entscheidend sein, wenn neben der Analyse ihrer wirtschaftlich-sozialen Existenzbedingungen nach einem *weiteren* Kriterium geforscht wird, das die objektive Situation einer Personengruppe durch eine Analyse der in den Kollektivierungstendenzen liegenden *Interessen und Zwecksetzungen* ergänzt. Wie sich zeigen wird, erbringt diese Analyse das zweite Moment eines Wertungsrahmens, das sich zuverlässig und exakt in die bisher schon gewonnenen Kriterien eines neuen Arbeitnehmerbegriffs einfügen läßt.

aa) Kartellrechtliche Kriterien des Unternehmerbegriffs am Beispiel der freien Berufe

Um die Tauglichkeit des Arbeitnehmer- und des Unternehmerbegriffs, eine nahtlose begriffliche Trennung des kollektiven Arbeitsrechts vom Kartellrecht zu gewährleisten, untersuchen zu können, bietet es sich an, die Voraussetzungen aufzuzeigen, unter denen die freien Berufe in das Kartellrecht einbezogen werden[23]. Denn zum einen zeigen sich die Kriterien sowohl des Arbeitnehmer- wie, hier besonders wichtig, des Unternehmerbegriffs in aller Deutlichkeit vor allem in den Grenzbereichen, wie vorliegend dem Schnittpunkt von Arbeits- und Wirtschaftsrecht. Zum anderen könnte das Kartellrecht den freien Berufen im Gegensatz zum Arbeitsrecht einen effektiveren Schutz vor wirtschaftlicher Übermacht bieten und eine sachgerechtere, weil den wirklichen Interessen entsprechende Selbstbestimmung ermöglichen.

Ob die freien Berufe als Unternehmer im Sinne des § 1 GWB anzusehen sind, ist in der wettbewerbsrechtlichen Literatur heftig umstritten[24]. Der *Bundesgerichtshof* hat in dieser Frage noch keine grundsätz-

[20] Hierauf legen Vaubel, S. 72 f.; Säcker, 466 f. und Däubler, S. 313 f. (siehe auch BVerfGE 18, 18 ff., 28) besonderes Gewicht.

[21] Diesem Merkmal erkennt Mathys besondere Bedeutung zu (S. 44 ff.), wobei die große Ähnlichkeit beider Ansätze nicht zu verkennen ist (ebenso Däubler, S. 314 Fn. 69 und Buchner, 166).

[22] Siehe dazu unten unter 5. c) cc).

[23] Vgl. hierzu insbesondere die Diss. von R. Schmidt (Berufe).

[24] *Für* die Unternehmenseigenschaft: Benkendorff, in: WuW 1956, 20 ff.; von Godin, in: BB 1958, 64; Starck, in: Die Ortskrankenkasse 1964, 614; Müller / Gries / Giessler, § 1 Rdnr. 73; wohl auch W. Müller (Einbeziehung), S. 76 f.

Gegen die Unternehmenseigenschaft: Spitzbarth, in: NJW 1954, 453; Frankfurter Komm. § 1 Rdnr. 5; Deneke (Berufe), S. 248, 332; Fikentscher (Anm.), 366.

liche Stellungnahme abgegeben[25]. Allerdings ist in seinen Entscheidungen, die sich auch mit dem vorliegenden Problem befassen, eine starke Tendenz zum funktionalen Unternehmerbegriff, nach wettbewerblichen und materiell wirtschaftlichen Kriterien differenzierend, zu erkennen. Eine starke Meinung in der Literatur nimmt eine eher vermittelnde und nach wettbewerbsrechtlichen Kriterien differenzierende Haltung ein[26]. Nach dieser Ansicht ist angesichts der nicht eindeutigen Entstehungsgeschichte[27] sowie des unklaren Wortlauts von § 1 GWB vom Sinn und Zweck dieser Vorschrift auszugehen[28]. Danach sind die freien Berufe nur dann Unternehmer, wenn zusätzlich zur ausgeübten freiberuflichen Tätigkeit eine für diese Tätigkeit atypische, eindeutig wirtschaftlich bestimmte Ausübung des freien Berufs hinzukommt[29]. Denn Unternehmer ist nach der Intention des GWB nur derjenige, der sozial und wirtschaftlich selbständig ist und dessen Tätigkeit zumindest durch einen „unternehmerischen Zug" gekennzeichnet ist[30].

Allerdings hat der Terminus der wirtschaftlichen Selbständigkeit/Abhängigkeit im GWB einen anderen Stellenwert und eine andere Funktion als im Arbeitsrecht. Im Kartellrecht soll das Kriterium der wirtschaftlichen Abhängigkeit vor allem die Frage entscheiden, ob die wettbewerbsrelevante Handlungsfreiheit von entweder wirtschaftlich unselbständigen, konzernverbundenen Unternehmen durch den Ab-

---

25 Einige Ausführungen finden sich in BGHZE 42, 318 ff. — Rinderbesamung —; WuW/E BGH 1325 ff. — Schreibvollautomat —; BGHZE 67, 81 ff. — Autoanalyzer — und WuW/E BGH 1474 ff. — Architektenkammer. Vgl. auch die Entscheidungen des Kammergerichts, in: WuW/E OLG 307 ff. — Allgemeine Ortskrankenkasse — und 322 ff. — Vereidigte Buchprüfer II — und 1677 ff. — Laboruntersuchungen.

26 Gemeinschaftskomm., § 1 Rdnr. 18 f.; Rasch / Westrick, § 1 Rdnr. 13; Rinck (Wirtschaftsrecht), S. 237; Rittner (Unternehmen), S. 30; R. Schmidt, S. 75; von Beringe, in: DB 1960, 407; Brugger, in: WuW 1959, 159; Bache, in: NJW 1971, 126; Rauschenbach, in: Anwaltsblatt 1973, 276; Bundeskartellamt in: WuW/E BKartA 50 ff., 51 f. — Vereidigte Buchprüfer — und Tätigkeitsbericht 1960, S. 16, sowie ein Schreiben, zitiert in: DB 1973, 1840 f. Auch das Kammergericht entscheidet die Frage: Freie Berufe Unternehmen i. S. des GWB? nach wettbewerblichen Kriterien (WuW/E OLG 1687 ff.).

27 Anläßlich der Beratungen über die Novellierung des GWB hat der BT-ausschuß für Wirtschaft ausgeführt: „Bezüglich der freien Berufe ist der Ausschuß der Auffassung, daß zu einer generellen Freistellung keine Notwendigkeit besteht. Die freien Berufe unterliegen dem Kartellrecht nicht, soweit staatliches oder auf staatlicher Ermächtigung beruhendes Berufsstandsrecht besteht", abgedruckt in BT-Drucks. 7/765, S. 13. Ansonsten vgl. zur Entstehungsgeschichte R. Schmidt, S. 11 ff., 31 ff. und Rittner, S. 35 Fn. 99.

28 Rasch / Westrick, § 1 Rdnr. 10; Gemeinschaftskomm., § 1 Rdnr. 18; Vaubel, S. 17; W. Müller, S. 76 f.

29 Gemeinschaftskomm., § 1 Rdnr. 18; Frankfurter Komm., § 1 Rdnr. 5; Baumbach / Hefermehl, § 1 Rdnr. 13; Benkendorff, 23.

30 Allgemeine Meinung, vgl. etwa Frankfurter Komm., § 1 Rdnr. 4; im Ergebnis ebenso das Bundeskartellamt in: WuW/E BKartA 502 — Gagenstoppabkommen — zur Arbeitnehmereigenschaft eines Spitzenfilmdarstellers.

schluß eines Kartellvertrages innerhalb des Konzerns oder von wirtschaftlich selbständigen Unternehmen zwecks Gründung eines Konzerns, d. h. unter Aufgabe ihrer jeweiligen Eigenständigkeit, der von § 1 GWB vorausgesetzten Handlungsfreiheit genügt und demzufolge überhaupt noch beschränkbar ist. Insoweit ist die wirtschaftliche Selbständigkeit nach herrschender Meinung Voraussetzung des Unternehmensbegriffs des GWB[31].

Für die statusrechtliche Definition des allgemeinen Unternehmensbegriffs ist das Merkmal dagegen unbrauchbar, weil den Personengesamtheiten (juristischen Personen, Personalgesellschaften) Selbständigkeit schon qua Rechtsform zukommt. So verliert etwa eine Aktiengesellschaft nicht dadurch ihre Unternehmens-rechtsform, daß sie in einer konzerninternen Abhängigkeit steht[32]. Diese Problematik braucht hier jedoch nicht weiter verfolgt zu werden, da als Arbeitnehmer in jedem Fall nur natürliche Personen in Frage kommen[33]. Im Kartellrecht wird daher auch, um Mißverständnisse zu vermeiden, zum Zweck der Abgrenzung Arbeitnehmer/Unternehmer vor allem auf die wirtschaftlich-organisatorische Komponente sozialen Handelns und auf die darin zum Ausdruck kommende *soziale* Selbständigkeit/Abhängigkeit abgestellt[34].

Wenngleich die Definition des Unternehmerbegriffs noch ziemlich vage und offensichtlich mit denselben Fehlern wie die herkömmliche Definition des Arbeitnehmerbegriffs behaftet ist, so bleibt doch, für den Zweck der vorliegenden Arbeit mit hinreichender Deutlichkeit erkennbar, zweierlei festzuhalten: Die starke Betonung der sozialen, wirtschaftlichen und organisatorischen Fundierung der unternehmerischen Tendenz entspricht dem am Beispiel des handelsrechtlichen Unternehmerbegriffs gewonnenen Ergebnis[35] und stellt demnach höchstwahrscheinlich einen unerläßlichen Bestandteil eines übergreifenden Unternehmerbegriffs dar[36]. Darüber hinaus paßt sich der durch eine wirtschaftlich-soziale Komponente neu bestimmte Arbeitnehmerbegriff dem Gegensatzbegriff des Unternehmers in idealer Weise ein und gewährleistet dadurch eine ebenso exakte wie wertungsgerechte Bestimmbarkeit der arbeitsrechtlichen Bereichsausnahme von § 1 GWB. Nunmehr läßt sich dem nicht mehr entgegenhalten, die angeblich extensive Inter-

---

[31] Gemeinschaftskomm., § 1 Rdnr. 15; Müller / Gries / Giessler, § 1 Rdnr. 43 a. E.; *a. A.* Fikentscher, Anm. 366.

[32] BGHZE 15, 382 ff., 389; 22, 226 ff., 234; Fikentscher, 365.

[33] So ausdrücklich Zeuner, in: RdA 1975, 85 f. Auch Stolterfoth (Selbständigkeit), S. 277 ist für seine Konzeption einer parteiautonomen Qualifizierungsbefugnis gezwungen, in diesem Fall eine Ausnahme zu machen.

[34] Vgl. z. B. Müller / Gries / Giessler, § 1 Rdnr. 43.

[35] Vgl. oben unter 4. c) ee).

[36] So Raiser (Unternehmen), S. 117 ff., 133 f.; Raisch (Voraussetzungen), S. 183 f.

pretation des Arbeitnehmerbegriffs durch eine wirtschaftliche Komponente sei nicht das geeignete und angemessene Mittel, wirtschaftlich schwache Gruppen von den Bestimmungen des GWB auszunehmen[37] oder, wie es auch immer wieder heißt, der Unternehmerbegriff des GWB seit weit auszulegen[38]. Denn beide Behauptungen werden lediglich aus der Sicht des einen Gesetzes, hier des GWB, aufgestellt, ohne daß zuvor untersucht wurde, ob denn z. B. der Begriff des Arbeitnehmers „angemessen" ist und welche Sacherwägungen die Forderung legitimieren, den Unternehmerbegriff gerade im Hinblick auf den Arbeitnehmerbegriff weit auszulegen.

Für den freiberuflich Tätigen, der sich vom Unternehmer typischerweise dadurch unterscheidet, daß er seine Leistung persönlich und nicht mittels einer organisierten Wirtschaftseinheit erbringt[39] und der zudem eine immer stärker zunehmende wirtschaftliche Unselbständigkeit zeigt[40], bedeutet dies konkret, daß er in aller Regel die Voraussetzungen des Unternehmerbegriffs gemäß § 1 GWB nicht erfüllen wird[41].

Dabei vermeidet diese Methode der Begriffsbestimmung die idealisierende Betrachtungsweise *Denekes,* dessen freie Berufe aufgrund einer gewissen kulturell-elitären Vermittlerfunktion in der Gesamtgesellschaft[42] weder eine Abhängigkeit vom Markt noch vom Inhaber eines Unternehmens als Arbeitgeber kennen[43], sowie die starke formal bestimmte Position des Bundeskartellamtes, das 1971 die Empfehlung der „Richtlinien für Vertragsbedingungen und Mindesthonorare der freien hauptberuflich tätigen Journalisten an Tageszeitungen" durch den Bundesverband Deutscher Zeitungsverleger an seine Mitgliedsunternehmen als Umgehung des Kartellverbots gewürdigt hat[44], weil die freien Journalisten „Unternehmen im Sinne des GWB" seien und auch

[37] So etwa Buchner, 165 f. und im Ergebnis ebenso Stolterfoth, in: DB 1973, 1074.

[38] Etwa Gemeinschaftskomm., § 1 Rdnr. 16.

[39] So z. B. Raisch, S. 212; Fleischmann (Berufe), S. 35 f., 46; von Kempski (Wissenschaft), S. 423; Rittner, S. 20 f.; Bley, in: SGb 1973, 244; ähnlich Ulmer (Vertragshändler), S. 402.

[40] Siehe dazu oben unter 1., 4. a) aa), 4. a) bb), 4. c) dd) ß).

[41] Das Bundeskartellamt steht zudem auf dem Standpunkt (ebenso der BT-Ausschuß für Wirtschaft, BT-Drucks. 7/765, S. 13; Müller / Gries / Giessler, § 1 Rdnr. 46; dazu auch Rittner, Unternehmen, S. 37 Fn. 106), daß das GWB dann nicht gilt, wenn ein Berufsstandesrecht, das vom GWB abweichende Vorschriften enthält, existiert (Tätigkeitsbericht 1960, S. 16; 1973, S. 21). Dieses Problem kann hier jedoch vernachlässigt werden, da es ein solches Berufsrecht zur Zeit nicht gibt (Tätigkeitsbericht 1974, S. 21).

[42] Kairat, S. 14.

[43] S. 183; ebenso Stieglitz (Auftrag), S. 67, wenn auch unter Abgrenzung zu Deneke; dagegen z. B. Rauschenbach, 276; Kairat, S. 97.

[44] Im Schreiben an den BDZV vom 9. Juli 1971 — Gesch. Nr. B 4 — 745100 — AO — 80/71.

„sozialpolitische Überlegungen" keine andere Entscheidung forderten[45]. Die hier vorgeschlagene Definition des Arbeitnehmers dagegen entspricht der sozusagen spiegelbildlich von der herrschenden Meinung vorgenommenen Definition des Unternehmers im Sinn des GWB und HGB[46] und gelangt zu Ergebnissen, die die tatsächliche Stellung der freiberuflich Tätigen innerhalb der Schichten unserer Gesellschaft exakt anzugeben vermögen und daher eine sachgerechte Einordnung in sozial- und wirtschaftsrechtlich definierte Gesetze ermöglichen, indem sie an die wirtschaftlich-sozialen Existenzbedingungen einer Person anknüpfen.

bb) Die mangelnde Schutzgewährung für freie Berufe durch das GWB am Beispiel des § 18 GWB

Die Einordnung der freien Berufe unter die Vorschriften des Kartellgesetzes bringt zudem keine Ergebnisse, die die mannigfaltigen Abhängigkeiten und sozialen Ungereimtheiten erträglich machen könnten oder gar beseitigen würden[47]. Gerade am Beispiel der eben zitierten „Richtlinien für Mindesthonorare" oder der gemäß § 18 GWB zu überprüfenden Ausschließlichkeitsbindungen der Handelsvertreter zeigt sich, daß die Vorschriften des GWB eine stumpfe Waffe sind im Kampf gegen die rigiden Arbeitsbedingungen der freien Berufe.

Schon die Frage, ob Handelsvertreterverträge mit einem vertraglichen Wettbewerbsverbot, das nach herrschender Meinung als immanenter Ausdruck der Interessenwahrungspflicht des Handelsvertreters zulässigerweise vereinbart werden kann[48], der Kontrolle durch die Kartellbehörden gemäß § 18 GWB unterliegen, wird in der Literatur äußerst kontrovers diskutiert. Ein Teil der Autoren lehnt eine Anwendbarkeit des § 18 GWB grundsätzlich ab[49], weil die vertraglichen Bindungen eines Handelsvertreters nicht „willkürliche und entbehrliche Zusätze zu einem Austauschgeschäft" seien, sondern nur das „ungeschriebene Wettbewerbsverbot, das zum Inhalt jedes Handelsvertre-

---

[45] Dieses Schreiben ist schon mehrfach Gegenstand der juristischen Diskussion gewesen. Der Ansicht des Bundeskartellamtes sind Stolterfoth, 1074 Fn. 77 und Lieb, in: RdA 1974, 261 f. *A. A.* sind Schwerdtner, in: BlStSozVArbR 1972, 22 Fn. 85, der zu Recht meint, das Bundeskartellamt habe die Schutzfunktion dieser Richtlinien völlig verkannt, und Messow / Spoo, in: Kürbiskern 1972, 613. Vgl. dazu die Notiz in der FAZ v. 23. 7. 1975.

[46] Siehe oben unter 4. e) ee).

[47] Im Ergebnis ebenso Schwerdtner, 23 und Rehbinder (Tankstellenvertrag), S. 39: „Allerdings schützt § 18 GWB gegenwärtig nicht gegen wirtschaftliche Ausbeutung".

[48] Vgl. dazu Rittner (Wettbewerbsverbot), S. 301 ff., und Cramer (Wettbewerbsverbote), S. 58 ff. mit jeweils weiteren Nachweisen.

[49] Rittner, in: ZHR 135 (1971), 314; Rasch, in: WuW 1958, 212 f.; von Brunn, in: AcP 163 (1964), 496 f.; Leo, in: WRP 1969, 88 ff.

terverhältnisses gehört", konkretisiere[50]. Damit entfalle aber eine Anwendbarkeit des § 18 GWB auf Handelsvertreterverhältnisse, denn es erscheine „so gut wie undenkbar, daß das Gesetz die Agentur (und andere Interessenwahrungsverhältnisse) als Vertragstyp schlechthin der Kartellaufsicht unterstellen will, während es für alle anderen Verträge auf atypische, zusätzliche Abreden abstellt"[51]. Der überwiegende Teil der Literatur verneint dagegen die Anwendbarkeit des § 18 GWB nur für den Bereich, der die Interessenwahrungspflicht des Handelsvertreters gemäß §§ 84 I S. 1, 86 I 2. Halbs. HGB umfaßt[52]. So heißt es etwa im Frankfurter Kommentar[53]: „Für Handelsvertreter, Kommissionäre, handelsvertreterähnliche Eigenhändler und gleiche Absatzmittler ergeben sich bereits aus ausdrücklichen Vorschriften oder aus Treu und Glauben (§ 242 BGB) bestimmte Bindungen ihres geschäftlichen Verhaltens oder ein bestimmtes Weisungsrecht der anderen Vertragspartei. Beschränkungen, die über diese Bindungen nicht hinausgehen, unterliegen deshalb nicht der Mißbrauchsaufsicht nach § 18 GWB." Diese zweite Ansicht unterscheidet sich von der Theorie der grundsätzlichen Unanwendbarkeit im Ergebnis in aller Regel nicht[54], weil sie die Grenzen der Interessenwahrungspflicht nicht angibt. Es läßt sich daher nicht erkennen, ob die Behauptung, daß die Ausschließlichkeitsbindung weiter reiche als die Interessenwahrungspflicht, nur theoretische Konstruktion ist, oder auch praktische Wirkung im zu entscheidenden Einzelfall hat. Bisher jedenfalls hat es den Anschein, als solle die im Handelsrecht so hoch geschätzte Leitbildorientierung von der Selbständigkeit des Handelsvertreters unter der Hand im GWB reduziert[55] und auf dem Niveau der Angestelltenabhängigkeit des § 84 II HGB angesiedelt werden[56]. Zu ähnlich widersprüchlichen Ergebnissen gelangen diese Theorien auch für die Rechtsverhältnisse von Eigenhändlern[57],

---

[50] Rittner, 313.

[51] Rittner, 309.

[52] Vgl. etwa Gemeinschaftskomm., § 18 Rdnr. 32; Frankfurter Komm., § 18 Rdnr. 49; Müller / Gries / Giessler, § 18 Rdnr. 17; Gallus, S. 141; Cramer, S. 130 f.; Biedenkopf (Wettbewerbsbeschränkungen), S. 233; Riesenkampff, in: BB 1968, 733; Schwerdtner, 23; OLG Stuttgart, in: BB 1972, 548 ff., 549.

[53] Rdnr. 49.

[54] So auch Rittner, 294.

[55] Vgl. z. B. die Ausführungen Rittners, 312.

[56] Ebenso Biedenkopf, S. 81 Fn. 44; Däubler, S. 305; Schwerdtner, 23.

[57] Der Begriff des Eigenhändlers ist gesetzlich nicht normiert. Nach ganz h. M. ist Eigenhändler, wer unter Dauervertrag Waren kauft und sie im eigenen Namen und auf eigene Rechnung weiterverkauft. Der Vertrag kann dem des Kommissionärs (§ 383 HGB) ähnlich sein, wenn z. B. Bindung an einen Hersteller und geschützter Bezirk für den Eigenhändler gelten. Der autorisierte Händler, der im Gegensatz zum Vertragshändler, der den Alleinvertrieb eines Fabrikats für einen bestimmten Bezirk übernommen hat, nicht in die Vertriebsorganisation des Herstellers eingegliedert ist, ist fast immer

die außerordentlich restriktiven Alleinbezugsbindungen unterworfen sind, wie die Erfahrung zeigt[58]. Schon die Treue- oder Interessenwahrungspflicht läßt sich ja bei Eigenhändlern nur recht mühsam aus § 242 BGB bzw. dem Wesen ihres Vertrags ableiten[59]. Dennoch kommen etwa einige Standardkommentare des Wettbewerbsrechts zum Ergebnis, § 18 auf Eigenhändlerverträge nicht anzuwenden[60], müssen dabei allerdings, wenn nicht überhaupt auf eine Begründung verzichtet wird, auf die doch etwas eigenartige rechtliche Figur des „handelsvertreterähnlichen Eigenhändlers" zurückgreifen[61], um daraus die Interessenwahrungspflicht abzuleiten, die der Bezugsbindung entsprechen soll, obwohl der Eigenhändler doch unzweifelhaft in eigenem Namen und auf eigene Rechnung handelt und verkauft[62].

Demgegenüber kommt eine, derzeit im Wachsen begriffene[63] dritte Meinung in der Literatur zum Ergebnis, daß die Kartellbehörden grundsätzlich befugt sind, § 18 GWB auf Handels- und Eigenhändlerverträge anzuwenden[64]. Die Begründungen sind recht unterschiedlich. Auffallend ist lediglich, daß die Interpreten dieser, kaum einheitlich zu nennenden Theorie, vor allem wirtschaftspolitisch motiviert, am Sinn und Zweck des § 18 GWB orientiert, argumentieren[65].

Eigenhändler. Wenn im Einzelfall der Eigenhändler ebenso schutzbedürftig wie der Handelsvertreter ist, können die §§ 84 ff. HGB analog angewendet werden. Der BGH ist in letzter Zeit — zumindest bezüglich des Ausgleichsanspruchs gem. § 89 b HGB — allerdings etwas zurückhaltender geworden in den Fällen der Gleichstellung von Handelsvertretern und Eigenhändlern (in DB 1977, 860 ff.; Nachweise bei Baumbach / Duden, § 84; Ulmer, S. 3 f., 10, 189 ff.; Schüller, 202; Plander, in: RdA 1973, 234 ff.; Finke, in: WM 1972, 1117).

[58] Dazu oben unter 1.

[59] Ulmer, S. 191, leitet die Interessenwahrungspflicht des Vertragshändlers aus der Tatsache seiner Eingliederung in das Vertriebssystem des Warenherstellers her.

[60] Etwa Frankfurter Komm., § 18 Rdnr. 49; sehr unbestimmt Gemeinkomm., § 18 Rdnr. 34; *a. A.* z. B. OLG Stuttgart, in: BB 1972, 548 ff., 549.

[61] Frankfurter Komm., § 18 Rdnr. 49.

[62] Klarer dagegen Ulmer, S. 404 ff., der für den Abgrenzungsfall Vertragshändlerrecht — Handelsvertreterrecht einigermaßen eindeutige Maßstäbe zur Beurteilung der Abgrenzung beider Rechtsformen im Wege der Umgehungstatbestände schafft.

[63] So auch Stolterfoth, in: ZHR 138 (1974), 168.

[64] Schmidt / Thiele, in: BB 1968, 887; Kreis, in: BB 1967, 945; Schüller, 200, 224; Koenigs (Probleme), S. 314 f.; Ballerstedt (Marktmacht), S. 29 und 29 Fn. 47; Hensen (Mißbrauchskontrolle), S. 93 f.; Westrick / Loewenstein, § 18 Rdnr. 15; wohl auch Däubler, S. 305 und Markert, in: WuW 1969, 554 f.; auch das Bundeskartellamt scheint dieser Auffassung zuzuneigen, BB 1968, 723 ff. und Tätigkeitsbericht 1971, S. 29 f. Der BGH hat sich bisher noch nicht grundsätzlich zu diesem Thema geäußert, siehe aber BGHZE 51, 163 ff., 168 zu § 15 GWB.

[65] Dagegen vor allem Rittner, 295 f., 314 ff. und Stolterfoth, S. 168 ff.; vgl. auch die Kontroverse zwischen Schmidt / Thiele und Riesenkampff.

Schon wegen der Gefahr einer inadäquaten Ausweitung des hier gewählten Themas muß auf die Vorstellung einer eigenen Ansicht zu diesem Problem verzichtet werden. Nicht unerwähnt bleiben sollte jedoch, daß selbst unter Verwendung der Theorie von der grundsätzlichen Anwendbarkeit des § 18 GWB diese Vorschrift den gebundenen Handelsvertretern und Eigenhändlern einen sozialpolitisch wünschenswerten Schutz vor allzu starker Subordination mit den Mitteln des Kartellrechts nicht gewähren kann. Denn es scheint sich unter den Vertretern aller Theorien die begründete Einsicht durchzusetzen, daß die marktbezogenen Eingriffskritierien des § 18 GWB immer noch zu weit gezogen sind, um eine kartellrechtlich relevante Wettbewerbsbeschränkung bei Interessenwahrungsverhältnissen annehmen zu können[66]. Die Praxis des Bundeskartellamtes scheint denn auch nach der Novellierung vom 3. 8. 1973 genausowenig erfolgreich und effektiv zu sein wie vorher[67], obgleich der Anwendungsbereich sich mit der Aufhebung der Preisbindung eher vergrößert hat, weil, wie das Bundeskartellamt feststellt[68], die Hersteller ihre Preise „mit Hilfe eines selektiven Vertriebssystems oder anderer gleichgerichteter Maßnahmen, die wettbewerbsaktive Handlungsformen vom Vertrieb ausschließen, durchzusetzen versuchten".

Dem Lösungsvorschlag von *Eich*[69], der unter Berufung auf *Miksch* dort eine Vermehrung des Wettbewerbs fordert, wo das Idealbild der Selbstbestimmungsfreiheit im Wirtschaftsbereich nicht annähernd erreicht ist, kann daher nur dann zugestimmt werden, wenn es sich um „echte" Subjekte des Kartellrechts handelt. Soweit es sich um Randgruppen des Wirtschaftsrechts handelt, kann nur eine Analyse durch materiale Kriterien, die den wirtschaftlichen Status der Person exakt umschreiben können, ergeben, ob diese zu den gemeinten Adressaten des Kartellrechts gehören. Andernfalls addieren sich die Nachteile der Unselbständigkeit mit den Risiken der Selbständigkeit[70].

---

[66] Gemeinschaftskomm., § 18 Rdnr. 71; Cramer, S. 132; Belke, in: ZHR 138 (1974), 252, für das neue Recht; für das alte Recht Frankfurter Komm., § 18 Rdnr. 81; Biedenkopf, S. 81 f.; Schwerdtner, 23.

[67] Vgl. Belke, 252, der von einer bloßen Schönheitskorrektur spricht; vgl. auch die Zitate aus dem Novellierungsverfahren, in: „Die Zeit" vom 10. 3. 1972.

[68] Tätigkeitsbericht 1974, S. 19 ff., für die Aufhebung der Preisbindung wie für die Durchsetzung der empfohlenen Preise.

[69] 1702; ähnlich die Denkschrift der freien Mitarbeiter, abgedruckt bei Olenhusen, in: FuR 1973, 372.

[70] Schüller, 235.

cc) Das anhand objektivierter Kriterien zu bestimmende Selbstverständnis des Arbeitnehmers als zweites Moment einer Neubestimmung des Arbeitnehmerbegriffs

Aus der Tatsache, daß das Kollektivautonomie gewährleistende Arbeitsrecht und das Individualautonomie fordernde Kartellrecht die beiden Pole zweier *gegensätzliche* Rechtsfolgen auslösenden Rechtsgebiete sind und daß demgegenüber die *einheitliche* Tendenz der Arbeitsrechts- wie Wirtschaftsrechtssubjekte zur Kollektivierung ihrer Interessen steht, folgt unmittelbar das zwingende Bedürfnis nach einem möglichst exakten und sachgerechten Unterscheidungskriterium. Ein entscheidender Faktor dieser Unterscheidung ist der durch materiale Kriterien (wirtschaftlich-soziale Existenzbedingungen) definierte Arbeitnehmer- bzw. Unternehmerbegriff. Dieser Begriff allein reicht jedoch nicht aus. Denn wie die Arbeiten von *Vaubel* und *Mathys* gezeigt haben, ist es selbst einer Gewerkschaft, die unstreitig nur „echte" Arbeitnehmer vertritt, in Ausnahmefällen möglich, als Unternehmer im Sinne des GWB zu handeln[71]. Zur Definition des handelnden Subjekts muß also noch ein zweites Kriterium hinzutreten, zumal dann, wenn es sich um Personengruppen aus dem Grenzbereich handelt, wie oben ausgeführt wurde. Das Merkmal einer notwendigen Abgrenzung des kollektiven Arbeits- vom Kartellrecht liegt bei den Arbeiten von *Vaubel* und *Mathys* in einer Analyse der Interessenwahrnehmung und spezifischen Zweckverwirklichung anhand der konkreten kollektiven Vereinbarungen[72]. Wenngleich die Arbeiten von *Vaubel* und *Mathys* einen anderen als den hier untersuchten Problemkreis zum Gegenstand haben und vor allem aus der Systematik und Teleologie des Kartellrechts argumentieren, so läßt sich doch das darin zum Ausdruck kommende Prinzip auch für die vorliegende Problematik fruchtbar machen.

Auf diese Weise wird die objektiv-materiale Bestimmung des Arbeitnehmerbegriffs ergänzt durch die subjektive Komponente der den kollektiven Handlungen zugrunde liegenden Interessen[73]. Dies erscheint vor allem notwendig, um die Funktionstüchtigkeit der spezifisch arbeitsrechtlichen, kollektiven Mittel zu erhalten. Denn die Mittel der kollektiven Interessenwahrung haben sich historisch entwickelt und werden, wie das *Bundesverfassungsgericht* mehrfach entschieden hat[74], gerade in ihrer konkreten historischen Ausprägung von Art. 9 III GG

---

[71] Siehe dazu die einleitenden Vorbemerkungen oben unter 5. c).

[72] Vaubel, S. 72 f.; Mathys, S. 44 ff.

[73] Zu einem ähnlich gelagerten Problem der Ergänzung eines objektiven Kriteriums durch ein subjektives vgl. Stolterftoh, S. 126 ff.

[74] BVerfGE 4, 96 ff., 102 ff.; 18, 18 ff., 28 f., 32; 19, 303 ff., 319 ff.; 34, 307 ff., 316 f.; ebenso Säcker (Grundprobleme), S. 91 ff.; Scholz (Koalitionsfreiheit), S. 81 ff., 91 ff., 105 f. und Hamann / Lenz, Art. 9 Anm. 8 b aa.

geschützt, ohne dadurch „auf ewig" festgeschrieben worden zu sein. Deshalb müssen die hergebrachten kollektiven Handlungsformen sich in der sozialen Realität immer wieder neu bewähren und ihre Eignung zur Wahrung der Arbeitnehmerinteressen unter Beweis stellen. Es ist daher von fundamentaler Bedeutung für die soziale Wirkung der arbeitsrechtlichen Vereinigungen, inwieweit die kollektiven Handlungsformen durch die Gesamtheit der Arbeitnehmer tatsächlich getragen und anerkannt werden[75]. Aus diesem Grund sollte die Gefahr nicht unterschätzt werden, die von Personengruppen ausgeht, welche zwar aufgrund ihres wirtschaftlich-sozialen Status eine weitgehende Annäherung an die Arbeitnehmerschaft erfahren haben, in ihrem Selbstverständnis aber noch weit von diesen entfernt sind[76].

Die verstärkte gewerkschaftliche Organisierung von Personengruppen, die etwa aufgrund einer konjunkturellen Krise vorübergehend ihren Status als Unternehmer gefährdet sehen oder gar verlieren oder die angesichts der allgemeinen wirtschaftlichen Schwäche ihres Berufsstandes zu kollektiven Maßnahmen greifen wollen, würde den Schutzcharakter der kollektiven Handlungsformen entscheidend verändern, weil die Interessen einer solchen Gruppe nicht auf die Regelung ihrer Arbeitsbedingungen mit den anerkannten Mitteln des Arbeitsrechts gerichtet sind. Für diese Gruppen steht die Stärkung ihrer Position auf dem Markt für Güter und Dienstleistungen, ihre Stellung als autonom wirtschaftendes Subjekt im Vordergrund. Sie sind an der Behauptung ihrer „Organisation" von Sachmitteln, Know-how und Personal, an der Erhaltung und Vermehrung der Produktionsmittel interessiert.

Als Beispiel für die genannten Gruppen kommt etwa der Inhaber eines Zulieferunternehmens, der nahezu ausschließlich ein Unternehmen aus der Automobilbranche beliefert, in Betracht. Wenngleich die Abhängigkeit durchaus nicht einseitig bei dem Zulieferunternehmen zu liegen braucht, wie man vielleicht zu unterstellen geneigt ist, so scheint die Annahme einer möglichen strukturellen Krise bei diesem Unternehmen infolge von Absatzproblemen der Automobilindustrie nicht unrealistisch zu sein. In einer solchen Situation bleibt dem betroffenen Unternehmen, wenn es den Ausweg aus dem Dilemma durch Kollektivierung, oder besser Kooperation sucht, nur der Beitritt zu einem Strukturkrisenkartell gemäß § 4 GWB. Denn das Kartellrecht stellt für

[75] Im Ergebnis ebenso BVerfGE 28, 295 ff., 304 f., und BAG AP Nr. 14 zu Art. 9 GG.

[76] Dies wird erstaunlicherweise gerade von denjenigen, die an der herkömmlichen Definition des Arbeitnehmers festhalten wollen, hervorgehoben (etwa Stolterfoth, in: DB 1973, 1075; Eich, in: DB 1973, 1703 f.; Rehbinder, Sicherung, S. 26), obwohl die Analyse des Selbstverständnisses im Definitionskatalog zur Bestimmung des Arbeitnehmers bisher keinen Platz hatte.

diese Fälle durchaus Lösungshilfen bereit, die den tatsächlich angestrebten Zwecken und den zugrunde liegenden realen Interessen Rechnung tragen.

Allerdings gewährt § 4 GWB diese Hilfe nur unter relativ eng begrenzten Voraussetzungen, deren wichtigste eine nachhaltige[77] Änderung der Nachfrage sowie die Begrenzung auf Unternehmen der Erzeugung, Herstellung, Bearbeitung oder Verarbeitung sind[78]. Anderen Unternehmen, etwa aus der Dienstleistungsbranche, in der besonders viele freie Berufe tätig sind, bleibt nur die Möglichkeit, die Erlaubnis für ein Ministerkartell gemäß § 8 GWB zu beantragen.

Wenngleich es in der Literatur umstritten ist, ob dem Kartellgesetz ein individueller Existenzschutz für das einzelne Unternehmen immanent ist[79], so bedeutet die Existenz des § 4 GWB für die dort genannten Unternehmen durchaus die Gewährleistung eines letztlich existenzsichernden Schutzes[80]. Denn die Unternehmen werden im Fall einer Strukturkrise nicht mehr den ruinösen Folgen des Wettbewerbskampfes ausgesetzt, sondern erhalten die Chance zum planmäßigen, gemeinsamen Abbau der Überkapazitäten und einer möglichst gleichmäßigen Risikoverlagerung[81].

Einen Ausweg aus der Krise könnte der Inhaber des Zulieferunternehmens dann nicht etwa durch den Beitritt zu einer Gewerkschaft und den Abschluß eines Tarifvertrags mit den Automobilunternehmen, der eventuell durch Arbeitskampf zu erzwingen wäre, suchen. Solche „Lösungsmöglichkeiten" — wie sie z. B. aus dem schwedischen Recht bekannt sind[82] — verhindert unsere Rechtsordnung durch die strikte Antinomie des Arbeits- und Wirtschaftsrechts, die ihren systematischen

---

[77] § 4 GWB ist im parlamentarischen Gesetzgebungsverfahren grundlegend geändert worden, ohne daß die Materialien einen hinreichenden Grund dafür angeben können. Der jetzige Wortlaut der Vorschrift steht in eindeutigem Widerspruch zu den ursprünglichen Intentionen des Regierungsentwurfs. Die geltende Fassung wird in der Regel damit begründet, daß im Fall einer Strukturkrise — das Wort selbst ist in § 4 nicht enthalten — der Kontrollmechanismus des freien Wettbewerbs versage, eine vernünftige Auslese und Anpassung daher nicht mehr erfolgen könne (vgl. z. B. Frankfurter Komm., § 4 Rdnr. 7).

[78] Gemeinschaftskomm., § 4 Rdnr. 1; Frankfurter Komm., § 4 Rdnr. 4.

[79] *Dafür* etwa Müller / Gries / Giessler, § 4 Rdnr. 13; *dagegen* etwa Würdinger, in: WuW 1953, 729 f. noch zum alliierten Dekartellierungsrecht, aber mit prinzipiellen kartellrechtlichen Erwägungen.

[80] Die Gewährung dieses Schutzes ist allerdings weder häufig beantragt worden noch effektiv gewesen, denn es sind bisher nur ablehnende Entscheidungen des Bundeskartellamtes und noch keine gerichtlichen Entscheidungen zu § 4 ergangen (Gemeinschaftskomm., § 4 Rdnr. 3; vgl. auch WuW/E BKartA 114 ff. — Schuhbeschlag).

[81] Gemeinschaftskomm., § 4 Rdnr. 26; Frankfurter Komm., § 4 Rdnr. 55.

[82] F. Schmidt (Law), S. 54 ff., 58, 67 ff.

Ausdruck für die Fälle der Kollektivierung in Art. 9 III GG und § 1 GWB gefunden hat.

Um die den Kollektivierungstendenzen zugrunde liegenden Interessen bestimmen zu können, ist es notwendig, auf die subjektiven Determinanten der Wahl einer bestimmten Handlungsform — wie Absicht, Zweck und Ziele — abzustellen[83]. Die Summe der Determinanten bildet das *Selbstverständnis* der handelnden Subjekte, das ein die materiale Statusbestimmung einer Person unterstützendes oder korrigierendes Kriterium darstellt.

Das Selbstverständnis ist daher als subjektives Kriterium von entscheidender Bedeutung, um die Interessen einer Personengruppe, die sich aufgrund wirtschaftlich-sozialer Statusänderungen auf dem Weg vom Wirtschafts- zum Arbeitsrecht befindet und arbeitsrechtliche Regelungshilfen in Anspruch nehmen will, bestimmen zu können und um dadurch den Mißbrauch dieser Regelungsinstrumente zu verhindern. Das Selbstverständnis der betroffenen Personengruppe muß daher, sollen sie als Arbeitnehmer qualifiziert werden können, die aus der materiellen Situation resultierenden Handlungsmöglichkeiten einer Interessenwahrnehmung widerspiegeln, wie sie in bezug auf Absicht, Zweck und Ziele als arbeitnehmerspezifisch anerkannt werden müssen, weil sie auf den Ausgleich und die Überwindung der strukturellen, sozialen und materiellen Ungleichheit mit den Mitteln des Arbeitsrechts gerichtet sind.

Es ist ein durch subjektive Faktoren bestimmtes Kriterium[84]. Wie schon die Arbeiten von *Vaubel* und *Mathys* gezeigt haben, muß es durch eine objektivierte Betrachtungsweise analysiert werden, um der Gefahr willkürlicher Ergebnisse, die empirisch nicht nachprüfbar sind, zu entgehen[85]. Welche Einzelfaktoren dann geeignet sind, das nur theoretisch als einheitliches Phänomen zu konstruierende Selbstverständnis inhaltlich als Arbeitnehmerselbstverständnis zu bestimmen, ist eine Frage, die vor allem von der empirischen Sozialforschung beantwortet werden kann. Die Operationalisierung des theoretischen Begriffs Selbstverständnis kann daher im Rahmen dieser Arbeit nicht vorgenommen werden. Es sind jedoch aus anderen Untersuchungen zum Teil Indikatoren für Selbstverständnis bekannt, die eine erste, vorsichtige

---

[83] So im Grundsatz auch Mathys, S. 44 ff.; ausführlich dazu König (Selbstbewußtsein), S. 341 ff.

[84] Schon H. Hübner (Sicherheit), S. 8 f. (ähnlich auch von Sell, Funktion, S. 44 und Kunze, Stellung, S. 81) hat darauf hingewiesen, daß die Einordnung in eine Kategorie nach objektiven Kriterien für sozialrechtliche Zwecke oft nicht ausreichend ist, weil das Risikobewußtsein und die Risikoübernahme, also subjektive Faktoren, nicht immer mit dem objektiven Kriterium korrespondieren.

[85] Mathys, S. 89; Vaubel, S. 86 ff.

Einschätzung zulassen, auch wenn über ihre Gültigkeit und Zuverlässigkeit noch nichts ausgesagt werden kann.

Zu nennen sind hier in erster Linie die Selbsteinschätzung der sozialen Position in einem Schichtenmodell[86], die Aktivitäten, Ziele und Selbstdarstellung des Berufsverbandes[87], die Mittel der Interessenwahrnehmung[88], die Einstellung zur Frage der gewerkschaftlichen Organisierung[89], etc. Der Katalog ist keineswegs vollständig. Er soll vor allem zeigen, worauf es bei einer objektivierten Betrachtung von Selbstverständnis der freien Berufe ankommt. Die jederzeitige empirische Überprüfbarkeit der einzelnen Indikatoren[90] macht den Begriff des Selbstverständnisses auch für juristische Definitionszwecke fungibel.

Als ein weiterer Teil des Wertungsrahmens des neu zu bildenden Arbeitnehmerbegriffs vervollständigt das Kriterium des Selbstverständnisses das objektiv-materiale Kriterium der wirtschaftlich-sozialen Existenzbedingungen und gelangt so zu einer Analyse des Status einer Person bzw. Personengruppe, die die soziale Situation sowie das Bewußtsein der Betroffenen als wichtigste *juristische* Momente dieses Status zum Gegenstand hat[91]. Die Statusbeschreibung des Arbeitnehmers ist zwar im soziologischen Sinn durchaus nicht vollständig[92]. Sie

[86] Vgl. dazu Lepsius (Sozialstruktur), S. 277 ff.; Daheim, in: Kölner Zeitschrift für Soziologie und Sozialpsychologie 1960, 239 ff.; Bolte / Kappe / Neidhardt (Schichtung), S. 253 ff., König, S. 341 ff.

[87] Bolte (Berufsstruktur), S. 110 f.; Projekt Klassenanalyse, S. 303 f.; Schüller, 251 f., insbes. Fn. 254; Beckenbach / Herkommer / Kadritzke (Klassenlage), S. 72, 84 f.; Schwenger (Schriftsteller), S. 134; umfassend dazu Kron (Schriftsteller).

[88] Mathys, S. 89; Vaubel, S. 73; ebenso Däubler, S. 314; Buchner, 166 f.; Damus (Lage), S. 240 ff.

[89] Dazu z. B. Hofbauer (Gliederung), S. 77; Schwenger, S. 190 f.; Wiesand, in: GMH 1973, 276 ff. und die Stellungnahmen dazu im GMH 1973, 290 ff.; Götz von Olenhusen, in: FuR 1973, 114 ff.; Schütte (Notwendigkeit), S. 229 f.; Rehbinder, S. 26; Funke (IG-Druck), S. 110; wohl auch Nikisch I, S. 3.

[90] Als Beispiel einer solchen empirischen Untersuchung, die auch Indikatoren des Selbstverständnisses untersuchen, seien hier vor allem Fohrbeck / Wiesand (Autorenreport), S. 346 ff.; Fohrbeck / Wiesand (Künstler-Report), S. 29 ff. und Kron, genannt.

[91] Bemerkenswert ist in diesem Zusammenhang, daß auch die Soziologie mit dem Begriff des Proletaroiden, was in etwa mit arbeitnehmerähnlicher Person übersetzt werden könnte, auf den *Gegensatz* von vermeintlicher Selbständigkeit und einer ausgesprochenen schwachen wirtschaftlichen Stellung abstellt (König / Silbermann, Künstler, S. 94; Sombard, Volkswirtschaft, S. 457; Heuss, Organisationsprobleme, S. 242; vgl. auch Lenin, Werke Bd. 31, S. 60). Dies unterstreicht die Relevanz der in dieser Arbeit gewählten beiden Rahmenmerkmale, die den Arbeitnehmer begrifflich nur unter *Übereinstimmung* beider Merkmale definieren, d. h. eine Person — hier aus dem Grenzbereich von Arbeits- und Wirtschaftsrecht — ist nur dann Arbeitnehmer, wenn das Selbstverständnis als Arbeitnehmer übereinstimmt mit den wirtschaftlich-sozialen Existenzbedingungen eines Arbeitnehmers.

[92] Zur methodisch vollständigen Statusbeschreibung im soziologischen Sinn gehören — wie auch von den abweichenden Meinungen jedenfalls nicht be-

ist aber durch die Teleologie und Systematik des Arbeits- und Wirtschaftsrechts determiniert. Eine soziologische Vollständigkeit ist daher nicht angestrebt. Es steht vielmehr die möglichst exakte Umsetzung der gesetzlichen Regelungsziele in die Realität entsprechend den gesetzgeberischen Intentionen im Vordergrund. Dafür genügen, wie die obigen Ausführungen gezeigt haben, die beiden Elemente der Statusbeschreibung.

Das Kriterium des Selbstverständnisses ist auch in der juristischen Literatur gelegentlich, wenn auch in der Regel unsystematisch, fast möchte man sagen, unbewußt zur Definition des Arbeitnehmerbegriffs herangezogen worden[93]. Insbesondere bei der Diskussion der umstrittenen Grenzfälle hat das Selbstverständnis der betroffenen Personengruppe — soweit es sich um ihren Status als Selbständige bzw. Arbeitnehmer handelt — eine Rolle gespielt[94]. Dem liegt die zweifellos zutreffende Erkenntnis zugrunde, daß eine umfassende Statusbestimmung mittelständischer Existenzen, zumal in einer Abgrenzung gegenüber der Arbeitnehmerschaft, *ausschließlich* nach ökonomischen Merkmalen angesichts einer verbreiteten wirtschaftlichen Schwäche des Mittelstandes nicht möglich ist[95]. Um so mehr gewinnt dadurch der subjektive Faktor des Selbstverständnisses als notwendige Ergänzung und wichtiges Korrektiv der materiellen Position an Bedeutung.

---

stritten wird — wenigstens (1) die Registrierung des vom Status bestimmten Verhaltens (z. B. wer verkehrt mit wem), (2) die Ermittlung von Statusindizes (z. B. Beruf, Einkommen) und (3) die Ermittlung der Selbsteinschätzung bzw. -einordnung der Befragten (vgl. dazu etwa Bolte / Kappe / Neidhardt: Soziale Ungleichheit, 3. Aufl., Opladen 1974, S. 13 ff. und R. Mayntz: Soziale Schichtung und sozialer Wandel in einer Industriegemeinde, Stuttgart 1958, S. 79 f., 132.

[93] Vgl. die oben unter 5. c) cc) in Fn. 76 Genannten. Interessant auch der Versuch Fikentschers, Anm., 365 f., den Unternehmensbegriff des GWB durch eine objektiv-materiale und eine subjektiv definierte Komponente zu bestimmen, wenn er schreibt, Unternehmen im Sinne des GWB sollten alle die sein, die (a) in der Lage sind, sich am marktwirtschaftlichen Wettbewerb zu beteiligen und (b) ein Wille vorhanden ist, dies zu tun oder trotz vorliegender technischer Voraussetzungen zu unterlassen.

[94] Die zum Teil nur stichwortartigen und hinweisähnlichen Äußerungen sind außerordentlich häufig, siehe z. B. Stolterfoth (Selbständigkeit), S. 32 Fn. 145; Molitor, in: ZBH 1928, 38; von Karger (Organisation), S. 29; Koch, in: Informationsdienst-Gewerkschaftspresse Nr. 120, 1971, S. 3 und 6; Rich (Mitbestimmung), S. 46; Schuhler, in: Kürbiskern 1972 642; Wiedfeld, in: Börsenblatt für den Deutschen Buchhandel 1973, 148; König / Silbermann, S. 95; Heuss, S. 237 f. sowie die Artikel in „Die Zeit" vom 12. 4. 1974; 22. 11. 1974; „FAZ" vom 18. 11. 1974; „Der Tagesspiegel" vom 20. 11. 1974; 15. 1. 1975; WdA vom 2. 6. 1972; siehe auch die Tabelle in Kürbiskern 1972, 710 f.

[95] Gruenberg (Mittelstand), S. 129; Beckenbach / Herkommer / Kadritzke, S. 70; Klassenstruktur I, S. 42 ff.; Stieglitz (Auftrag), S. 288, 290; Ewald, in: BArbBl 1960, 658, 661; Schnorr, Anm.; Tomandl (Wesensmerkmale), S. 151 Fn. 37.

Vor allem *Nipperdey*[96] war es, der dem Selbstverständnis der Koalition in Anwendung der phänomenologischen Methode erhebliche Bedeutung beigemessen hat. Was jedoch zur Bestimmung des Koalitionsbegriffs wesentlich ist, kann bei der Bestimmung des Arbeitnehmerbegriffs nicht gänzlich unbeachtlich sein. Denn beide Begriffe hängen so eng zusammen[97], daß wenigstens partiell übereinstimmende Kriterien vorhanden sein müssen.

Es kommt hinzu, daß das Kriterium des Selbstverständnisses als zweite Rahmenbedingung des neu zu bildenden Arbeitnehmerbegriffs dem Telos des Art. 9 III GG als Gewährleistung einer Selbstbestimmungsordnung entspricht. Denn es ermöglicht den betroffenen Personengruppen innerhalb eines — allerdings vorgegebenen — Rahmens, der aus den wirtschaftlich-sozialen Existenzbedingungen, die den historischen Arbeitnehmerbedingungen vergleichbar sein müssen, gebildet wird, die freie Entscheidung über die Mittel zur Veränderung ihrer Existenz- und Arbeitsbedingungen, d. h. über die Reaktion auf die Veränderung ihres sozialen Status. Sie entscheiden damit in eigener Verantwortung über ihre Einbeziehung ins Arbeitsrecht, soweit die wirtschaftlichen Voraussetzungen vorhanden sind, ohne daß dies zu einem Mißbrauch des Arbeitsrechts durch sachlich nicht legitimierte Gruppen führt[98]. Der durch das Kriterium des Selbstverständnisses definierte Arbeitnehmerbegriff ermöglicht es so nicht nur, das Arbeits- und Wirtschaftsrecht sachgerecht voneinander zu trennen, sondern wird auch den gesetzgeberischen Grundentscheidungen gerecht, die für das Arbeitsrecht in Art. 9 III GG getroffen wurden.

---

[96] In: Hueck / Nipperdey II 1, S. 82; ebenso Herschel (Methode), S. 227; *a. A.* dagegen Müller, in: Ufita 1959, 145, wenn er meint, die Gewerkschaftszugehörigkeit sage nichts darüber, wie man sich bei der Anbahnung individueller Rechtsbeziehungen gegenüber dem Vertragspartner geriere. In dieser Grundsätzlichkeit ist die Behauptung Müllers abzulehnen. Er hat recht, soweit darin die Erkenntnis enthalten ist, daß weder die Gewerkschaftszugehörigkeit (so z. B. Reichel, in: RdA 1972, 145 und Badura, in: RdA 1974, 136 f., implizit bei der Frage nach der Beeinträchtigung der Tariffähigkeit durch Nicht-Arbeitnehmer) noch die Einbeziehung in einen Tarifvertrag (dazu oben unter 5. a) aa) bei Fn. 46) den Arbeitnehmerstatus *ohne weiteres begründet.* Dagegen wird die Bedeutung der Gewerkschaftszugehörigkeit für die Analyse des Selbstverständnisses von Müller verkannt.

[97] Vgl. die Ausführungen oben unter 5. a) bb).

[98] Diesen Aspekt der „Selbstinterpretation" und des „Selbstvollzuges" grundrechtlich gewährleisteter Rechtspositionen heben, trotz ihres unterschiedlichen Ansatzes, sowohl Häberle, in: JZ 1975, 297 ff., als auch Ladeur, in: DuR 1973, 139, hervor.

6. Über einige Grundvoraussetzungen des neu bestimmten Arbeitnehmerbegriffs

Der unausgesprochene Konsens über die Einschätzung der sozialen Lage vieler freiberuflich Tätiger[1] ist nicht die einzige Gemeinsamkeit der Verteidiger des Begriffs der persönlichen Abhängigkeit.

a) Die verfassungsrechtliche Gewährleistung des durch objektiv-materiale Kriterien neu bestimmten Arbeitnehmerbegriffs

Immer dann, wenn die Einbeziehung neuer Berufe und Personengruppen in das Arbeitsrecht diskutiert wird, wird auch die Frage der Normsetzungsbefugnisse des Gesetzgebers im Rahmen des Art. 9 III S. 1 GG erörtert. Das Ergebnis lautet meist übereinstimmend: „..., es handelt sich insofern (bei der Einbeziehung nur arbeitnehmerähnlicher Personen, d. Verf.) vielmehr um eine dem Gesetzgeber *zustehende Zweckmäßigkeitsentscheidung*“[2] (Hervorhebungen von mir, d. Verf.), oder: „Deshalb ist der Gesetzgeber nicht gehindert, den Arbeitnehmerbegriff des reinen Arbeitsrechts de lege ferenda weiter zu ziehen. *Auch insoweit dehnt sich dann Art. 9 III GG aus* (Hervorhebungen von mir, d. Verf.), der nicht auf die bereits bekannte Tätigkeitsbilder von Arbeitnehmern festgeschrieben werden darf[3, 4].“

Diese Sätze bilden sozusagen den Endpunkt einer Kette von Argumentationstopoi, die, in schöner Regelmäßigkeit immer wiederkehrend, auf eine grundsätzliche Fehleinschätzung der Funktion und Gewährleistungsgarantien des Art. 9 III GG hindeuten und, etwas vereinfacht, folgendermaßen lauten: Die hier untersuchten freien Berufe sind keine Arbeitnehmer, weil sie weder persönlich abhängig noch sozial schutzbedürftig sind. Sie sind allerdings wirtschaftlich abhängig. Daher sind sie arbeitnehmerähnliche Personen. Arbeitnehmerähnliche Personen unterfallen jedoch nicht dem Schutzbereich des Art. 9 III GG. Daher liegt es in der Hand des Gesetzgebers, ob er sie in den Schutzbereich einbeziehen will oder nicht.

---

[1] Siehe oben unter 5. b) cc) ß).

[2] Lieb, in: RdA 1974, 267; noch weitergehender, in: RdA 1977, 214 Fn. 33.

[3] Stolterfoth, in: DB 1973, 1073 Fn. 64.

[4] Im Ergebnis ebenso Rehbinder (Sicherung), S. 27; Buchner, in: ZHR 134 (1970), 166; wohl auch Tomandl (Metamorphose), S. 451.

Diese Auffassung verkennt, jedenfalls, was den letzten Teil der Ausführungen betrifft, die grundsätzliche Bedeutung des Art. 9 III GG im Bereich der Arbeits- und Wirtschaftsbedingungen[5]. Die verfassungsrechtliche Garantie der Koalitionsfreiheit überläßt den Arbeitnehmerverbänden nach ständiger Rechtsprechung des *Bundesverfassungsgerichts* und ganz überwiegender Meinung einen Kernbereich eigenverantwortlicher Tätigkeit[6]. Die grundrechtliche Anerkennung autonomer, koalitiver Rechtssetzungsbefugnis beinhaltet gleichzeitig die grundsätzliche Unzulässigkeit staatlicher Eingriffe in diesen Bereich[7]. „Die vom Verfassunggeber vorgefundene, im Grundsatz respektierte, durch Art. 9 III GG grundrechtlich anerkannte Situation ist die, daß nicht der Staat, sondern die Koalitionen wenigstens in einem Kernbereich über die Gestaltung der Arbeitsbedingungen *autonom* (Hervorhebungen im Original, d. Verf.) entscheiden[8]."

Der Bereich autonomer Rechtssetzungsbefugnis würde jedoch unmittelbar tangiert, wäre es dem Gesetzgeber gestattet, aufgrund beliebiger, von Art. 9 III GG nicht vorausgesetzter Kriterien über die personelle Homogenität der Arbeitnehmerverbände zu entscheiden. Wäre es anders, so stünde es im Belieben des Gesetzgebers, die Gewährleistungsgarantien des Art. 9 III GG dadurch einzuschränken oder auszuhöhlen, daß sozusagen im Vorfeld der verbandsautonomen Rechtssetzungsbefugnis auf die Zusammensetzung der Mitgliederstruktur dieser Verbände staatlicherseits Einfluß genommen wird[9]. Eine wirklich autonome Regelungsbefugnis innerhalb des Kernbereichs der Arbeits- und Wirtschaftsbedingungen ist sinnvoll nur dann denkbar, wenn zugleich gewährleistet ist, daß den Individuen, die den von Art. 9 III GG inten-

[5] Siehe dazu auch schon oben unter 5. a) bb).

[6] BVerfGE 4, 96 ff., 110; 19, 303 ff., 303; 28, 295 ff., 295; Säcker (Grundprobleme), S. 45 ff.; Scholz (Koalitionsfreiheit), S. 43 ff.; Biedenkopf (Grenzen), S. 102 ff., 187 ff.

[7] BVerfGE 28, 295 ff., 304; 34, 307 ff., 316 f.; Säcker, S. 46 f.; Hueck / Nipperdey II 1, S. 138 f.; Hanau / Adomeit, S. 43; Söllner, S. 58.

[8] Säcker (Institutionsgarantie), S. 35.

[9] Hiermit darf die Frage nach den Anforderungen, die Art. 9 Abs. 3 GG *selbst* stellt, nicht verwechselt werden. So muß etwa an den Voraussetzungen der Tariffähigkeit und -willigkeit einer Koalition — zur Streitfrage, ob die Tariffähigkeit Wirkung der Koalitionseigenschaft ist vgl. bejahend Hueck / Nipperdey II 1, S. 105 Fn. 50; Säcker (Grundprobleme), S. 61 f.; Schnorr, in: RdA 1955, 8; verneinend Nikisch II, S. 62 f., 237; Scholz, S. 49; Reuß, in: RdA 1972, 5 —, die aus Angehörigen der freien Berufe besteht, festgehalten werden. Soweit die freiberuflich Tätigen allerdings aufgrund ihrer wirtschaftlich-sozialen Existenzbedingungen und ihres Selbstverständnisses als Arbeitnehmer anzusehen sind, dürfte daran nicht zu zweifeln sein (anders noch nach herkömmlicher Terminologie Reichel, in: RdA 1972, 145, und Badura, in: RdA 1974, 136 f.), denn die Herleitung dieser neuen Kriterien eines Arbeitnehmerbegriffs ist gerade vorrangig an den Voraussetzungen des Art. 9 Abs. 3 GG orientiert und hat die dazu von Rechtsprechung und Literatur erarbeiteten Grundsätze quasi in sich aufgenommen.

dierten Voraussetzungen entsprechen, die Rechte aus Art. 9 III GG offenstehen. Mit anderen Worten: Es ist dem Gesetzgeber verwehrt, die Grenzen des personellen Regelungsbereichs des Art. 9 III GG durch *andere* als von Art. 9 III GG selbst geforderte und vorausgesetzte Kriterien zu ziehen. Die Bestimmung des personellen Regelungsbereichs erfolgt durch objektiv festzustellende, materiale Kriterien, die, empirisch falsifizierbar, die wirtschaftlich-sozialen Existenzbedingungen und das Selbstverständnis der zu untersuchenden Personengruppe als den aus leitenden Schutzideen des Art. 9 III GG entwickelten Wertungsrahmen inhaltlich füllen können. Der unter-verfassungsgesetzlich verwendete Begriff „Arbeitnehmer" muß *zwingend* durch diese Kriterien definiert werden. Er ist Teil der durch Art. 9 III GG geschützten individuellen Koalitionsfreiheit. Eine davon abweichende gesetzgeberische Definition wäre verfassungswidrig.

b) Die Einheitlichkeit des Arbeitnehmerbegriffs

Die verfassungsrechtliche Konstituierung des Arbeitnehmerbegriffs postuliert damit zugleich den einheitlichen Gebrauch des Begriffs, jedenfalls soweit die funktionelle Garantie (Koalitionsbetätigungsgarantie) zur Regelung der den Koalitionen zufallenden Sachaufgaben reicht. Wenngleich in diesem Bereich noch vieles ungeklärt und streitig ist[10], so kann man doch mit der Heimarbeitsgesetzentscheidung des *Bundesverfassungsgerichts*[11] den Inhalt der autonomen Gestaltungsfreiheit mit der Überlegung eingrenzen, daß der Staat „kraft der Grundentscheidung des Art. 9 III GG die Bestimmung über alle regelungsbedürftigen Einzelheiten des Arbeitsvertrags den in den Tarifparteien organisierten Arbeitnehmern und Arbeitgebern zu überlassen (hat). Dieses Prinzip setzt voraus, daß es überall, wo ein Bedürfnis dafür besteht, also der Individualarbeitsvertrag ein unzureichendes Instrument zur Begründung eines sozial angemessenen Arbeitsverhältnisses darstellt, solche organisierten Tarifparteien gibt". Ob die Einheitlichkeit des Arbeitnehmerbegriffs auch darüber hinaus gewährleistet ist[12], läßt sich aus dem Grundrecht des Art. 9 III GG nicht erklären, sollte m. E. aber

[10] Zu einigen neueren Problemen in diesem Bereich vgl. Säcker (Institutionsgarantie), S. 17 ff. m. w. N.

[11] E 34, 307 ff., 316 f.

[12] Immerhin besteht rein theoretisch die Alternative, den einheitlichen Arbeitnehmerbegriff aufzugeben und einzelne Normen nach dem Zweck ihrer Regelung auf einen bestimmten Personenkreis zu beschränken (dazu Hueck / Nipperdey I, S. 34 und Dietz / Richardi, § 5 Anm. 14). Allerdings würde dies auch die Aufgabe des einheitlich konzipierten Arbeitsrechts bedingen und zu einer Fülle von Entscheidungen des Rechtsanwenders führen, in denen je verschiedene Schutzbedürftigkeiten für je verschiedene Regelungszwecke gegeneinander abzuwägen wären.

bejaht werden[13], da im Fall der Anwendung von zwei oder mehr unterschiedlich gewichteter Arbeitnehmerbegriffe die Gefahr einer Rechtszersplitterung im wesentlichen gleicher Sachverhalte mit der Folge mangelnder Rechtssicherheit allzu groß werden würde[14].

Im übrigen ist die Existenz des kollektiven Arbeitsrechts kein Selbstzweck. Es dient vielmehr der Durchsetzung und Verwirklichung des Individualvertragsrechts[15]. Dieser Zusammenhang würde übersehen werden, wenn man die Einheitlichkeit des Arbeitnehmerbegriffs negierte. Die gerade überwundene Trennung des Individual- vom Kollektivarbeitsrecht, die eine sachgerechte Definition des Arbeitnehmerbegriffs so lange verhindert hat, würde erneut durchgeführt und wiederum den Begriff von seinem Geltungsgrund scheiden. Da, wie oben gezeigt wurde, die wirtschaftlich-sozialen Existenzbedingungen ein wesentlicher Faktor des neu zu bestimmenden Arbeitnehmerbegriffs sind, hat die kategoriale Einteilung des herkömmlichen Systems in Arbeitnehmer — arbeitnehmerähnliche Person — Selbständiger ihre Berechtigung allein schon dadurch verloren, daß das Merkmal der wirtschaftlichen Abhängigkeit im Licht des Art. 9 III GG offensichtlich eine größere Bedeutung erlangen kann, als es ihm zur Definition der nur arbeitnehmerähnlichen Person von Gesetzes wegen (§§ 5 Abs. 1 S. 2 ArbGG, 2 S. 2 BUrlbG, 12 a TVG) zukommt[16], soll anders nicht die notwendige Einheitlichkeit des Arbeitnehmerbegriffs verletzt werden.

Im Sinne *dieser* Auslegung verlieren §§ 5 I S. 2 ArbGG, 2 S. 2 BUrlbG, 12 a TVG ihre Bedeutung als systemwidrige und -sprengende Vorschriften, die ihnen zuvor beigemessen werden mußten[17]. Jetzt zeigt sich, daß die Merkmale der Arbeitnehmerähnlichkeit in Wirklichkeit nicht sachfremd sind, wie sie sich notwendigerweise der herkömmlichen Auffassung darstellen mußten, sondern Ausdruck und Umschreibung wesentlicher Faktoren der empirisch erfahrbaren und normativ geforderten Arbeitnehmereigenschaft. Sicher können die Kriterien der wirtschaftlichen Abhängigkeit und der Arbeitnehmerähnlichkeit den Status des Arbeitnehmers nicht hinreichend erfassen. Dafür sind sie zu undif-

---

[13] Demgegenüber geht Küchenhoff, in: Erman / Küchenhoff, Vorbem. 59 zu § 611 BGB davon aus, daß es im deutschen Recht keinen einheitlichen Arbeitnehmerbegriff gibt; *a. A.* Dietz / Richardi, § 5 Anm. 14; Stolterfoth (Selbständigkeit), S. 117; Plander, in: RdA 1973, 237 insbes. 237 Fn. 50; Ballerstedt, in: RdA 1976, 7 f.

[14] Zur Funktion der Einheitlichkeit des Arbeitnehmerbegriffs vgl. Mayer-Maly (Arbeiter), S. 2 ff.; Stolterfoth, S. 116 f. und S. 116 Fn. 94; Richardi, in: ZfA 1974, 22 f.; Plander, 237 Fn. 50.

[15] Wiethölter (Rechtswissenschaft), S. 286; Hensche, in: RdA 1971, 12.

[16] Siehe dazu oben unter 4. b).

[17] Ebenso Woltereck, Anm., 190 f.

ferenziert; das begriffliche Raster ist zu grob[18]. Das kann jedoch angesichts der „Auffang"-funktion des Begriffs nicht erwartet werden. Der Begriff der Arbeitnehmerähnlichkeit läßt aber die funktionale Verengung und leitbildartige Fixierung der herrschenden Begrifflichkeit, wie sie oben beschrieben wurde, deutlich erkennen, indem er durch das Kriterium der wirtschaftlichen Abhängigkeit, welches ein wichtiger Indikator für die wirtschaftlich-sozialen Existenzbedingungen der Arbeitnehmereigenschaft ist, die Unverzichtbarkeit dieses schlechthin konstituierenden Merkmals auch für die herkömmliche Systematik erweist. Der diesem Begriff vom Gesetzgeber beigelegte Sinn, der in einer vorsichtigen Integrierung von Personen liegt, die wenigstens teilweise oder ähnliche Abhängigkeiten wie ein Arbeitnehmer aufweisen, deutet darüber hinaus auch die *richtungsweisende Tendenz* und *integrierende Kraft* wirtschaftlich-sozialer Begriffsmerkmale an. Die Bedeutung dieser Merkmale geht immerhin soweit, daß selbst die herkömmliche Systematik darauf insofern, als die (teilweise) Einbeziehung neuer, durch soziale Strukturveränderungen entstandener Abhängigkeiten in das Arbeitsrecht erforderlich wird, nicht verzichten kann.

Der Begriff der wirtschaftlichen Abhängigkeit verstellt den Blick auf seinen wahren Stellenwert, wenn er im Zusammenhang mit der Arbeitnehmerähnlichkeit gebraucht wird, weil diese von der herkömmlichen Auffassung vorgenommene Verbindung nur aus dem formal-funktionalistischen Charakter ihrer Theorie heraus erklärbar ist. Die integrierende, begriffliche Kraft wirtschaftlich-sozialer Kriterien ebenso wie ihre Unverzichtbarkeit für *jede* Theorie des Arbeitnehmerbegriffs sollte demgegenüber beachtet werden.

c) Die objektiv-materiale Struktur des neuen Arbeitnehmerbegriffs als sach- und wertungsgerechter Bestandteil des Arbeitsrechts

Die Notwendigkeit eines einheitlichen Arbeitnehmerbegriffs zeigt aber auch, daß „Arbeitnehmer" der Systembegriff einer Sonderrechtsordnung ist, die von spezifischen Schutz- und Selbstbestimmungsideen geprägt ist[19]. Das Arbeitsrecht wird dadurch jedoch nicht zu einer „Privilegienordnung, für die innerhalb einer offenen Gesellschaft jede Rechtfertigung fehlt", wie *Richardi* meint[20]. Denn zu einer Privilegie-

[18] So die h. M., vgl. dazu die Ausführungen oben unter 4. b) cc) sowie Stolterfoth, S. 103 f.; Adomeit (Rechtsquellenfragen), S. 99; Tomandl (Wesensmerkmale), S. 59 ff.; von Bornhaupt, in: FuR 1973, 109 und BAG AP Nr. 4 und 12 zu § 611 BGB — Abhängigkeit.

[19] Hueck / Nipperdey I, S. 3; Nikisch I, S. 3 f.; Söllner, S. 13; Erman / Küchenhoff, Vorbem. 72 zu § 611 BGB; Bulla, in: Die Arbeitskammer 1961, 407; Ostheim (Weisung), S. 5; differenzierend Wiethölter, S. 281.

[20] 23; ähnlich Wolf (Arbeitsverhältnis), S. 15; siehe auch oben unter 3. e) bei Fn. 40.

rung führt er schon deswegen nicht, weil erst seine Existenz die Voraussetzungen zur *Nivellierung* vorhandener struktureller Ungleichheiten wenigstens teilweise zugunsten der Arbeitnehmerschaft schafft. Während der Hinweis auf die „offene" Gesellschaft, soweit er nicht nur eine idealisierende Zielvorstellung unserer heutigen Gesellschaftsordnung meint, unzutreffend ist, worüber unter Soziologen allseitig Einigkeit besteht[21]. Ebenso geht der Vorwurf, daß „jede soziologische Betrachtungsweise (der Kriterien des Arbeitnehmerbegriffs, d. Verf.) ... dahin führen (müßte), das Arbeitsrecht als Recht einer bestimmten Klasse und nicht funktional zu begreifen"[22], an der Sache vorbei. Der Arbeitnehmerbegriff ist das notwendige, wertungsgleiche Korrelat der sachlich-rechtlichen Normen des Arbeitsrechts. Er soll die möglichst exakte „Umsetzung" des in der gesamten Arbeitsrechtsordnung enthaltenen sozialen Ordnungsmodells in die soziale Realität, d. h. auf den „richtigen" Adressatenkreis gewährleisten. Dabei kann er sich nur angesichts des tatsächlichen Machtgefälles im Bereich des Arbeits- und Wirtschaftslebens auf *objektiv feststellbare, materiale* Kriterien stützen, wie solche, die vor allem einer empirischen Erfassung und inhaltlichen Ausfüllung der zu untersuchenden Personengruppe zugänglich sind[23].

Es soll andererseits nicht geleugnet werden, daß die Bildung materialer Rechtskriterien im wesentlichen auf Ergebnissen einer soziologischen Statusbeurteilung von Individuen oder Personengruppen beruht[24]. Nur greift eine Kritik hieran aus mehreren Gründen zu kurz. Denn einmal wurzelt unser Arbeitsrecht schon lange nicht mehr in privatem Kontraktrecht, wie es etwa § 105 GewO noch voraussetzt, sondern in einer Form von Statusrecht[25], das aus Gründen der Sicherung des sozialen Lebensstandards sowie angemessener Arbeits- und Wirtschaftsbedingungen zu einer Einschränkung in der Wahl der Rechtsform[26] durch zwingendes Gesetzesrecht gelangt ist[27]. Die zwingende

---

[21] Hofbauer (Gliederung), S. 75 m. w. N.; siehe auch Däubler (Grundrecht), S. 39.

[22] Stolterfoth, S. 104 und 119.

[23] Ohne auf das hier angesprochene Problem direkt einzugehen, wird die von Stolterfoth zur Diskussion gestellte Einschätzung fast allgemein abgelehnt, vgl. etwa Schnorr, Anm.; Mayer-Maly, in: BB 1974, 1124; Raiser, in: ZRP 1973, 13 ff.; Grüber, in: JZ 1974, 665 ff.; Herschel (Beruf), S. 28 f.; Bulla (Rechtsprechung), S. 18.

[24] Für die Definition der wirtschaftlichen Abhängigkeit der arbeitnehmerähnlichen Person wird dies nicht bestritten, etwa BAG AP Nr. 2 zu § 717 ZPO; Tomandl (Metamorphose), S. 436; Lieb, in: RdA 1974, 263.

[25] Wiethölter, S. 283; ähnlich wohl auch Mayer-Maly, 1126 und (Arbeiter), S. 1; Woltereck, Anm., 191 f.; Lieb, in: ZVersWiss 1976, 208; Unterseher (Arbeitsvertrag), S. 79 ff. und BAG AP Nr. 10 zu § 611 BGB — Abhängigkeit; *a. A.* Ballerstedt, in: RdA 1976, 7.

[26] So terminologisch richtig K. Schmidt (Stellung), S. 83 f., 159 Fn. 5; auch Lieb, in: RdA 1975, 49, hat sich inzwischen (anders noch in Ehegattenmitar-

Natur dieses Gesetzesrechts beruht sowohl auf der Eigenart des jeweiligen Normbefehls, der, wie bei der Regelung der gewerblichen Vermittlertätigkeit in § 84 HGB ausschließlich zwei, jedenfalls aber eine abschließende Zahl von Rechtsformen bereitstellt, als auch auf der vom jeweiligen gesetzlichen Tatbestand vorausgesetzten objektiv-materialen Feststellung seiner Merkmale[28]. Diese bisher unbestrittene[29] Feststellung ist jüngst von *Stolterfoth*[30] in Frage gestellt worden.

aa) Das alternative Lösungsmodell der Stolterfothschen Vertragstheorie versagt in der Anwendung des Arbeitsrechts auf freie Berufe

Schon an anderer Stelle wurde sein Versuch, das Handelsvertreterrecht als eine dem Arbeitsrecht adäquate, sozialen Schutz wie autonome Regelungsbefugnis verleihende Rechtsordnung zu begreifen, als unzulänglich abgelehnt[31]. *Stolterfoths* Lösung greift jedoch erheblich weiter. Ausgehend von dieser Prämisse einer materiellen Gleichwertigkeit der Rechtsverhältnisse von angestellten Reisenden und selbständigen Handelsvertretern sowie von der Annahme, daß das Abgrenzungsproblem mit Hilfe objektiver Kriterien nicht zu lösen ist[32], sieht *Stolterfoth* die geeignete Qualifizierungsmethode in der „Vertragstheorie", nach der „die Vertragsparteien berechtigt (sind), *ohne Rücksicht auf die inhaltliche Gestaltung* ihres Vertragsverhältnisses zu wählen, ob darauf Arbeitsrecht oder Handelsrecht zur Anwendung kommen soll" (Hervorhebungen von mir, d. Verf.)[33]. Diese Konzeption ist abzulehnen[34], weil sie mit der Gewährleistung des Grundrechts auf Koalitionsfreiheit gemäß Art. 9 III GG nicht vereinbar ist und damit die durch Art. 9 III GG entscheidend beeinflußte Funktion des Arbeitnehmerbegriffs gründlich mißversteht. Schon die beiden Prämissen *Stolterfoths* können keine Geltung beanspruchen.

Von den Bedenken gegen eine Äquivalenz von Handels- und Arbeitsrecht, die oben bereits geäußert wurden, einmal abgesehen, kann

---

beit, S. 32 ff.) dieser Terminologie angeschlossen; ebenso Battes, in: AcP 174 (1974), 433.

[27] Zu einer ganz anderen Art von Statusrecht, die sich grundsätzlich von der hier vertretenen Meinung unterscheidet siehe oben unter 2. a) bei Fn. 57.

[28] Ebenso Mayer-Maly (Arbeitsrecht), S. 37; Tomandl, S. 446; Lieb, 49 f.; K. Schmidt, S. 158; Hübner (Sicherheit), S. 8.

[29] Hier sei noch einmal auf die Ausführungen und Nachweise oben unter 2. b) hingewiesen.

[31] S. 156 ff., insbes. S. 165 f.

[32] S. 236, 244 f., 266, 269 und S. 118 ff., 276.

[33] S. 276 f.

[34] Ebenso Herschel, in: AuR 1974, 308 f.; Ballerstedt, in: RdA 1976, 8; Fenn (Arbeiterverhältnisse), S. 181 f. und Lieb, 50 Fn. 15, der die Annahme von Stolterfoth, Handels- und Arbeitsrecht seien materiell gleichwertig, für „sehr kühn" hält.

diese Konzeption nicht überzeugen, weil sie über den speziellen Bereich der Alternative angestellter Reisender/selbständiger Handelsvertreter hinaus versagen muß. Denn selbst, wenn man einmal die Äquivalenz von Handels- und Arbeitsrecht unterstellt, so hilft das für eine Lösung, die eine einheitliche und umfassende Anwendbarkeit des Arbeitnehmerbegriffs anstrebt, nicht weiter, weil außer dem Handelsrecht kein Rechtsgebiet ersichtlich ist, welches auch nur annähernde Äquivalenz gewährleisten könnte. Dies gilt etwa für die große Gruppe aller künstlerisch Tätigen und die freien Mitarbeiter, wie auch *Stolterfoth* einräumen muß[35]. Gleiches gilt grundsätzlich auch für das Berufsrecht der Rechtsanwälte, ohne daß dies näher untersucht werden müßte. Denn es ist evident, daß diese Rechtsordnungen vom selbständigen Berufsangehörigen, dem freiberuflich Tätigen[36] ausgehen (§ 2 I BRAO), eine gesicherte wirtschaftlich-soziale Existenz idealtypisch voraussetzen und vor allem die Bedingungen einer freien Berufstätigkeit normieren (§§ 43 ff. BRAO). Die sozialpolitische Problematik dieser Berufe beginnt der Gesetzgeber erst jetzt nach und nach zur Kenntnis zu nehmen. Es existieren daher keine Rechtsnormen, die die auftretenden sozialen Konflikte *anders,* wenn auch inhaltlich adäquat, als durch das Arbeitsrecht und *ausdrücklich* von diesem abgegrenzt regeln könnten[37].

Gerade diesen Berufsgruppen aber würde die Konzeption *Stolterfoths* den Schutz des Arbeitsrechts versagen. Sie müßten sich unter dem Schein der parteiautonomen Wahl der Vertragsform angesichts der realen Machtungleichheit in diesen Bereichen tatsächlich dem Dikat des stärkeren Vertragspartners beugen.

Weil der Arbeitnehmer in fast allen Bereichen der Wirtschaft und in den vielfältigsten Berufsformen in dieser Gesellschaft zu finden ist,

---

[35] S. 273. Ein erster Schritt in die arbeitsrechtliche Richtung wurde mit § 12 a TVG unternommen.

[36] Vgl. die Definition oben unter 1., 2.

[37] Eine gewisse Ausnahme bildet die kollektivrechtliche Ausgestaltung der kassenärztlichen Leistungsvereinbarung zwischen den kassenärztlichen Vereinigungen und den Krankenkassen gemäß §§ 368 ff. RVO. Der Einfluß des Staates auf die Regelung der materiellen Arbeitsbedingungen ist allerdings sehr groß, der Einfluß des einzelnen Arztes eher gering (Naschold, Kassenärzte, S. 64 ff.). Ob in dieser Regelung eine der tarifautonomen, arbeitsrechtlichen Regelungsbefugnis vergleichbare Institution zu sehen ist, kann in der historisch-politischen Dimension kaum bestritten werden (Naschold, S. 56 ff., der seine Feststellung allerdings auf S. 129 wieder relativiert; Potthoff, Diskussionsbeitrag, S. 215; Heuss, Organisationsprobleme, S. 239; Zacher, in: ZRS 1966, 150), mag in der aktuellen Situation politisch gefordert werden (Eiken, in: Blätter für deutsche und internationale Politik 1971, 1280; Marowski, in: Gewerkschaftspiegel 1972, 17 f.; Jansen, in: Kürbiskern 1972, 765), ist jedoch sowohl angesichts der rechtstechnischen Regelung wie der juristischen Substanz der Regelung eher zurückhaltend zu beurteilen (ähnlich wohl Däubler, Grundrecht, S. 189 Fn. 65; Zacher, 150 und Burkhardt, Standespflichten, S. 23 f.).

muß an der einheitlichen Regelung der arbeitsrechtlichen Materie festgehalten werden, es sei denn, man wollte für jede Berufssparte, für jeden Wirtschaftszweig ein eigenständiges, arbeitsrechtliches „Berufs-“ recht schaffen. Schon angesichts der Vielfalt der Berufsformen wäre ein solches Unterfangen illusionär. Es widerspräche aber auch der als einheitlich gedachten und gewollten Konzeption des individuellen wie des kollektiven Arbeitsrechts, das im übrigen gerade der übereinstimmenden regelungsbedürftigen Probleme der meisten Arbeitnehmerberufe wegen zu eben dieser Einheitlichkeit kommen konnte.

Die Konzeption *Stolterfoths* unterliegt jedoch noch einem weiteren Einwand. Selbst wenn eine Äquivalenz von Handelsvertreter- und Arbeitsrecht angenommen werden könnte, ist damit noch nicht die sachfremde „Wahl“ einer der beiden Rechtsformen durch die Vertragsparteien ausgeschlossen. Denn Äquivalenz bedeutet zunächst einmal nur Gleich*wertigkeit,* d. h. schließt *Gleichheit* nicht begriffsnotwendig mit ein. Der Maßstab, an dem die Gleichwertigkeit zweier Rechtsformen gemessen werden soll, um Gleichheit zu gewährleisten, hängt dabei entscheidend von der Funktion ab, die beide Rechtsformen übereinstimmend erfüllen müssen, wenn sie gleichwertig sein sollen.

Die Funktion des Arbeitsrechts liegt aber sicher nicht allein in der Schutzgewährung für seine Regelungsadressaten, wie *Stolterfoth* das anzunehmen scheint[38], sondern dient wenigstens noch der Durchsetzung des Selbstbestimmungsrechts der Arbeitnehmer. Die Funktion des Arbeitsrechts kann nicht eindimensional gesehen werden. Mit anderen Worten, der Maßstab zur Beurteilung der Gleichwertigkeit zweier Rechtsformen ist weitaus komplexer als *Stolterfoth* zu glauben scheint. Die alternative Wahlmöglichkeit einer in der Handelsbranche tätigen Person, die faktisch, d. h. nach objektiv-materialen Kriterien Arbeitnehmer ist, zwischen dem Arbeitnehmerstatus einschließlich der kollektiven Rechtsgarantien und dem durch das Handelsrecht geschützten sozial modifizierten Selbständigenstatus läßt sich nicht mit einem Hinweis bezüglich der Gleichwertigkeit beider Rechtsformen auf lediglich berufsspezifische Argumente wie sachgerechtere oder zweckdienlichere Verwendbarkeit der einen oder anderen Form für eine konkrete Vermittlertätigkeit reduzieren[39]. Schon die Entscheidung für (beim Arbeitsrecht) oder gegen (beim Handelsvertreterrecht) die Inanspruchnahme der Tarifautonomie dürfte sich schwerlich allein auf sachliche Erfordernisse einer bestimmten Berufstätigkeit stützen lassen, selbst wenn eine Gleichwertigkeit beider Rechtsformen unterstellt wird. Die Unterschiede zwischen beiden Rechtsformen sind immerhin so groß, die Instrumente der unterschiedlichen Regelungsmaterien so komplex, daß es

[38] S. 102, 114 f., 236.

[39] So aber Stolterfoth, S. 235, 240.

von überragender Bedeutung ist, wer über die Anwendung einer der beiden angeblich gleichwertigen Rechtsformen entscheidet. Indem *Stolterfoth* die Wahl der jeweiligen Vertragsform der „freien" Übereinkunft der Vertragsparteien überläßt, nimmt er dem Arbeitnehmer faktisch die Möglichkeit, *selbst über den „richtigen" Maßstab* zur Beurteilung der Gleichwertigkeit zu entscheiden. Er überträgt dem Arbeitgeber das Entscheidungsmonopol unter dem Vorwand, dieser könne nicht mehr sachfremd oder willkürlich entscheiden, weil es nur noch eine *sachliche* Entscheidungsmöglichkeit gebe[39].

Konnte bisher die wirtschaftliche und soziale Übermacht des Arbeitgebers beim Vertragsabschluß dadurch kompensiert werden, daß nur eine Rechtsmaterie, die entscheidend durch die Arbeitnehmer mitgestaltet worden war, zur Regelung sozialer Abhängigkeitsverhältnisse zur Verfügung der Vertragsparteien stand, so überantwortet die Lösung *Stolterfoths* die Arbeitnehmer dem Diktat des stärkeren Vertragspartners, weil sie ihm die Entscheidung über die Anwendbarkeit einer der beiden Rechtsformen faktisch überträgt. Die Schaffung zweier angeblich gleichwertiger, „regelungstechnisch" aber ungleicher Rechtsformen zur Regelung von objektiv-materialen Arbeitsverhältnissen muß zumindest die gleichberechtigte Partizipation der Arbeitnehmer an der Wahl einer der beiden Rechtsformen gewährleisten, weil anders die den Koalitionen (d. h. *auch* den Arbeitnehmervereinigungen) zugewiesene, durch Art. 9 III GG gewährleistete Freiheit zur Gestaltung der Arbeitsbedingungen in ihrem Kern tangiert würde. Denn wenn schon „den Koalitionen ... durch Art. 9 III GG die Aufgabe zugewiesen und in einem Kernbereich gewährleistet (ist), die Arbeits- und Wirtschaftsbedingungen in eigener Verantwortung und im wesentlichen ohne staatliche Einflußnahme zu gestalten", dann muß ihnen erst recht die Entscheidung darüber zustehen, ob zwei die gleiche Tätigkeit regelnde aber unterschiedliche Arbeitsbedingungen voraussetzende Rechtsformen gleichwertig sind.

Diesem Anspruch kann die Theorie *Stolterfoths* nicht gerecht werden. Selbst wenn Arbeits- und Handelsvertreterrecht als äquivalent definiert werden könnten, wäre es unzulässig, die Wahl zwischen den beiden Rechtsformen der „freien" Entscheidung zweier wirtschaftlich und sozial ungleicher Vertragsparteien anheim zu geben, weil die Entscheidung über den Maßstab, ob eine Äquivalenz gegeben ist oder nicht, tatsächlich allein der einen, übermächtigen Partei überlassen bliebe. Das sich aus der Gefahr ständiger Fremdbestimmung des sozial und wirtschaftlich Schwächeren rechtfertigende Grundrecht des Arbeitnehmers auf kollektive Durchsetzung seiner Interessen würde den Arbeitnehmern, die vom Unternehmer zu Handelsvertretern „bestimmt" worden sind, versagt werden, ohne daß sie jemals auf die Voraussetzungen solcher alternativen Gleichsetzung mit den Mitteln Einfluß nehmen könnten, die ihnen auch sonst die einzig realistische Chance zur autonomen Wahrnehmung ihrer Interessen bieten. Im Ergebnis würde *Stolterfoths* Theorie jenen Zustand wieder herbeiführen, der durch die Schaffung des modernen Arbeitsrechts gerade verhindert werden soll.

bb) Die Einschränkung der Privatautonomie durch den Rechtsformzwang der zwingenden Arbeitsrechtsschutznormen

Eine objektive Kriterien negierende „Vertragstheorie", die die Wahl der Rechtsform ausschließlich auf den übereinstimmenden, vertraglich manifestierten Willen der Vertragsparteien gründet, setzt sich über die im Bereich des Arbeitsrechts grundsätzlich geltende Einschränkung der Vertragsfreiheit hinweg[40]. Die vertragliche Unabdingbarkeit vieler Arbeitsrechtsnormen sichert nicht nur die Einhaltung vertragsspezifischer Normen einer zuvor einverständlich gewählten Rechtsform, sondern beinhaltet darüber hinaus das Verbot der Wahl beliebiger Rechtsformen, wenn es sich materiell um die Begründung eines Arbeitsverhältnisses handelt. Anknüpfungspunkt dieses Rechtsformzwanges ist der Arbeitnehmerbegriff, der, soll er die ihm beigelegte Funktion erfüllen, nur anhand objektiv-materialer Kriterien definiert werden kann. Die Existenz solcher Verbotsrechtssätze läßt sich, anders als etwa im Personengesellschaftsrecht[41], im Bereich des Arbeitsrechts nur mit Mühe aus dem Gesetzeswortlaut erschließen[42]. Wie zuvor bereits angedeutet, ergibt sich der sichtbarste positivrechtliche Beweis für einen solchen Rechtssatz aus der Systematik des § 84 HGB. § 84 HGB stellt zur vertraglichen Regelung der Vermittlertätigkeit zwei Rechtsformen bereit, die selbständige (Abs. 1) und die abhängige (Abs. 2) Ausübung der Tätigkeit. Obwohl sich schon aus den allgemeinen Grundsätzen der Abgrenzung von Selbständigen und Arbeitnehmern ergeben hätte, daß eine nicht selbständig ausgeübte Vermittlertätigkeit nur abhängig ausgeübt werden kann, normiert der Gesetzgeber dennoch in § 84 Abs. 2 HGB die unselbständige Vermittlertätigkeit. Darin ist zweifellos ein erster Hinweis auf die Bedeutsamkeit einer Abgrenzung aufgrund zwingender, objektiver Kriterien zu erkennen, der völlig überflüssig

[40] So die überwiegende Meinung in der arbeitsrechtlichen Literatur und vor allem die Rechtsprechung des BAG (vgl. die Nachweise oben unter 2. b) bei Fn. 74 ff.); grundsätzlich *a. A.* nur Stolterfoth, S. 169 f., 217 ff., 221 ff. und hinsichtlich einiger spezieller Aspekte Sieg, in: SGb 1968, 513 und Lieb, in: RdA 1975, 50 ff. Weiter dazu Mayer-Maly, in: Anm., 252; Gamillscheg, in: Anm., 466; Lieb, in: Anm.; Zöllner, in: AcP 176, 221 ff.

[41] Zur ähnlich gelagerten Problematik im Gesellschaftsrecht vgl. die kontroversen Auffassungen von Lieb (Ehegattenmitarbeit), S. 20 ff., 31 ff.; K. Schmidt, S. 158 ff. und Battes, 429 ff., 433.

[42] Lieb, in: RdA 1975, 49 f., 52.

wäre, wenn die Wahl der Rechtsform als Gegenstand der privatautonomen Regelungsbefugnis der Parteien unbeschränkt wäre. Darüber hinaus ist der zwingende Charakter der vom Gesetzgeber ausschließlich zur Verfügung gestellten Alternative: Selbständiger — Arbeitnehmer durch die beiden Worte „gilt als“ in § 84 II HGB unterstrichen. Eine solche fiktive Zuweisung des Arbeitnehmerstatus hat nämlich nur dann einen Sinn, wenn die vorausgesetzten Eigenschaften („... ohne selbständig im Sinne des Absatz 1 zu sein, ...“) objektiv festgestellt werden können. Derjenige, von dem objektiv feststeht, daß er, ohne selbständig im Sinne des Absatz 1 zu sein, als Vermittler tätig ist, kann nach der gesetzlichen Regelung des § 84 HGB nur Arbeitnehmer sein, er „gilt als Angestellter“. Eine entgegenstehende, vertraglich fixierte Klausel mit dem Wortlaut: „X ist selbständiger Gewerbetreibender“ würde nicht zur Anwendung von § 84 I HGB führen. Stünde die Wahl der Rechtsform dagegen im Belieben der Vertragsparteien, wäre § 84 Abs. 2 HGB völlig unverständlich. Die „freie“ Wahl widerspricht dem Wortlaut des § 84 II HGB.

Da § 84 HGB Teil und wesentlicher Ausdruck arbeitsrechtlicher Definitionen und begrifflicher Abgrenzungen ist, wie oben erläutert wurde[43], kann auch der Nachweis dieses spezialgesetzlichen Verbotsrechtssatzes als Bestätigung für die Existenz allgemein arbeitsrechtlicher Verbotsnormen gelten. Die Unabdingbarkeit vieler Arbeitsrechtsnormen, die grundsätzlich nur der Beschränkung der vertraglichen Gestaltungsfreiheit dient, aber ihrem Schutzzweck entsprechend, wie er in § 84 HGB zum Ausdruck kommt, auch die Wahlfreiheit der Vertragsparteien beschränkt, weist zudem auf die Existenz solcher ungeschriebenen Verbotsrechtssätze, die ohne eine objektive Kriterienbildung nicht denkbar sind, hin. Der Rechtsformzwang gilt im gesamten Bereich des Arbeitsrechts und umfaßt daher auch die Vereinbarung und Durchführung materieller Arbeitsverhältnisse in der (formal gewählten) Gestalt des freien Berufes[44].

Die hier vertretene Konzeption entspricht im übrigen dem einmütig gebilligten Ergebnis des überkommenen Schuldvertragsmodells hinsichtlich der Bedeutung des zwingenden Gesetzes[45]. Es bestanden in der

---

[43] 4. c) cc).

[44] Dieses Ergebnis entspricht auch der allgemeinen Meinung für die ähnlich gelagerte gesellschaftsrechtliche Problematik (vgl. die in Fn. 41 Genannten). Die kontroversen Diskussionen beziehen sich im Gesellschaftsrecht nur auf die Frage einer möglichen „Rechtsformautomatik“ (K. Schmidt, S. 165) durch den numerus clausus des zwingenden Rechts; dazu gleich im Text.

[45] Vgl. etwa die Abgrenzungsbemühungen (allgemein dazu Larenz, Methodenlehre, S. 287 ff., 448 ff. und Flume, S. 2, 12 f. sowie Fenn (Arbeitsverhältnisse), S. 173 ff.) bei Miete, Pacht. Leihe (Erman / Schopp, Vorbem. 3 ff. zu § 535; Soergel / Siebert / Metzger, Vorbem. 12 ff. zu § 535), bei Dienst- und Werkvertrag (Esser / Weyers, S. 224 ff.); wie hier Hübner (Sicherheit), S. 8;

Vergangenheit nie Zweifel daran, daß ein, bestimmte Rechtsfolgen sicherndes, zwingendes Gesetz durch einen richterlichen Rückgriff auf die „objektive" Vertragsnatur und die „eigentlichen" Vertragsbeziehungen zu bestimmen sei. Insoweit war die grundsätzlich geltende Privatautonomie durch das zwingende Recht eingeschränkt. „Denn zur Ausschaltung von zwingenden Rechtsfolgen hat man der Privatautonomie nie die Befugnis zuerkannt[46]." Der etwa entgegenstehende Wille der Parteien, die anderslautende Vertragsbezeichnung war unbeachtlich, die Abbedingung oder Umgehung[47] der Rechtsfolge war unwirksam.

Die Frage, was mit dem auf einer verfehlten Rechtsform beruhenden Rechtsverhältnis geschieht, wird im Arbeitsrecht neuerdings, wie schon seit einiger Zeit im Gesellschaftsrecht, kontrovers diskutiert[48]. Als Lösungsvorschläge werden genannt: (a) die Unbeachtlichkeit der ausdrücklichen Erklärung, kein Arbeitsverhältnis eingehen zu wollen, wegen der entgegenstehenden Tatsache der Arbeitsleistung in Anwendung des Satzes: protestatio facto contraria *(Erman / Küchenhoff)*[49], (b) „automatischer" Wechsel der gewählten, objektiv unzulässigen in die verfehlte, objektiv vorliegende und dann wirksame Rechtsform wegen der Verkürzung des subjektiven Erklärungstatbestandes durch den Rechtsformzwang des objektiven Rechts *(K. Schmidt)*[50] und (c) grundsätzliche Beachtlichkeit des entgegenstehenden Willens, daher Entstehung eines fehlerhaften Rechtsverhältnisses mit der Folge der sofortigen, kündigungsschutzlosen Auflösbarkeit *(Lieb)*[51]. Ohne auf die Spezialfälle der protestatio und der falso demonstratio[52], deren Voraussetzungen in den hier relevanten Fällen nicht immer vorliegen werden[53], einzugehen, ist

---

K. Schmidt, S. 160 ff.; Gamillscheg, in: AcP 176, 206, 216; auch Stolterfoth, S. 207 f., muß dies im Grundsatz anerkennen, kommt aber dennoch zu einem anderen Ergebnis, indem er, m. E. nicht zwingend, weil weder sachgerecht noch mit der vorliegenden Problematik vergleichbar — denn gerade für das internationale Arbeitsrecht wird nach Lösungen gesucht, die von generell internationalprivatrechtlichen Ordnungsgrundsätzen abweichen (vgl. etwa Fikentscher, in: RdA 1969, 204 f.) —, auf Wertungsgesichtspunkte aus dem internationalen Privatrecht zurückgreift (S. 211 ff.).

[46] Stolterfoth, S. 209.

[47] Die Rechtsprechung des BAG gewinnt dieses Ergebnis auch durch die Grundsätze der objektiven Gesetzumgehung, die es zu dem Problem der befristeten Arbeitsverträge entwickelt hat (vgl. BAG AP Nr. 12, 19 und 21 zu § 611 BGB — Abhängigkeit; andeutungsweise auch BGH NJW 1972, 1662 f. und, im Ergebnis ablehnend, RAG ARS 33, 320 ff., 323).

[48] Vgl. die in Fn. 41 Genannten und Lieb, in: RdA 1975, 49 ff., sowie Fenn (Arbeitsverhältnisse), S. 171 ff.

[49] § 611 Rdnr. 53.

[50] S. 158 ff., 169.

[51] 53; dagegen Fenn, S. 178 ff.

[52] Dazu Lieb (Ehegattenmitarbeit), S. 32.

[53] So zu Recht Stolterfoth, S. 203 f.

es m. E. nicht notwendig, mit *K. Schmidt* die „Funktionsbeschränkungen", die zudem im Gesellschaftsrecht mit seinem numerus clausus offenkundiger sein mögen als im Arbeitsrecht, herauszustellen, denn auch die Anwendung von *Liebs* Lösungsvorschlag führt für das Arbeitsrecht entgegen *Lieb* zur regelmäßigen Wirksamkeit des verfehlten Rechtsverhältnisses. Wie *Lieb* selbst an anderer Stelle[54] hervorhebt, ist der Rechtsformzwang des Arbeitsrechts nur einseitig zwingend gegen den Arbeitgeber gerichtet. Damit aber bleibt das bisher schon tatsächlich durchgeführte, vom Vertragswortlaut jedoch verfehlte Rechtsverhältnis *insgesamt wirksam,* denn der Schutzzweck der einseitig zwingenden Normen des Arbeitsrechts schränkt nach bisher unbestrittener Meinung die Anwendbarkeit des § 139 BGB ein[55]. Mit anderen Worten: Selbst wenn es auf den Willen der Parteien im Grundsatz ankommen sollte, wie auch in der arbeitsrechtlichen Rechtsprechung immer wieder hervorgehoben wird[56], kann die Nichtigkeit des verfehlten Rechtsverhältnisses nach § 134 BGB[57] nicht durchgreifen. Unter modifizierter Anwendung des § 139 BGB ist nur die entgegenstehende Vertragsabrede „X ist selbständiger Gewerbetreibender" unwirksam; der übrige Teil des Vertrages bleibt, einschließlich der nicht vereinbarten zwingenden Rechtsnormen des tatsächlich praktizierten Arbeitsrechtsverhältnisses, wirksam, selbst wenn der Arbeitgeber diesen Vertrag nicht zu solchen Bedingungen oder überhaupt nicht geschlossen hätte[58].

Die aus einer historisch-teleologischen Interpretation des Art. 9 III GG gewonnene Einsicht, daß der Arbeitnehmerbegriff in seiner Definition durch materiale Kriterien grundrechtlich gewährleistet ist, stimmt mit dem individualrechtlichen Charakter der Unabdingbarkeit vieler Arbeitsrechtsnormen überein. Dabei ist die objektiv-materiale Definition des Arbeitnehmerbegriffs durchaus kein Selbstzweck, sondern not-

---

[54] 50 Fn. 22.

[55] Wolf (Entscheidungsfreiheit), S. 284 ff.; Erman / Westermann, § 139 Rdnr. 2; Flume, S. 576; Stolterfoth, S. 205; Fenn, S. 182.

[56] BAG AP Nr. 10, 12, 17 zu § 611 BGB — Abhängigkeit; vgl. auch die oben unter 2. b) in Fn. 74 genannten Entscheidungen, die im Grundsatz von der privatautonomen Gestaltung des Arbeitsverhältnisses ausgehen.

[57] Es erscheint im übrigen noch ungeklärt, ob nach allgemeinen rechtsgeschäftlichen Grundsätzen § 134 BGB auf zwingende inhaltsgestaltende Arbeitsrechtsnormen, die in ihrer Gesamtheit einen Verbotsrechtssatz aufstellen, der die Wahl beliebiger Rechtsformen bei objektivem Abschluß eines Arbeitsverhältnisses einschränkt, angewendet werden kann (siehe dazu Larenz, Allgemeiner Teil, S. 376; Flume, S. 342 ff.; Enneccerus / Nipperdey, S. 1151 ff.); von dieser Annahme scheint auch K. Schmidt, S. 158 ff., auszugehen, wenn er die begrenzende Wirkung der zwingenden Rechtsnormen für die Privatautonomie auf den Zeitpunkt des Vertragsschlusses und der subjektiven Erklärungen vorverlagert.

[58] Wohl unter bezug auf die harte Kritik Liebs an der Rechtsprechung des BAG in AP Nr. 12 zu § 611 BGB — Abhängigkeit (vgl. Anm. in: RdA 1975, 49 ff.) gegen ihn jetzt BAG AP Nr. 15 und 17 zu § 611 BGB — Abhängigkeit.

wendige Folge einer Rechtsordnung, die zum Schutz des Arbeitnehmers wie zur Sicherung seiner Selbstbestimmung angesichts realer Machtungleichheiten innerhalb der Gesellschaft verpflichtet ist. Die Polemik gegen einen objektiv zu bestimmenden Arbeitnehmerbegriff, der Arbeitsrecht als Klassenrecht begreife, weist daher nur auf die idealisierende Betrachtungsweise ihres Urhebers hin.

Auch die Arbeitsrechtsprechung hat seit je, analog der Rechtsprechung zum Personengesellschaftsrecht, mit feinem Gespür für die realen Machtungleichheiten der Vertragsparteien immer dann, wenn ein Angehöriger der freien Berufe beteiligt war, die Einschränkungen der autonomen Gestaltungsbefugnis hervorgehoben[59], ohne freilich eine ins Einzelne gehende Theorie für ihre Jurisdiktion mitzuliefern. Darauf wurde eingangs der Arbeit bereits hingewiesen[60].

Als in diesem Zusammenhang wichtig bleibt dagegen festzuhalten, daß auch die Rechtsprechung mit ihrem „Durchgriff" auf die objektiven Faktoren eines Arbeitsverhältnisses, die zur Beurteilung der persönlichen Abhängigkeit herangezogen werden können, gezwungen ist, eine teilweise soziologische Statusbeurteilung der am Vertrag beteiligten Personen anzustellen. Denn die Suche nach dem ein Arbeitsverhältnis im Sinne der herrschenden Meinung qualifizierenden „echten" Kriterium erschöpft sich gerade nicht in einer Exegese des von den Parteien vereinbarten Vertragstextes, sondern setzt vorrangig bei der tatsächlichen Durchführung des Vertrags an, wie oben gezeigt wurde. Das Instrumentarium zur Erkennung etwa der Weisungsgebundenheit des einen Vertragspartners kann nicht die Rechtswissenschaft, sondern nur die Soziologie liefern[61]. Die Aussage, daß die Person A von der Person B, die mit A vertraglich verbunden ist, weisungsabhängig sei, ist eine Aussage über die Realität der Vertragsbeziehungen der beiden Personen, unabhängig davon, ob der Vertrag eine Weisungsbefugnis für B vorsieht oder ausschließt[62]. Damit beschreibt diese Aussage einen juri-

---

[59] Ähnlich auch BGH NJW 1972, 1662 f., 1663, wenn er ausführt: „Maßgebend für die rechtliche Einordnung ist nicht die von den Parteien im Vertrag gewählte Bezeichnung, sondern die wirkliche Tätigkeit des ‚Bezirksleiters'; andernfalls wäre einer Umgehung des zwingenden § 98 b HGB Tür und Tor geöffnet."

[60] Siehe oben unter 2. b).

[61] Vgl. oben unter 2. b), 3. d) bb), 6. c).

[62] BAG AP Nr. 12 zu § 611 BGB — Abhängigkeit: „Die Revision rügt mit Recht, daß die Rechte und Pflichten der Parteien sich nach der Art ihrer Rechtsbeziehungen bestimmen und nicht umgekehrt. Es muß deshalb auch berücksichtigt werden, ob der Beklagte dem Kläger ... tatsächlich die Freiheit ließ, auch einmal bei ihm abzusagen und stattdessen für andere tätig zu sein oder Urlaub nach eigenem Gutdünken zu nehmen. Es kann nicht nur darauf ankommen, was der Kläger nach der vertraglichen Bindung tun durfte."

stisch für wesentlich gehaltenen Teil des Verhaltens von A und B aufgrund einer (wenn auch simplen) soziologischen Analyse.

Die Auffassung von der persönlichen Abhängigkeit des Arbeitnehmers kommt demzufolge ohne eine soziologische Betrachtungsweise nicht aus. Insoweit bestehen keine Unterschiede zur hier vorgeschlagenen Methode der Begriffsbildung.

7. Zusammenfassung und Ergebnisse

Einige Bereiche der freien Berufe (z. B. freie Mitarbeiter in den Medien, Künstler, Autoren, Handels- und Versicherungsvertreter, Ärzte, Architekten und Rechtsanwälte) bleiben, wenigstens tendenziell, hinter den rechtlichen und sozialökonomischen Standards ihrer Berufsgruppe zurück. Vor allem wirtschaftliche Konzentrationsprozesse und, damit einhergehend, eine zunehmende ökonomische Abhängigkeit der freien Berufe von ihren Vertragspartnern haben diese Situation verursacht und die Betroffenen schon vereinzelt zu öffentlichkeitswirksamen Aktionen veranlaßt.

Der Gesetzgeber hat in einer ersten Reaktion auf den vorliegenden Sachverhalt einen § 12 a in das Tarifvertragsgesetz eingefügt, der einem kleinen Teil der betroffenen freien Berufe die tarifvertragliche Absicherung ihrer Arbeitsbedingungen ermöglicht.

Trotz dieser ersten (sozialpolitisch durchaus billigenswerten) Maßnahme kann die Frage nach der Anwendbarkeit des Arbeitsrechts auf diese Teile der freien Berufe nicht durch eine (notwendig beschränkte) Untersuchung bestimmter Einzelphänomene, sondern nur durch einen Rückgriff auf die arbeitsrechtlichen Personenbegriffe, ihre Entstehung Grundlagen und aktuellen Tendenzen, beantwortet werden.

In jahrzehntelanger Tradition haben Rechtsprechung und Wissenschaft die Trias der arbeitsrechtlichen Personenbegriffe: Arbeitnehmer — arbeitnehmerähnliche Person — Selbständiger als alleinigen Fixpunkt zur Bestimmung des arbeitsrechtlichen Adressatenkreises akzeptiert. Erst in neuerer Zeit mehren sich die Stimmen der Kritik.

Ausgehend von der sozialen Realität des späten 19. Jahrhunderts erfolgte die Begriffsbildung an der Typik des soziologisch prägnantesten Arbeitnehmers, des in einen Betrieb eingegliederten Industriearbeitnehmers. Auf der Grundlage dieser Typizität und unter weitgehender Negierung der kollektiven Grundlegung des Arbeitsrechts zugunsten einer individualisierenden Betrachtungsweise fand die Arbeitsrechtswissenschaft der Weimarer Zeit in der persönlichen Abhängigkeit des Arbeitnehmers das angeblich entscheidende Kriterium des Arbeitnehmerbegriffs. Damit wurden zugleich wirtschaftlich-soziale Kriterien der Existenzfundierung und -sicherung zur Beschreibung des Arbeitnehmerstatus für „weder ausreichend noch erforderlich" befunden.

Das Merkmal der persönlichen Abhängigkeit erweist sich jedoch als zunehmend untauglich zur Definition des Arbeitnehmerstatus angesichts neuer Produktionsformen, veränderter Arbeitsabläufe und Organisationsstrukturen sowie einer zunehmenden Qualifizierung der Arbeitnehmer.

Es widerspricht zudem einer Tendenz der neueren Arbeitsrechtsgesetze, die, wie etwa das Betriebsverfassungsgesetz, einen Abbau hierarchischer Strukturen im Verhältnis Arbeitnehmer — Arbeitgeber durch verstärkte Mitbestimmung der Arbeitnehmer vornehmen. Auch die Formel vom fachlich weisungsfreien Arbeitnehmer — ein Versuch zur begrifflichen Anpassung an die zunehmende Selbständigkeit des Arbeitnehmers innerhalb des zugewiesenen Arbeitsbereichs — führt nicht weiter, denn sie muß die personale Abhängigkeit als essentielles Kriterium herausstellen; ein Verfahren, das die grundrechtlich gesicherte Freiheit zur Selbstbestimmung des Arbeitnehmers negiert und dem überwunden geglaubten Satz vom Arbeitsrecht als Gewaltrecht gefährlich nahe kommt.

Die Diskrepanz zwischen der idealtypischen Beschreibung des Arbeitnehmers und seinem empirischen Häufigkeitstypus zwingen Rechtsprechung und Wissenschaft dazu, in verstärktem Maß auf die ursprüngliche Grundlage ihrer Begriffsbildung, die Typizität der Eingliederung des industriellen und handwerklich tätigen Arbeitnehmers, zurückzugreifen. Daneben werden als weitere ergänzende Merkmale, wenn auch nur zögernd und subsidiär, die wirtschaftliche Abhängigkeit, die vergleichbare soziologische Situation und die soziale Schutzbedürftigkeit des Arbeitnehmers herangezogen. Die vermeintliche Abkehr von der streng formalen Begrifflichkeit des Merkmals der persönlichen Abhängigkeit durch einen Rückgriff auf die ergänzenden Merkmale kann der herrschenden Meinung aber keinen Ausweg aus dem Dilemma der mangelnden Übereinstimmung von idealtypisierender Begrifflichkeit und realtypisch-empirischem Phänomen eröffnen. Denn auch der Durchgriff auf die dem Idealtypus zugrunde liegende Teleologie des Arbeitnehmerbegriffs kann über die Figur des betrieblich eingegliederten Arbeitnehmers nicht hinausführen. Die Integrationskraft der herrschenden Begrifflichkeit findet (notwendig) ihre Grenze an den historischen Bedingungen der Entstehung des Arbeitnehmerbegriffs, der aus rein äußerlicher, oberflächlicher „Anschauung" der technisch-funktionalen Arbeitsumstände als Idealtyp konzipiert wurde.

So bereitet es unüberwindliche Schwierigkeiten, das Rechtsverhältnis des freien Mitarbeiters mit Hilfe der herkömmlichen Begriffsbildung als Arbeitsverhältnis zu qualifizieren. Die bisher gebräuchlichen formal-funktionalen Kriterien stellen, den wahren Grundlagen und Zurechnungsfaktoren des Begriffs der persönlichen Abhängigkeit folgend, vor allem auf die Dauer der Arbeitsleistung (ständig — gelegentlich) und auf die Intensität der Eingliederung in die Organisationsstruktur und den Arbeitsprozeß des Vertragspartners ab. Unausweichliche Folge dieser unzureichenden Kriterien ist das Unvermögen der herrschenden Meinung, den freien Mitarbeiter als Arbeitnehmer zu qualifizieren, obwohl sein sozio-ökonomischer Status zum Teil weit hinter dem des durchschnittlichen Arbeitnehmers zurückbleibt.

Eine ähnliche Situation läßt sich auch für die Rechtsverhältnisse eines großen Teils der Handelsvertreter, insbesondere der Einfirmenvertreter, konstatieren.

Ausgehend von den Erfahrungen der Weimarer Zeit, die den durchschnittlichen Handelsvertreter in einer zum Teil katastrophalen wirtschaftlichen und sozialen Abhängigkeit zum vertretenen Unternehmer sah, wurde 1953 eine Reform des Handelsvertreterrechts durchgeführt, die jedoch an seiner prinzipiellen Unterlegenheit nichts geändert hat, weil der Gesetzgeber am Postulat der durch herkömmliche Kriterien definierten Selbständigkeit für alle Handelsvertreter festhielt. Damit griff man erneut auf die durch formal-funktionale Determinanten bestimmte personale Situation in den Vertragsbeziehungen der Parteien als Ausgangsdatum der Qualifizierungsbemühungen zurück und ignorierte den wirtschaftlich-sozialen Status der Betroffenen, der entscheidend durch die vertragliche Tätigkeit für den vertretenen Unternehmer bestimmt wird.

Die wirksame Lösung des Handelsvertreterproblems durch die Gesetzesreform scheiterte zudem an einer Leitbildorientierung des Gesetzgebers, die unterschiedslos alle Handelsvertreter zum Unternehmer kraft Gesetzes hochstilisierte.

Demgegenüber versagen die Regelungsmöglichkeiten des Handelsvertreterrechts angesichts der Probleme ökonomisch bedingter Machtstrukturen und sozialer Unselbständigkeit von Handelsvertretern, die unter Arbeitnehmerbedingungen arbeiten. Die Verordnungsermächtigung des § 92 a HGB enthält keinen äquivalenten Ausgleich für die arbeitsrechtliche Möglichkeit zur tariflichen Absicherung der Arbeitsbedingungen. Die teilweise Einbeziehung ins Arbeitsverfahrensrecht kann die materiellrechtlich bedingten Ursachen der Handelsvertreterproblematik nicht beseitigen. Die Anwendung des § 138 BGB schließlich ist auch kein brauchbares Mittel zur ordnungspolitisch sinnvollen Begrenzung vertikaler Machtstrukturen, da es die langfristigen Vertragsbindungen der Handelsvertreter (z. B. Alleinbezugsverpflichtungen) in ihrer wirtschaftlichen Bedeutung lediglich unspezifisch und zu undifferenziert erfassen und sie in der Rechtsfolge nicht elastisch genug anpassen kann.

Um die auch von der herrschenden Meinung als unerträglich erkannte Rechtsfolge wenigstens partiell zu vermeiden, wird immer wieder versucht, mit der von der Rechtslehre erarbeiteten Konstruktion der Arbeitnehmerähnlichkeit eine Art Auffangtatbestand zu schaffen, der „zum Schutz der durchschnittlichen Verhältnisse" dienen soll. Die grundlegende Fehlentscheidung, die durch die Anerkennung der persönlichen Abhängigkeit als entscheidendes Kriterium geschaffen wurde, kann freilich schon deswegen nicht mehr korrigiert werden, weil die partikulare Einbeziehung ins Arbeitsrecht nicht einmal einen Mindestschutz für die Arbeitnehmerähnlichen garantieren kann. Es kommt hinzu, daß die zur Qualifizierung der arbeitnehmerähnlichen Personen erforderlichen Kriterien der wirtschaftlichen Abhängigkeit und der Arbeitnehmerähnlichkeit (= soziale Typik einer arbeitnehmerähnlichen Person) das einheitliche System der arbeitsrechtlichen Personenbegriffe sprengen. Die Systemwidrigkeit dieser Kriterien führt zu einer ständigen Unsicherheit der rechtlichen Qualifizierung und Unvorhersehbarkeit der gerichtlichen Entscheidungen.

Die von Lehre und Rechtsprechung seit Jahrzehnten nahezu unverändert herangezogenen Kriterien der arbeitsrechtlichen Personenbegriffe haben den Teilen der freien Berufe, die unter Arbeitnehmerbedingungen und vergleichbaren oder schlechteren sozio-ökonomischen Existenzbedingungen und Abhängigkeiten vom Vertragspartner arbeiten, den Schutz des Arbeitsrechts versagt. Die Neubestimmung des Arbeitnehmerbegriffs muß sich demgegenüber an den Bedingungen einer veränderten Sozialstruktur orientieren (empirische Komponente), deren Indikatoren im Rahmen und in den Grenzen des in das soziale System der Gesamtrechtsordnung integrierten Arbeitnehmerbegriffs bestimmt werden (normative Komponente).

Für den normativen Aspekt des vorliegenden Problembereichs bedeutet dies:

Die bisherige Praxis von Literatur und Rechtsprechung, den anhand einer historisch motivierten Berufstypologie des eingegliederten Arbeitsprozesses „gefundenen" und durch begriffliche Reduktion auf funktionsabhängige Merkmale verfremdeten Arbeitnehmerbegriff in das Grundrecht des Art. 9 Abs. 3 GG zu projizieren, verhindert den Durchgriff auf die begriffsrelevanten Wertungsgrundlagen. Die Bestimmung des personellen Regelungsbereichs von Arbeitsrecht muß vielmehr in einer Normbereichsanalyse der „verfassungsgesetzlichen Fundamentalnorm" des Art. 9 Abs. 3 GG erfolgen, welche die historischen Ursachen und Bedingungen der Entwicklung des arbeitsrechtlichen Adressatenkreises aufzeigt.

Weder die grammatikalische Auslegung des Art. 9 Abs. 3 GG noch eine Analyse der Entstehungsgeschichte seines Wortlauts erbringt einen wesentlichen Hinweis auf die begriffsrelevanten Konturen des arbeitsrechtlichen Adressatenkreises. Allerdings hat sich gezeigt, daß die Faktizität der arbeitsrechtlichen Vereinigungen durch Art. 159 WRV zur Verfassungsnorm erhoben und durch Art. 9 Abs. 3 GG ins Grundgesetz übernommen wurde. Lagen die historisch-politischen Ursachen des sozialen Kampfes der Arbeitnehmer in den Bedingungen ihrer sozialen und wirtschaftlichen Existenz, so kann nur eine beschreibende Analyse der aktuellen wirtschaftlich-sozialen Existenzbedingungen der freien Berufe den Maßstab liefern, der einen wertenden Vergleich der historischen mit den aktuellen Bestrebungen um die Sicherung und Verbesserung der Arbeits- und Lebensbedingungen ermöglicht. Für den Rechtsbegriff, der eine sach- und wertungsgerechte Kontinuität des arbeitsrechtlichen Adressatenkreises gewährleisten muß, hat dies zur Folge, daß das begriffliche Schema zur exakten Beschreibung der von Art. 9 Abs. 3 GG erfaßten Personengruppe durch die Komponenten dieser Existenzbedingungen formuliert wird.

Da die Existenzbedingungen des jeweiligen Adressatenkreises durch Veränderungen der gesamtgesellschaftlichen Sozialstruktur ständig beeinflußt werden, unterliegt auch das Arbeitsrecht mit seinen Personenbegriffen einem ständigen Wandlungsprozeß. Diese „Offenheit" des neubestimmten Arbeitnehmerbegriffs verhindert das begriffliche Festschreiben lediglich historisch bedingter Formen der abhängigen Arbeitsleistung und wird durch den ständigen Zwang zur sozialwissenschaftlichen Überprüfung abgesichert.

Angesichts der offenbaren Widersprüchlichkeit der aktuellen Situation, in der man die freien Berufe begrifflich als Subjekte des Wirtschaftsrechts definiert, obwohl sie wegen ihres sozio-ökonomischen Status faktisch bereits weitgehend zu Adressaten des Arbeitsrechts geworden sind, muß der Versuch einer Neubestimmung des Arbeitnehmerbegriffs über den arbeitsrechtlichen Ansatz hinaus die je verschiedenen Zielsetzungen und divergierenden Systematiken der beiden Rechtsgebiete berücksichtigen. Eine Untersuchung im Schnittpunkt von Arbeits- und Wirtschaftsrecht muß Kriterien aufstellen, die im Falle einer möglichen Kollision eine sach- und wertungsgerechte Entscheidung ermöglichen, ohne erneut den Fehler zu begehen, idealtypische Begriffe zu formulieren, die lediglich einen unwesentlichen Teil des empirisch zu ermittelnden Arbeitnehmerstatus widerspiegeln.

Obwohl sich im Bereich des Arbeitsmarktes die Notwendigkeit zu gemeinsamer Absprache und zu gemeinsamem Handeln seiner Rechtssubjekte erwiesen hat, was durch das Prinzip der Kollektivautonomie grundrechtlich anerkannt wird, läßt sich auch für den Güter- und Dienstleistungsmarkt eine zunehmende Tendenz zur Kooperation und

Konzentration der Unternehmen konstatieren — nur gilt im Wettbewerbsrecht das durch Kartellverbot, Fusionskontrolle und Mißbrauchsaufsicht über marktbeherrschende Unternehmen instrumentalisierte Prinzip der Individualautonomie. Gemeinsamer Anknüpfungspunkt zur begrifflichen Trennung faktisch gleicher Handlungsweisen angesichts je unterschiedlicher Regelungsziele ist auch hier wieder der Arbeitnehmer- bzw. Unternehmerbegriff. Objektiv-materiale Kriterien der Statusbildung von Arbeitnehmer/Unternehmer hat bereits die arbeitsrechtliche Analyse ergeben. Darüber hinaus ist es notwendig, auf die subjektiven Determinanten der Wahl einer bestimmten Handlungsform abzustellen, um die den Kollektivierungstendenzen beider Rechtssubjekte zugrunde liegenden Interessen bestimmen zu können.

Die Summe dieser Determinanten bildet das Selbstverständnis der handelnden Personen, das durch Absicht, Zweck und Ziele ihrer Handlungsweise umschrieben werden kann. Das Selbstverständnis der Betroffenen ist ein durch subjektive Faktoren bestimmtes Kriterium, das mit den Mitteln der empirischen Sozialforschung operationalisiert und damit einer objektiven Bestimmbarkeit zugänglich gemacht werden muß. Durch seinen subjektiven Charakter ergänzt es die materiell fundierte Statusbestimmung des Arbeitnehmers, verhindert den Mißbrauch des Arbeitsrechts durch nur teilweise oder zeitweise sachlich legitimierte Gruppen und bietet den Betroffenen die Möglichkeit, durch bewußte Reaktion auf eigene Statusveränderungen die alternative Wahl verschiedener Handlungsweisen selbst zu entscheiden.

Es ergeben sich demnach folgende Statusbedingungen des Arbeitnehmerbegriffs als begriffskonstituierend:

1. die wirtschaftlich-sozialen Existenzbedingungen,
2. das Selbstverständnis.

Für den empirischen Aspekt bedeutet dies:

Die empirisch exakte Erfassung und inhaltliche Füllung der beiden Statusbedingungen hat nach sozialwissenschaftlich anerkannten Regeln und Kriterien zu erfolgen. Eine sich ständig ändernde Sozialstruktur bedingt sich ändernde Kriterien. Dadurch wird eine Erstarrung der einmal formulierten Begriffe verhindert. Veränderungen in der Sozialstruktur der intendierten Zielgruppe können flexibel aufgenommen werden. So kann die Gültigkeit und Zuverlässigkeit der Statusbedingungen des Arbeitnehmerbegriffs ständig überprüft werden.

Zur Bestimmung der beiden Statusbedingungen lassen sich zur Zeit folgende Dimensionen erkennen:

— für die wirtschaftlich-sozialen Existenzbedingungen:

1. eine strukturelle Komponente: hier sind insbesondere zu berücksichtigen die persönliche Leistungserbringung ohne wesentlichen Einsatz fremder Hilfskräfte und Hilfsmittel, die wirtschaftliche Abhängigkeit im Rahmen des § 12 a Abs. 3 TVG und die Arbeitsplatzabhängigkeit,

2. eine materielle Komponente: hier sind insbesondere zu berücksichtigen die Höhe des durchschnittlichen Verdienstes eines Industriearbeitnehmers in Relation zum Verdienstniveau der betroffenen Branche, die Fremdfinanzierung von Arbeitsmitteln, die vertragliche Abhängigkeit und die persönliche Abhängigkeit,

3. eine soziale Komponente: hier sind insbesondere zu berücksichtigen die Familien- und Wohnsituation zur etwaigen Korrektur der Verdienstkomponente, die Vermögenslage (sozialer Standard) sowie die Fremdeinschätzung der betroffenen Gruppe zur Ermittlung ihres Sozialprestiges.

— für das Selbstverständnis:

1. die Selbsteinschätzung der sozialen Position in einem Schichtenmodell: diese Komponente ermöglicht Aussagen über das Bewußtsein und die subjektive Einschätzung des Standorts der Betroffenen im gesamtgesellschaftlichen Gefüge der Sozialstruktur, die einerseits nach objektiven Kriterien klassifiziert und andererseits den Wertvorstellungen der Betroffenen entsprechend modifiziert ist,

2. die Aktivitäten, Ziele und Selbstdarstellung des Berufsverbandes: da erfahrungsgemäß die Veränderung der Sozialstruktur bezüglich einer Berufsposition mit der Bildung von Berufsverbänden einhergeht, läßt diese Komponente erkennen, inwieweit die arbeitsrechtlich relevante Vereinigung einer Gruppe sich für die Wahl der alternativen Handlungsmöglichkeiten des Arbeits- oder Wirtschaftsrechts entschieden hat,

3. die Mittel der Interessenwahrnehmung: diese Komponente zielt auf die Untersuchung des unter 2 angeschnittenen Phänomens unter Berücksichtigung der Mitgliederentscheidung eines Berufsverbandes bei Divergenz von Verbands- und Mitgliederauffassung, da bei den bisher untersuchten Verbänden häufig eine mitgliederunabhängige Eigenständigkeit festgestellt wurde,

4. die Einstellung zur Frage der gewerkschaftlichen Organisierung: da die arbeitsrechtlichen Gewerkschaften herkömmlicherweise die wichtigsten Adressaten von Gruppen mit Arbeitnehmerstatus sind, kann eine Erhebung dieser Komponente eine gewichtige

Aussage über ein Arbeitnehmerselbstverständnis der Betroffenen ermöglichen, wie es das Beispiel des VS in der IG Druck und Papier zeigt.

Der solchermaßen bestimmte Arbeitnehmerbegriff entspricht der von Art. 9 Abs. 3 GG vorausgesetzten Norm- und Sachstruktur. Er ist damit der Beliebigkeit oder Zweckmäßigkeit anderweitiger gesetzgeberischer Definition, wie sie partiell in § 12 a TVG zum Ausdruck kommt, entzogen. Dieser Arbeitnehmerbegriff ist Teil der von Art. 9 Abs. 3 GG gewährleisteten Kollektivautonomie und muß zwingend durch die angegebenen Statusbedingungen und -komponenten definiert werden.

Eine sach- und wertungsgerechte Neubestimmung des Arbeitnehmerbegriffs konnte nur erfolgen, weil die herkömmliche Trennung von Individual- und Kollektivarbeitsrecht überwunden und eine Abstimmung der arbeitsrechtlichen mit der wirtschaftsrechtlichen Systematik durchgeführt werden konnte. Notwendige Konsequenz dieser Methode ist der einheitliche Gebrauch des neuen Arbeitnehmerbegriffs.

Durch die Anerkennung der wirtschaftlichen Abhängigkeit als ein wichtiges Kriterium sowie durch die Einbeziehung sozialwissenschaftlicher Methoden und Ergebnisse zur Bestimmung des Arbeitnehmerbegriffs ist die Rechtsfigur der arbeitnehmerähnlichen Person obsolet geworden.

Die objektiv feststellbare, materiale Struktur der Kriterien des Arbeitnehmerbegriffs ist das notwendig wertungsgleiche Korrelat einer Sonderrechtsordnung, die von spezifischen Schutz- und Selbstbestimmungsideen geprägt ist. Andere Versuche zur Begriffsbestimmung, die der uneingeschränkten Privatautonomie ohne Rücksicht auf die inhaltliche Gestaltung der Vertragsverhältnisse in diesem Bereich Geltung verschaffen wollen, verkennen den zwingenden Charakter arbeits- und wirtschaftsrechtlicher Personen- und Rechtsformendefinitionen. Oder sie transformieren, so z. B. weitere Versuche, sozialwissenschaftliche Erkenntnisse und Theorien unmittelbar in die juristische Begriffsbildung, ohne zuvor die Prämissen und Bedingungen, die das Rechtssystem an seine Grundbegriffe stellt, für die Bildung ihrer Kriterien aufgezeigt zu haben.

Demgegenüber ist die hier vertretene Konzeption aus den grundlegenden Bestimmungen des Arbeits- und Wirtschaftsrechts unter Einbeziehung der wichtigsten Indikatoren einer veränderten Sozialstruktur entwickelt worden und entspricht den Anforderungen der durch den Rechtsformzwang des geltenden Rechts eingeschränkten Privatautonomie.

Literaturverzeichnis

Abendroth, Wolfgang, Das Grundgesetz. Eine Einführung in seine politischen Probleme, in: Politik in unserer Zeit, Bd. 3, 4. Aufl., Pfullingen 1973.

Adomeit, Klaus, Rechtsquellenfragen im Arbeitsrecht, München 1969.

Ady, Antje, Das Recht der „Freien Mitarbeiter". Abgrenzungsfragen und Schutzbehelfe, in: Film und Recht 1974, S. 91 ff.

Arndt, Helmut: Macht, Konkurrenz und Demokratie, in: Kritik Bd. II, Konzentration ohne Kontrolle, hrsg. v. D. Grosser, 3. Aufl., Köln und Opladen 1974, S. 25 ff.

Bache, Wolfgang, Wettbewerbsvereinbarungen in freien Berufen, in: NJW 1971, S. 126 f.

Badura, Peter, Arbeitsgesetzbuch, Koalitionsfreiheit und Tarifautonomie, in: RdA 1974, S. 129 ff.

Ballerstedt, Kurt, Marktmacht und Handelsvertretervertrag im Spiegel österreichisch-deutscher Rechtsvergleichung, in: Festschrift für H. Haemmerle, Graz 1972, S. 13 ff.

— Probleme einer Dogmatik des Arbeitsrechts, in: RdA 1976, S. 5 ff.

Battes, Robert, Rechtsformautomatik oder Willensherrschaft, in: AcP 174 (1974), S. 429 ff.

Bauer, Johann Paul, Wettbewerbsbeschränkungen auf dem Arbeitsmarkt?, in: Festschrift für Schnorr v. Carolsfeld, Köln u. a. 1972, S. 1 ff.

Baumbach, Adolf / Robert *Teichmann,* Arbeitsgerichtsgesetz, Kurzkommentar, 3. Aufl., München und Berlin 1934.

Baumbach, Adolf / Konrad *Duden,* Handelsgesetzbuch, Kurzkommentar, 22. Aufl., München 1977.

Baumbach, Adolf / Wolfgang *Hefermehl,* Wettbewerbs- und Warenzeichenrecht, Kommentar, 8. Aufl., München und Berlin 1960.

Bauernfeind, Heinz, Die Mitgliedschaft in Koalitionen, Düsseldorf 1957.

Baur, Jürgen F., Das Tatbestandsmerkmal „Wettbewerb", in: ZHR 134 (1970), S. 97 ff.

Beckenbach, Niels / Sebastian *Herkommer* / Ulf *Kadritzke,* Zur Klassenlage der technisch und wissenschaftlich qualifizierten Lohnarbeiter, in: Gesellschaftsstrukturen, hrsg. v. Klaus Meschkat u. Oskar Negt, Frankfurt 1973, S. 41 ff.

Beine, Reinhard, Der Entwurf eines Handelsvertretergesetzes der Akademie für Deutsches Recht, in: ZAk DR 1941, S. 75 f.

— siehe Wilhelm Herschel.

Belke, Rolf, Die vertikalen Wettbewerbsbeschränkungsverbote nach der Kartellgesetznovelle 1973, in: ZHR 138 (1974), S. 227 ff.

Benkendorff, Gerhard, Freie Berufe und Kartellgesetz, in: WuW 1956, S. 20 ff.

Berger, Thomas, siehe Thomas Luckmann.

v. Beringe, Anmerkung zum Beschluß des Kammergerichts v. 12. 1. 1960 (WuW/E OLG 322 ff.), in: DB 1960, S. 407 ff.

Biedenkopf, Kurt H., Die Entwicklung des Unternehmens in arbeitsrechtlicher Sicht, in: Mitbestimmung — Beiträge zur ordnungspolitischen Diskussion, Köln 1972, S. 313 ff.

— Grenzen der Tarifautonomie, Karlsruhe 1964.

— Vertragliche Wettbewerbsbeschränkungen und Wirtschaftsverfassung, Heidelberg 1958.

Birk, Rolf, Die arbeitsrechtliche Leitungsmacht, Köln u. a. 1973.

Bley, H., Zur Abgrenzung zwischen abhängiger Beschäftigung und selbständiger Tätigkeit, insbesondere bei sog. Diensten höherer Art, in: SGb 1973, S. 241 ff.

Böker, Alexander: Das Weisungsrecht des Arbeitgebers, Frankfurt a. M. 1971.

Bösche, Wilhelm / Fritz *Dittmar*, Kommentar zum Arbeitsgerichtsgesetz, Berlin 1927.

Bötticher, Eduard, Vertragstheorie und Eingliederungstheorie, in: RdA 1955, S. 321 ff.

Böttner, Walter: Das Direktionsrecht des Arbeitgebers, Marburg 1971.

Bogs, Harald, Die Beurteilung der Selbständigkeit von Handelsvertretern als Methodenfrage der Sozialversicherungspflicht-Rechtsprechung, in: VersR 1977, S. 197 ff.

Boldt, Gerhard / Waldemar *Röhsler*, Mindesturlaubsgesetz für Arbeitnehmer (Bundesurlaubsgesetz), Kommentar, 2. Aufl., Köln u. a. 1968.

Bolte, Karl Martin, Die Berufsstruktur im industrialisierten Deutschland — Entwicklungen und Probleme, in: Beruf und Gesellschaft in Deutschland. Berufsstruktur und Berufsprobleme, Opladen 1970, S. 32 ff.

Bolte, Karl Martin / D. *Kappe* / F. *Neidhardt*, Soziale Schichtung der Bundesrepublik Deutschland, in: Deutsche Gesellschaft im Wandel, Bd. 1, Opladen 1967, S. 233 ff.

Bonner Kommentar (BK), zum Grundgesetz, Erl. zu Art. 9 GG, bearb. v. Ingo v. Münch, 28. Lfg., Hamburg 1971.

Bornhaupt, K. J. v., Die jüngste Rechtsprechung des BFH zur Frage der Nichtselbständigkeit der Arbeit, in: FR 1973, S. 108 f.

Breede, Werner, Von der IG Druck und Papier zur Mediengewerkschaft, in: Klaus Detlef Funke: Innere Pressefreiheit — Zu Problemen der Organisation von Journalisten, Pullach b. München 1972, S. 187 ff.

Brunn, J. H. v., Reform des Rechts der Handelsvertreter. Ein Beitrag zur Gestaltung eines Gesetzentwurfs, Berlin / Köln 1953.

Brunn, J. H. v., Das Wettbewerbsverbot im Handelsvertreterrecht beim Fehlen einer Vereinbarung, in: AcP 163 (1964), S. 487 ff.

Brugger, Gustav, Kartellrechtliche Beurteilung von Urheberrechtsgesellschaften, in: WuW 1959, S. 159 ff., 244 ff.

Buchner, Herbert, Bespr. der Schriften von Mathys und Vaubel, in: ZHR 134 (1970), S. 165 ff.

— Grundgesetz und Arbeitsverfassung, in: 25 Jahre Grundgesetz. Ein Zwischenzeugnis, hrsg. v. R. Löw, Köln / Berlin 1974, S. 5 ff.

Bulla, Gustav-Adolf, Das soziale Schutzprinzip als Grundlage des Arbeitsrechts, in: Die Arbeitskammer 1961, S. 406 ff.

— Die Rechtsprechung der Arbeitsgerichte und Sozialgerichte zu Eingruppierungsstreitigkeiten von Angestellten und Arbeitern, Bd. I, Stuttgart 1962.

Burkhardt, Eva M., Ärztliche Standespflichten und Streikrecht der Kassenärzte und der in Krankenhäusern privatrechtlich angestellten Ärzte, Diss. iur. Würzburg 1971.

Coester, Franz, Bedrohte Selbständigkeit? Chancen und Grenzen der Mittelstandspolitik, Köln 1966.

Cramer, Horst H., Die Wettbewerbsverbote von Handelsvertretern und ihre kartellrechtliche Beurteilung, Köln u. a. 1972.

Däubler, Wolfgang, Das Grundrecht auf Mitbestimmung und seine Realisierung durch tarifvertragliche Begründung von Beteiligungsrechten, Frankfurt 1973.

— Der Streik im öffentlichen Dienst, Tübingen 1970.

— Die unverhältnismäßige Aussperrung — BAG (GS) AP, Art. 9 GG — Arbeitskampf — Nr. 43, in: JuS 1972, S. 642 ff.

— Das soziale Ideal des Bundesarbeitsgerichts, Frankfurt und Köln 1975.

Daheim, Hansjürgen, Die Vorstellungen vom Mittelstand, in: Kölner Zeitschrift für Soziologie und Sozialpsychologie 1960 (12. Jahrg.), S. 237 ff.

Damus, Martin, Zur ökonomischen Lage der Bildenden Künstler in der BRD, in: Künstler und Gesellschaft, Sonderheft 17 der Kölner Z. für Soziologie und Sozialpsychologie, Opladen 1974, S. 227 ff.

Dannenhaus, Waldemar / B. *Riepenhausen*, Freie Mitarbeiter für Hörfunk und Fernsehen. Begriff — Tätigkeit — Recht, hrsg. von der RFFU, München 1971.

Deneke, J. F., Die freien Berufe, Stuttgart 1956.

— Klassifizierung der freien Berufe. Statistische Erfassung und Systematik, Berufstätigkeiten und Berufsnennungen nach der Volks- und Berufszählung von 1961, Köln und Berlin 1969.

Depène, Hans, Arbeitsgerichtsgesetz, Kommentar, 2. Aufl., unter Mitwirkung v. Theodor Kahlfing und Ernst Heinitz, Berlin und Leipzig 1932.

Dersch, Herrmann, Anmerkung zu RAG ARS 31, 265 ff., in: ARS 31, S. 268 ff.

— siehe W. Kaskel.

— Betriebsrätegesetz v. 4. Februar 1920 nebst Wahlordnung, Kommentar, 5. Aufl., Mannheim u. a. 1922.

Dersch, Herrmann / Volkmar *Diek*, Arbeitsgerichtsgesetz, Kommentar, 6. Aufl., Berlin und Frankfurt 1955.

Dersch, Herrmann / Dirk *Neumann*, Bundesurlaubsgesetz, Kommentar, 5. Aufl., Mnüchen 1977.

Diekhoff, L., Welche Handelsvertreter haben einen Urlaubsanspruch nach dem BUrlG?, in: DB 1963, S. 1120.

Dietz, Adolf, Vortragsveranstaltung „Freie Mitarbeiter in den Rundfunkanstalten" am 25./26. Mai 1973 in Köln, in: FuR 1973, S. 292 ff.

Dietz, Rolf / Reinhard *Richardi*, Betriebsverfassungsgesetz mit Wahlordnungen, Kommentar, 5. Aufl., München 1973.

Dietz, Rolf, Die Koalitionsfreiheit, in: Bettermann / Nipperdey / Scheuner: Die Grundrechte, Bd. III, 1. Halbbd., S. 417 ff., Berlin 1958.

Diskussion über „freie Berufe", in: Kölner Zeitschrift für Soziologie 1953/54 (6. Jahrg.), S. 435 ff. (Verhandlungen des 12. deutschen Soziologentages v. 15. - 17. Okt. 1954 in Heidelberg).

Diskussionsbericht: Freie Mitarbeiter in den Rundfunkanstalten, München 1973, S. 87 ff., bearb. v. Peter R. Krüger.

Dittmar, Fritz, siehe Wilhelm Bösche.

Drews-Bernstein, Charlotte, Freie Mitarbeiter bei Hörfunk und Fernsehen: die „arbeitnehmerähnlichen Unternehmer", in: M. Paetzold / H. Schmidt (Hrsg.): Solidarität gegen Abhängigkeit, Darmstadt und Neuwied 1973, S. 185 ff.

Duden, Konrad, siehe Adolf Baumbach.
— Kündigung von Tankstellenverträgen nach § 624 BGB, in: NJW 1962, S. 1326 ff.

Dürig, Günther, siehe Theodor Maunz.

Eberstein, Hans Hermann, Der Handelsvertretervertrag, 4. Aufl., Heidelberg 1971.

Eder, Klaus, Filmwirtschaft und Filmkritiker, in: Kürbiskern 1972, 644 ff., Heft 4, „Abhängigkeit in der Kulturindustrie".

Eich, Rolf-Achim, Die Kollektivierung freier Berufe, in: DB 1973, S. 1699 ff.

Eiken, Michael, Analyse des Ärztestreiks im Herbst 1971. Reaktionär oder progressiv?, in: Blätter f. dt. u. intern. Politik 1971 (16), S. 1272 f.

Endemann, Helmut, Die arbeitnehmerähnliche Person, in: AuR 1954, S. 210 ff.

Engels, Gerd, Arbeitnehmereigenschaft von Künstlern — zugleich eine Analyse der Rechtsprechung zum Arbeitnehmerbegriff, in: BlStSozVArbR 1977, S. 33 ff.

Engels, Friedrich, „Anti-Dühring", Marx / Engels Werke Bd. 20, Berlin 1962.
— siehe auch K. Marx.

Engländer, Konrad, Die Angestelltenerfindung nach geltendem Recht, Leipzig und Erlangen 1925.

Enneccerus, Ludwig / Hans Carl *Nipperdey*, Allgemeiner Teil des Bürgerlichen Rechts, 1. Bd., 2. Halbbd., 15. Aufl., Tübingen 1960.

Erman, Handkommentar zum BGB, Bd. 1, 6. Aufl., Münster 1975.

Esser, Josef, Vorverständnis und Methodenwahl in der Rechtsfindung, 2. Aufl., Frankfurt 1972.

— § 138 BGB und die Bankpraxis der Globalzession, in: ZHR 135 (1971), S. 320 ff.

Esser, Josef / Hans-Leo *Weyers*, Schuldrecht, Bd. II, Besonderer Teil, Teilband 1, 5. Aufl., Heidelberg und Karlsruhe 1977.

Evans, Franziska-Sophie, Die analoge Anwendung der Vorschriften des Handelsvertreterrechts auf den Vertragshändler, Diss. iur. Berlin 1973 (Teildruck).

Ewald, Wolfgang, Die freien Berufe im Bericht der Bundesregierung über die Lage der Mittelschichten, in: BArbBl. 1960, S. 658 ff.

Fabricius, Fritz, Arbeitsverhältnis, Tarifautonomie, Betriebsverfassung und Mitbestimmung im Spannungsfeld von Recht und Politik — Gedanken über Fortentwicklung des Arbeitsverhältnisses —, in: Festschrift für E. Fechner, Tübingen 1973, S. 171 ff.

Falkenberg, Rolf-Dieter, Abgrenzung zwischen Arbeitnehmer, arbeitnehmerähnlichen Personen und freien Mitarbeitern, in: Das Personalbüro 1971, Gruppe 3, S. 215 ff.

— Freie Mitarbeiter — Arbeitnehmer — arbeitnehmerähnliche Person, in: DB 1969, S. 1409 ff.

Farthmann, Friedhelm, Der „personenrechtliche Charakter" des Arbeitsverhältnisses, in: RdA 1960, S. 5 ff.

Feldmann, Hans-Dieter, Die Rundfunkanstalten und ihre freien Mitarbeiter, in: Rundfunk und Fernsehen Nr. 1/1972, S. 41 ff.

Fenn, Herbert, Arbeitsverhältnisse und sonstige Beschäftigungsverhältnisse, in: Festschrift für F. W. Bosch, Bielefeld 1976, S. 171 ff.

Feuchtwanger, Sigbert, Die freien Berufe, München und Leipzig 1922.

Fikentscher, Wolfgang, Anmerkung zu WuW/E BGH 359 ff. — Glasglühkörper, WuW/E BGH, S. 365 ff.

Finke, Franz-Josef, Rechtsprechung des Bundesgerichtshofs zum Handelsvertreterrecht, in: WM 1972, S. 1110 ff.

Fischer, Klaus, Freie Rundfunkmitarbeiter, in: FuR 1973, S. 375 ff.

Flatow, Georg / Richard *Joachim*, Arbeitsgerichtsgesetz, Kommentar, Berlin 1928.

Fleischmann, Eugen, Die freien Berufe im Rechtsstaat, Berlin 1970.

Flume, Werner, Allgemeiner Teil des Bürgerlichen Rechts, 2. Bd., Das Rechtsgeschäft, 2. Aufl., Berlin u. a. 1975.

Fohrbeck, Karla / A. J. *Wiesand*, Programmierte Konflikte — „Arbeitnehmerähnlichkeit" und neues Tarifvertragsgesetz, in: GMH 1973, S. 593 ff.

— Der Autorenreport, Reinbek b. Hamburg 1972.

— Der Künstler-Report, München und Wien 1975.

Fohrbeck, Karla / A. J. *Wiesand* / Frank *Woltereck*, Arbeitnehmer oder Unternehmer? Zur Rechtssituation der Kulturberufe, Berlin 1976.

Fraenkel, Ernst, Zur Soziologie der Klassenjustiz, 1927, in: Zur Soziologie der Klassenjustiz und Aufsätze zur Verfassungskrise 1931 - 32, Neudruck, Darmstadt 1968, S. 1 ff.

Frankfurter Kommentar, Kommentar zum Gesetz gegen Wettbewerbsbeschränkungen, von H. Kaufmann u. a., Lfg. 18, Köln 1975.

Franta, Rudolf, Das neue Handelsvertreterrecht, in: MDR 1953, S. 530 ff.

Funke, Klaus-Detlef, Von der IG Druck und Papier zur Mediengewerkschaft, in: Gewerkschaften und Klassenkampf, Kritisches Jahrbuch, Frankfurt 1973, S. 110 ff.

Gallus, Michael, Wettbewerbsbeschränkungen im Recht des Handelsvertreters, München 1971.

Gamillscheg, Franz, Zivilrechtliche Denkformen und die Entwicklung des Individualarbeitsrechts, in: AcP 176 (1976), S. 197 ff.

— Anmerkung zu BAG AP Nr. 12 zu § 611 BGB — Abhängigkeit, in: EzA zu § 611, 16.

Ganten, Hans, Methodische und inhaltliche Probleme bei der „Begriffs"bestimmung des „freien" und des „abhängigen" Architekten, in: DVBl. 1974, S. 550 ff.

Geffken, Rolf, Das Individualarbeitsrecht, in: DuR 1973, S. 107 ff.

Gemeinschaftskommentar, Gesetz gegen Wettbewerbsbeschränkungen und Europäisches Kartellrecht, bearb. v. Hans Müller-Henneberg und Guntar Schwartz, 3. Aufl., Köln u. a. 1972, 1974.

Gerschel, Alfred, Tarifverträge für arbeitnehmerähnliche freie Mitarbeiter, in: FuR 1973, S. 538 ff.

Gierke, Julius v., Das neue Recht der Handelsvertreter, in: ZHR 117 (1955), S. 138 ff.

Gierke, Julius v. / Otto *Sandrock*, Handels- und Wirtschaftsrecht, Bd. 1, Allgemeine Grundlagen, Der Kaufmann und sein Unternehmen, Berlin / New York 1975.

Gierke, Otto v., Die Wurzeln des Dienstvertrages, in: Festgabe für Heinrich Brunner, München und Leipzig 1914, S. 37 ff.

Godin, Hans Freiherr v., Kartellrechtliche Behandlung von Verträgen über gewerbliche Schutzrechte, in: BB 1958, S. 64 ff.

Godin, Hans Freiherr v. / Hans *Wilhelmi*, Aktiengesetz vom 6. September 1965, Kommentar, Bd. I, 4. Aufl., Berlin / New York 1971.

Großkommentar, Handelsgesetzbuch, 1. Bd. §§ 1 - 104, 3. Aufl., §§ 84 ff. bearb. von Dieter Brüggemann, Berlin 1967.

Grüber, Hans-Bernd, Zur Anwendbarkeit der Soziologie in der Jurisprudenz, in: JZ 1974, S. 665 ff.

Gruenberg, Emil, Der Mittelstand in der kapitalistischen Gesellschaft, Leipzig 1932.

Häberle, Peter, Die offene Gesellschaft der Verfassungsinterpreten, in: JZ 1975, S. 297 ff.

Haemmerle, Hermann, Grundriß des Arbeitsrechts, I. Buch, Arbeitsvertrag, Wien 1949.

— Handelsrecht, Einleitung und erster Teil, Graz u. a. 1958.

Hahn, Dierk, Die öffentlich-rechtliche Altersversicherung der verkammerten freien Berufe, Berlin 1974.

Hamann, Andreas / Hellmut *Lenz*, Das Grundgesetz für die Bundesrepublik Deutschland vom 23. Mai 1949, Kommentar, 3. Aufl., Neuwied und Berlin 1970.

Hamilton, Richard F., Einkommen und Klassenstruktur. Der Fall der Bundesrepublik, in: Der „neue" Arbeiter. Zum Wandel sozialer Strukturen, hrsg. v. Karl H. Hörning, Frankfurt 1971.

— The marginal middle-class: A reconsideration, in: American sociological Review, vol. 31 (1966), pp 192 - 199.

Hanau, Peter / Klaus *Adomeit*, Arbeitsrecht, 4. Aufl., Frankfurt a. M. 1976.

Handels- und Versicherungsvertreterrecht. Arbeits- und sozialrechtlicher Taschenkommentar Nr. 13, 2. Aufl., Düsseldorf 1971, bearb. u. a. v. Wolfgang Lohmüller.

Hartwich, Hans-Hermann, Sozialstaatspostulat und gesellschaftlicher status quo, Köln und Opladen 1970.

Hefermehl, Wolfgang, siehe Adolf Baumbach.

Hensche, Detlef, Zur Zulässigkeit von Firmentarifverträgen mit verbandsangehörigen Unternehmen, in: RdA 1971, S. 9 ff.

Hensen, Jürgen, Die kartellrechtliche Mißbrauchskontrolle und das Wettbewerbsverbot des Handelsvertreters, Bielefeld 1973.

Herkommer, Sebastian, siehe Niels Beckenbach.

— siehe auch Klassenlage.

Herschel, Wilhelm, Anmerkung zu BAG, in: SAE 1974, S. 67 ff., 68 ff.

— Anmerkung zu BAG, in: SAE 1974, S. 69 ff., 72 f.

— Anmerkung zu BAG, in: SAE 1967, S. 174 ff., 176 ff.

— Buchbesprechung von J. N. Stolterfoth: Die Selbständigkeit des Handelsvertreters, in: AuR 1974, S. 308 f.

— Anmerkung zu BAG, in: SAE 1962, S. 86 ff., 90 f.

— Zur Arbeitnehmereigenschaft der Film- und Fernsehschaffenden, in: Ufita 36 (1962), S. 115 ff.

— Freier Beruf und Arbeitsverhältnis, Heidelberg 1964.

— Die typologische Methode und das Arbeitsrecht, in: Recht und Rechtsleben in der sozialen Demokratie", Festgabe für Otto Kunze, Berlin 1969, S. 225 ff.

— Die arbeitnehmerähnliche Person, in: DB 1977, S. 1185 ff.

Herschel, Wilhelm / Reinhard *Beine*, Handbuch zum Recht des Handelsvertreters unter besonderer Berücksichtigung des Steuerrechts, Köln 1954.

Herzog, Roman, siehe Theodor Maunz.

Hesse, Hans Albrecht, Berufe im Wandel. Ein Beitrag zur Soziologie des Berufs, der Berufspolitik und des Berufsrechts, 2. Aufl., Stuttgart 1972.

Hessel, Philipp, Der Arbeitnehmerbegriff, in: RdA 1952, S. 410 ff.

Heuss, Theodor, Organisationsprobleme der „freien Berufe", in: Festschrift für Hugo Brentano, München und Leipzig 1916, S. 237 ff.

— siehe „Diskussion" über „freie Berufe".

Heußner, Hermann, Das abhängige Beschäftigungsverhältnis — Bindeglied zwischen Arbeits- und Sozialversicherungsrecht, in: AuR 1975, S. 307 ff.

— Der freie Mitarbeiter — ein Arbeitnehmer?, in: DB 1975, S. 787 ff.

Hick, Ernst, Der arbeitnehmerähnliche Agent. Unter besonderer Berücksichtigung der Verhältnisse im Versicherungsgewerbe, Diss. iur. München 1949.

Hiersemann, Walter, siehe Peter Meisel.

Hirsch, Ernst E., Der gesetzlich fixierte „Typ" als Gefahrenquelle der Rechtsanwendung (erläutert am Beispiel des Handelsvertreters), in: Das Recht im sozialen Ordnungsgefüge, Berlin 1966, S. 161 ff.

Hitzer, Friedrich, Wortproduktion oder Literatur, in: Kürbiskern 1972, S. 557 ff., Heft 4 „Abhängigkeit in der Kulturindustrie".

Hofbauer, Hans: Zur sozialen Gliederung der Arbeitnehmerschaft, Köln und Opladen 1965.

Hoffmann, Reinhard, Koalitionsrecht und Tarifautonomie, in: GMH 1966, S. 151 ff.

Hofmann, Otto, Der Begriff der arbeitnehmerähnlichen Person, in: DB 1958, S. 1071 ff.

Hofmann, Paul, Beiträge zum Arbeitsrecht, in: ZfA 1974, S. 333 ff.

Hübner, Heinz: Soziale Sicherheit und Rechtsstellung als Methodenproblem, Freie Mitarbeiter in den Rundfunkanstalten, München 1973, S. 5 ff.

Hübner, Jürgen: Schadenszurechnung nach Risikosphären, Diss. iur. Berlin 1972.

Hueck, Alfred / Hans Carl *Nipperdey*, Lehrbuch des Arbeitsrechts, 1. Bd. v. A. Hueck, 7. Aufl., Berlin und Frankfurt a. M. 1963.

— Lehrbuch des Arbeitsrechts, 2. Bd., 1. Halbbd. v. H. C. Nipperdey, 7. Aufl., Berlin und Frankfurt a. M. 1967.

— Lehrbuch des Arbeitsrechts, 2. Bd. v. H. C. Nipperdey, 6. Aufl., Berlin und Frankfurt a. M. 1957.

— Grundriß des Arbeitsrechts, 5. Aufl., Berlin und Frankfurt 1970.

— Lehrbuch des Arbeitsrechts, Bd. 1 v. A. Hueck (1. Aufl.), Mannheim u. a. 1928.

Hueck, Alfred, Handbuch des Arbeitsrechts, I. Buch, Entwicklung, Rechtsquellen, Grundbegriffe des Arbeitsrechts, Stuttgart 1922.

— Die Tariffähigkeit des deutschen Bühnenvereins, in: RdA 1956, S. 45 ff.

— Die Rechtsprechung des Reichsgerichts zum Arbeitsvertragsrecht (1919 bis 1926), in: Dersch / Flatow / Hueck / Nipperdey: Die Rechtsprechung des Reichsgerichts zum Arbeitsrecht, I. Bd., Mannheim u. a. 1926, S. 318 ff.

Hueck, Götz, Arbeitnehmer und freie Mitarbeiter, in: DB 1955, S. 384 ff.

— Einige Gedanken zum Begriff des Arbeitnehmers, in: RdA 1969, S. 216 ff.

— Anmerkung zu BAG, in: SAE 1966, S. 221 ff. (227 f.).

— Anmerkung zu BAG AP Nr. 10 zu § 611 BGB — Abhängigkeit.

Jansen, E., Arzt und Gewerkschaft, in: Kürbiskern 1972, S. 758 ff., Heft 4, „Abhängigkeit in der Kulturindustrie".

Joachim, Richard, siehe Georg Flatow.

Kadritzke, Ulf, siehe Niels Beckenbach.

Kahn-Freund, Otto, Einführung zu Karl Renner: Die Rechtsinstitute des Privatrechts und ihre soziale Funktion, erstmals (unter z. T. anderem Titel und Pseudonym J. Kaner) 1904, Neudruck Stuttgart 1965, S. 1 ff.

— Der Funktionswandel des Arbeitsrechts 1932, in: T. Ramm (Hrsg.): Arbeitsrecht und Politik, Quellentexte 1918 - 1933, Neudruck Neuwied 1966, S. 211 ff.

— Das soziale Ideal des Reichsarbeitsgerichts, 1931, in: T. Ramm (Hrsg.): Arbeitsrecht und Politik, Quellentexte 1918 - 1933, Neudruck Neuwied 1966, S. 149 ff.

Kairat, Hans, „Professions" oder „Freie Berufe"?, Professionales Handeln im sozialen Kontext, Berlin 1969.

Kappe, D., siehe K. M. Bolte.

Karger, Gertrud von, Die Organisation der Schriftsteller, Diss. rer. pol. Tübingen 1922.

Kaskel, Walter / Hermann *Dersch*, Arbeitsrecht, bearb. v. H. Dersch, 5. Aufl., Berlin u. a. 1957.

Kehrmann, Karl, Ein einheitlicher Arbeitsnehmerbegriff, in: Die Quelle 1972, S. 23 ff.

Kempski, Jürgen v., Wissenschaft als freier Beruf, in: Kölner Zeitschrift für Soziologie 1953/54 (6. Jahrg.), S. 423 ff.

Kistowski, Askar v., Der Tankstellenvertrag, Jur. Diss. Köln 1962.

Klaas, Christoph, Zur Dauer von Bierbelieferungsverträgen unter besonderer Berücksichtigung der neueren Rechtsprechung des Bundesgerichtshofes, in: BB 1974, S. 1098 ff.

Klassenstruktur I, Klassen- und Sozialstruktur der BRD 1950 - 1970, Teil I. Klassenstruktur und Klassentheorie, hrsg. v. Institut für marxistische Studien und Forschung (IMSF), mit Beiträgen von H. Jung, C. Kievenheim, M. Steinhauer-Tjaden, R. H. Tjaden.

Klein, Friedrich, siehe Hermann Mangoldt.

Koch, Aike, Freie Mitarbeiter und freie Handelsvertreter fordern Tariffähigkeit, in: Informationsdienst — Gewerkschaftspresse Nr. 120 v. 26. Aug. 1971, S. 2 ff.

König, René / Alphons *Silbermann*, Der unversorgte selbständige Künstler, in: Über die wirtschaftliche und soziale Lage der selbständigen Künstler in der Bundesrepublik, Köln / Berlin 1964.

König, René, Das Selbstbewußtsein des Künstlers zwischen Tradition und Innovation, in: Künstler und Gesellschaft, Sonderheft 17 der Kölner Zs. f. Soziologie und Sozialpsychologie, Opladen 1974, S. 341 ff.

Koenigs, Folkmar, Einige Probleme des § 18 GWB, in: Wettbewerb als Aufgabe, Bad Homburg / Berlin 1968, S. 301 ff.

Korsch, Karl, Buchbesprechung von E. Pasukanis: Allgemeine Rechtslehre und Marxismus, 2. Aufl., Frankfurt 1969, daselbst, S. I ff.

Krause-Ablaß, Günter B., Zur Frage der Sozialversicherungspflicht freier Mitarbeiter der Rundfunkanstalten, in: ZSR 1972, S. 323 ff.

Kreis, Helmut, Ausschließlichkeitsbindungen in Tankstellenverträgen, in: BB 1967, S. 942 ff.

Kreller, Zum Entwurf eines Allgemeinen Arbeitsvertragsgesetzes, in: AcP 122 (1924), S. 1 ff.

Kron, Friedhelm, Abhängigkeitsbewußtsein und Organisation der Schriftsteller, in: Kürbiskern 1972, S. 534 ff., Heft 4 „Abhängigkeit in der Kulturindustrie".

— Schriftsteller und Schriftstellerverbände, Stuttgart 1976.

Kunze, Otto, Die Stellung der ständigen freien Mitarbeiter in rechtlicher und rechtspolitischer Sicht, in: Freie Mitarbeiter in den Rundfunkanstalten, München 1973, S. 55 ff.

— Der neue § 12 a des Tarifvertragsgesetzes, in: Ufita 74 (1975), S. 19 ff.

Lach, Michael, Formen freiberuflicher Zusammenarbeit, Diss. iur. München 1970.

Ladeur, Karl-Heinz, Zur Kritik der herrschenden Tarifvertragsdoktrin, in: DuR 1973, S. 135 ff.

Larenz, Karl, Methodenlehre der Rechtswissenschaft, 3. Aufl., Berlin u. a. 1975.

— Allgemeiner Teil des deutschen bürgerlichen Rechts, 4. Aufl., München 1977.

Leenen, Detlef, Typus und Rechtsfindung, Berlin 1971.

Lenz, Helmut, siehe Andreas Hamann.

Leo, Hans-Christoph, Das Wettbewerbsverbot des Handelsvertreters im Lichte des § 18 GWB, in: WRP 1969, S. 85 ff.

Lepsius, M. Rainer, Sozialstruktur und soziale Schichtung in der BRD, in: Die zweite Republik, 25 Jahre BRD — eine Bilanz, Hrsg. v. R. Löwenthal, H.-P. Schwarz, Stuttgart 1974, S. 263 ff.

Lewenton, Michael, Zur Arbeitnehmereigenschaft der Fernsehschaffenden, in: Film und Recht 1966, S. 280 ff.

Lieb, Manfred, Die Schutzbedürftigkeit arbeitnehmerähnlicher Personen, in: RdA 1974, S. 257 ff.

— Rechtsformzwang und Rechtsformverfehlung im Arbeitsrecht, in: RdA 1975, S. 49 ff.

— Die Ehegattenmitarbeit im Spannungsverhältnis von Rechtsgeschäften, Bereicherungsausgleich und gesetzlichem Güterstand, Tübingen 1970.

— Anmerkung zu BAG AP Nr. 12 zu § 611 BGB — Abhängigkeit.

— Unternehmerähnliche Arbeitnehmer, in: ZVersWiss 1976, S. 207 ff.

— Beschäftigung auf Produktionsdauer — selbständige oder unselbständige Tätigkeit?, in: RdA 1977, S. 210 ff.

Lindacher, Walter F., Grundsätzliches zu § 138 BGB, in: AcP 173 (1973), S. 124 ff.

Löning, G., Rechtsgültigkeit von Arbeitnehmerkammern, in: NZfArbR 1929, Sp. 593 ff.

Loewenheim, Ulrich, siehe Klaus Westrick.

Lohmüller, Wolfgang u. a., Handels- und Versicherungsvertreterrecht, Arbeits- und Sozialrechtliche Taschenkommentare, 2. Aufl., Düsseldorf 1971.

Lotmar, Philipp, Der Arbeitsvertrag nach dem Privatrecht des Deutschen Reiches, 1. Bd., Leipzig 1902.

Luckmann, Thomas / Peter *Berger*, Social Mobility and Personal Identy, in: Archives Européennes des Sociologie, Vol. 5, 1964, S. 331 ff.

Ludwig, Rolf F., Auf welche Handelsvertreter ist das BUrlG anwendbar?, in: BB 1966, S. 1972 f.

Lund, Heinrich, Tarifautonomie für arbeitnehmerähnliche Personen, in: BABl 1974, S. 682 ff.

Lutz, G., Protokolle der Kommission zur Beratung eines allgemeinen deutschen Handelsgesetzbuches, I. Teil (Protokolle I - XIV), Würzburg 1858.

Maier, Claus, Arbeitnehmerähnliche Personen im Tarifrecht, in: FuR 1973, S. 378 ff.

— Nochmals: Arbeitnehmerähnliche Personen im Tarifrecht, in: FuR 1974, S. 28 ff.

Mangoldt, Hermann / Friedrich *Klein*, Das Bonner Grundgesetz, Kommentar, Bd. I, 2. Aufl., Berlin und Frankfurt a. M. 1966.

Markert, Kurt, Tankstellennebengeschäfte und Antitrustrecht, in: WuW 1969, S. 546 ff.

Marowski, Bernhard, Streik für ein gesundes Krankenhaus, in: Gewerkschaftsspiegel 1972, Heft 2, S. 14 ff.

Marx, Karl, Das Kapital. Kritik der politischen Ökonomie, 1. Bd., 4. Aufl. 1890, in: Marx / Engels Werke, Bd. 23, Berlin 1972.

— Zur Kritik der politischen Ökonomie, in: Marx / Engels Werke, Bd. 13, Berlin 1971.

— siehe auch F. Engels.

Mathys, Peter, Das Verhältnis zwischen Kartellrecht und kollektivem Arbeitsrecht, Basel und Stuttgart 1969.

Maunz, Theodor / *Dürig* / *Herzog*, Grundgesetz, Kommentar, Bd. I, Lfg. 1 - 15, München 1977.

Maus, Wilhelm, Die „freien Mitarbeiter" der Deutschen Rundfunk- und Fernsehanstalten, in: RdA 1968, S. 367 ff.

Mayer-Maly, Theo, Die innere Pressefreiheit und das Arbeitsrecht, in: DB 1971, S. 335 ff.

— Österreichisches Arbeitsrecht, Wien 1970.

— Dienstvertrag und Arbeitsvertrag, in: ZAS 1966, S. 2 ff.

— Arbeiter und Angestellte, Wien / New York 1969.

— Gedanken zur Entwicklung der Abgrenzung der leitenden Angestellten, in: BB 1974, S. 1124 ff.

— Erwerbsabsicht und Arbeitnehmerbegriff, Berlin 1965.

Mayer-Maly, Theo, Anmerkung zu BAG AP Nr. 12 zu § 611 BGB — Abhängigkeit, in: SAE 1974, S. 251 f.

Meisel, Peter G. / Walter *Hiersemann,* Arbeitszeitordnung, Kommentar, 2. Aufl., München 1977.

Meissinger, H., Arbeitnehmerähnliche Personen, in: DBetrVerf 1957, S. 65 ff.

Melsbach, Erich, Deutsches Arbeitsrecht. Zu seiner Neuordnung, Berlin und Leipzig 1923.

Menkens, H., Zur Arbeitnehmereigenschaft der Handels- und Versicherungsvertreter, in: RdA 1953, S. 97.

Messow, Hannelore / Eckart *Spoo,* Wie Journalisten gehandelt und gehandhabt werden, in: Kürbiskern 1972, S. 605 ff., Heft 4 „Abhängigkeit in der Kulturindustrie".

Molitor, Erich, Grund und Grenzen des Weisungsrechts, in: RdA 1959, S. 2 ff.

— Handelsrecht und Arbeitsrecht, in: ZBH 1928, S. 33 ff.

Molitor, Erich / Alfred *Hueck* / Erwin *Riesler,* Der Arbeitsvertrag und der Entwurf eines Allgemeinen Arbeitsvertrags-Gesetzes, Mannheim u. a. 1925.

Mückenberger, Ulrich, Legitimation durch Realitätsverleugnung. Am Beispiel Privatautonomie, in: KJ 1971, S. 248 ff.

Müller, Gerhard, Zur arbeitsrechtlichen Problematik der Rechtsbeziehungen des Spitzenfilmdarstellers, in: Ufita 28 (1959), S. 134 ff.

— Die Koalitionen in der Rechtsordnung der BRD, in: Juristisches Jahrbuch 1969/70, Bd. 10, S. 125 ff.

Müller, Heinz / Gerhard *Gries* / Peter *Giessler,* Kommentar zum Gesetz gegen Wettbewerbsbeschränkungen (Kartellgesetz), 3. Aufl., Frankfurt a. M. 1974.

Müller, Wolfgang, Einbeziehung der freien Berufe in das Handelsrecht unter besonderer Berücksichtigung von Arzt, Apotheker, Rechtsanwalt, Wirtschaftsprüfer und Architekt, Diss. iur. Kiel 1968.

Münch, Ingo v., siehe Bonner Kommentar (BK).

e. s. n., Zum Standort der freien Autoren und zu ihrer wirtschaftlichen Abhängigkeit von Rundfunk und Fernsehen, in: Hörfunk, Fernsehen, Film (HFF), Nr. 2/1972, S. 8 f.

Naschold, Frieder, Kassenärzte und Krankenversicherungsreform, Freiburg 1967.

Neidhardt, F., siehe K. M. Bolte.

Neumann, Dirk, siehe Hermann Dersch.

Niessen, Hermann, Ist das BUrlG auf alle Handelsvertreter anwendbar?, in: DB 1963, S. 308 f.

— Welche Handelsvertreter haben einen Urlaubsanspruch nach dem BUrlG? — Stellungnahme, in: DB 1963, S. 1120 f.

Nikisch, Arthur, Arbeitsrecht, I. Bd., Allgemeine Lehren und Arbeitsvertragsrecht, 3. Aufl., Tübingen 1961.

Nikisch, Arthur, Arbeitsrecht, II. Bd., Koalitionsrecht, Arbeitskampfrecht und Tarifvertragsrecht, 2. Aufl., Tübingen 1959.

Nipperdey, Hans Carl, siehe Alfred Hueck.

— Handelsvertreter und Eigen(vertrags)-händler. Der Ausgleichsanspruch des § 89 b HGB, in: Festschrift für Gustav Wilhelm Hedemann, „Recht und Wirtschaft", Berlin 1958, S. 207 ff.

— Die Grundrechte und Grundpflichten der Reichsverfassung, Bd. III, Berlin 1930.

— siehe Enneccerus.

Nippold, Dietrich, Der Tankstellenvertrag, Diss. iur. Würzburg 1966.

Olenhusen, Albrecht Götz v., Entwicklungsland Kultur, in FuR 1973, S. 111 ff.

— Heimarbeit und Industrie, in: Kürbiskern 1972, S. 551 ff., Heft 4 „Abhängigkeit in der Kulturindustrie".

— Zur Situation der freien Mitarbeiter im Medienbereich. Denkschrift einer Gruppe von Freischaffenden des Fernsehens, in: FuR 1973, S. 371 ff.

Oppinger, Gottfried, Die „freien Mitarbeiter" der deutschen Rundfunk- und Fernsehanstalten, in: DAngVers 1973, S. 95 ff.

Ordemann, W., Zur Abgrenzung zwischen Handelsvertreter und Angestellten, in: BB 1963, S. 498 ff.

Ostheim, Rolf, Die Weisung des Arbeitgebers als arbeitsrechtliches Problem, in: Verhandlungen des 4. österreichischen Juristentages, Wien 1970, Bd. 1, Teil 4, Wien o. J.

Pakebusch, Ernst, Selbständiger Dienstvertrag und Arbeitsvertrag, in: BlStSozVArbR 1964, S. 251 ff.

Palme, Antonie, Arbeitnehmer oder freie Mitarbeiter?, in: BlStSozVArbR 1968, S. 220 ff.

Pfenningstorf, Werner, Umfang und Grenzen des sozialen Schutzes für arbeitnehmerähnliche Handelsvertreter, Diss. iur. Hamburg 1959.

Pinl, Claudia, Medienpolitik und Medienwirklichkeit. Anmerkungen zu einer Situation, an der die Mediengewerkschaft etwas ändern soll, in: GMH 1973, S. 265 ff.

Plander, Harro, Bezirksleiter, Verkaufsleiter und andere Mittelinstanzen mehrstufiger Vertriebssysteme mit sogenannten unechten Untervertretern: Selbständige oder Arbeitnehmer?, in: RdA 1973, S. 234 ff.

Pohle, Rudolf, Anmerkung zu BAG AP Nr. 2 zu § 717 ZPO.

Potthoff, Heinz, Diskussionsbeitrag zu den Referaten der Verhandlungen auf der Generalversammlung des Vereins für Sozialpolitik in Eisenach am 21. Sept. 1922, in: Die Zukunft der Sozialpolitik, Schriften des Vereins f. Sozialpolitik, Bd. 163, München und Leipzig 1923, S. 214 ff.

— Das Arbeitsrecht der Schriftsteller, in: Die geistigen Arbeiter. Erster Teil. Freies Schriftstellertum und Literaturvertrag, München und Leipzig 1922, S. 327 ff.

— Probleme des Arbeitsrechts, Jena 1912.

Projekt Klassenanalyse, Materialien zur Klassenstruktur der BRD. 1. Teil, hrsg. v. Projekt Klassenanalyse, Westberlin 1973.

Raisch, Peter, Geschichtliche Voraussetzungen, dogmatische Grundlagen und Sinnwandlung des Handelsrechts, Karlsruhe 1965.

Raiser, Thomas, Das Arbeitsverhältnis aus der Sicht der Organisationssoziologie, in: ZRP 1973, S. 13 ff.

— Das Unternehmen als Organisation, Berlin 1969.

Ramm, Thilo, Koalitionsbegriff und Tariffähigkeit, in: JuS 1966, S. 223 ff.

— Der Koalitionsbegriff, in: RdA 1968, S. 412 ff.

— Der nichtgewerkschaftliche Streik, in: AuR 1971, S. 65 ff., 97 ff.

— Arbeitsgesetzbuch und politische Entscheidung, in: ZRP 1972, S. 13 ff.

— Zur Bedeutung der Rechtssoziologie für das Arbeitsrecht, in: W. Naucke / P. Trappe (Hrsg.): Rechtssoziologie und Rechtspraxis, Neuwied und Berlin 1970, S. 154 ff.

— Die Anfechtung des Arbeitsvertrages, Karlsruhe 1955.

Rasch, Harold / Klaus *Westrick*, Wettbewerbsbeschränkungen, Kartell- und Monopolrecht, Kommentar zum GWB, 3. Aufl., Herne / Berlin 1966.

— Ausschließlichkeitsbindungen im Handelsvertreterrecht, in: WuW 1958, S. 208 ff.

Rauecker, Bruno, Die Fachvereine der deutschen Schriftsteller, in: Die geistigen Arbeiter. Erster Teil. Freies Schriftstellertum und Literaturverlag, München und Leipzig 1922, S. 157 ff.

Rauschenbach, Gerhard, Das Verhältnis zwischen Kartellverbot und Standesrecht der Rechtsanwälte in den USA und in der BRD, in: Anwaltsblatt 1973, S. 275 ff.

Rehbinder, Manfred, Zur Politisierung des Internationalen Privatrechts, in: JZ 1973, S. 151 ff.

— Soziale Sicherung freier Mitarbeiter in den Rundfunkanstalten, München 1973, S. 17 ff.

— Der Tankstellenvertrag im Blickfeld der Rechtstatsachenforschung, Berlin 1971.

Reichel, Hans, Rechtsfragen zur Tariffähigkeit, in: RdA 1972, S. 143 ff.

— Änderung des Tarifvertragsgesetzes, in: DB 1975, S. 102 ff.

— Tarifvertragsgesetz. Der Wirtschafts-Kommentar, 2. Aufl., Frankfurt/Main 1974.

Renner, Karl, Die Rechtsinstitute des Privatrechts und ihre soziale Funktion. Ein Beitrag zur Kritik des bürgerlichen Rechts, erstmals erschienen unter dem Pseudonym J. Karner, Wien 1904, Neudruck Stuttgart 1965.

Reuß, Wilhelm, Die Bedeutung der „Mächtigkeit" von Verbänden im kollektiven Arbeitsrecht, in: RdA 1972, S. 4 ff.

— Der Ärztestreik, in: RdA 1972, S. 321 ff.

— Koalitionseigenschaft und Tariffähigkeit, in: „Recht und Rechtsleben in der sozialen Demokratie, Festgabe für Otto Kunze, Berlin 1969, S. 269 ff.

Reuter, Dieter, Nochmals: Die unverhältnismäßige Aussperrung — BAG (GS) AP, Art. 9 GG — Arbeitskampf — Nr. 43, in: JuS 1973, S. 284 ff.

— Die Entwicklung des arbeitsrechtlichen Schrifttums im Jahre 1973, in: ZfA 1974, S. 235 ff.

Rich, Arthur, Mitbestimmung in der Industrie, Zürich 1973.

Richardi, Reinhard, Arbeitsrecht und Zivilrecht, in: ZfA 1974, S. 3 ff.

— siehe Rolf Dietz.

Richter, Lutz, Grundverhältnisse des Arbeitsrechts, Berlin 1928.

Ridder, Helmut, Zur verfassungsrechtlichen Stellung der Gewerkschaften im Sozialstaat nach dem Grundgesetz für die Bundesrepublik Deutschland, Stuttgart 1960.

Riepenhausen, Bernhard, siehe W. Dannenhaus.

Riesenkampff, Alexander, Die Ausschließlichkeitsbindung des Tankstellenhalters für Trieb- und Schmierstoffe, in: BB 1968, S. 732 f.

Rinck, Gerd, Wirtschaftsrecht, 5. Aufl., Köln u. a. 1977.

Rittner, Fritz, Unternehmen und freier Beruf als Rechtsbegriffe, in: Recht und Staat, Nr. 261/262, Tübingen 1962, S. 1 ff.

— Die Wettbewerbsverbote der Handelsvertreter und § 18 GWB, in: ZHR 135 (1971), S. 289 ff.

— Das Wettbewerbsverbot im Handelsvertreterverhältnis, in: Festschrift für R. Reinhardt, Köln-Marienburg 1972, S. 301 ff.

Röhsler, Waldemar, siehe Gerhard Boldt.

Römer, Peter, Das Recht als Basis und Überbau, in: Neue politische Literatur 1970, S. 300 ff.

Rosenbaum, Wolf, Zum Rechtsbegriff bei Stucka und Paschukanis, in: KJ 1971, S. 148 ff.

Rosin, Heinrich, Das Recht der Arbeiterversicherung, Bd. II: Das Recht der Invaliden- und Altersversicherung, Berlin 1905.

Rother, Werner, Der Urlaubsanspruch des Eintagsbeschäftigten, in: RdA 1966, S. 301 ff.

Rottleuthner, Hubert, Rechtswissenschaft als Sozialwissenschaft, Frankfurt a. M. 1973.

Rüthers, Bernd, Das Recht der Gewerkschaften auf Information und Mitgliederwerbung im Betrieb, in: RdA 1968, S. 161 ff.

R. S., Status- und Begriffsbestimmung der Freien Mitarbeiter, in: Hörfunk, Fernsehen, Film (HFF) Nr. 5/1971, S. 8 ff.

Säcker, Franz Jürgen, Die Institutions- und Betätigungsgarantie der Koalitionen im Rahmen der Grundrechtsordnung, in: Das Arbeitsrecht der Gegenwart 1975, Bd. 12, S. 17 ff.

— Die Tariffähigkeit und die Tarifzuständigkeit, in: Arbeitsrechtsblattei — Tarifvertrag — II A v. 8. 2. 1970.

— Geschichtliche Entwicklung, Begriff und Rechtsstellung der Berufsverbände, in: Arbeitsrechtsblattei — Berufsverbände — I - I v. 8. 9. 1907.

— Streikhilfeabkommen und Kartellrecht, in: ZHR 137 (1973), S. 455 ff.

— Gruppenautonomie und Übermachtkontrolle im Arbeitsrecht, Berlin 1972.

— Die Konkretisierung vager Rechtssätze durch Rechtswissenschaft und Praxis, in: ARSP 1972, S. 215 ff.

— Grundprobleme der kollektiven Koalitionsfreiheit, Düsseldorf 1969.

Sandrock, Otto, siehe Julius v. Gierke.

Schäfer, Egon, Der Arbeitnehmerbegriff im ASVG und Arbeitsrecht, in: DRdA 1974, S. 171 ff.

Schaub, Günter, Arbeitsrechtshandbuch, 3. Aufl., München 1977.

Scheidt, Johannes, Der Rechtsbegriff der abhängigen Arbeit. Ein Beitrag zur Systematik des Arbeitsrechts, Diss. iur. Frankfurt 1934.

Schelsky, Helmut, Der selbständige und der betreute Mensch, Stuttgart 1976.

Scheuner, Ulrich, Der Inhalt der Koalitionsfreiheit, in: Weber / Scheuner / Dietz: Die Koalitionsfreiheit, Drei Rechtsgutachten, Berlin / Frankfurt a. M. 1961, S. 27 ff.

Schmidt, Karl Heinrich, Zur Frage der Arbeitnehmereigenschaft der Vertragsspieler im DFB und der Rechtsnatur des Spielervertrages, in: AuR 1961, S. 329 ff.

Schmidt, Karsten, Zur Stellung der OHG im System der Handelsgesellschaften, Bonn 1972.

Schmidt, Rudolf, Freie Berufe und Kartellgesetz, Diss. iur. Köln 1969.

Schmidt, Ulrich / Harald *Thiele*, Die Ausschließlichkeitsbindung des Tankstellenhalters für Trieb- und Schmierstoffe, in: BB 1968, S. 886 f.

Schmidt-Osten, H., Das Arbeitsrecht der Presse, Bonn o. J. (1953).

Schmidt-Rimpler, Walter, Der Handlungsagent. Handbuch des gesamten Handelsrechts, Bd. 5, I. Abteilung, 1. Hälfte, hrsg. v. Victor Ehrenberg, Leipzig 1928.

Schmincke / Sell, Kommentar zum Arbeitsgerichtsgesetz, 2. Aufl., Stuttgart 1928.

Schneider, Dieter, Der Streik. Begriff und Geschichte, in: Zur Theorie und Praxis des Streiks, hrsg. v. D. Schneider, Frankfurt 1971, S. 7 ff.

Schneider, Fritz, Zum Begriff der arbeitnehmerähnlichen Person, Diss. iur. Köln 1934.

Schnorr, Gerhard, Anmerkung zu BAG AP Nr. 6 zu § 611 BGB — Abhängigkeit.

— Bundesverfassungsgericht und kollektives Arbeitsrecht, in: RdA 1955, S. 3 ff.

Schnorr v. Carolsfeld, Ludwig, Anmerkung zu BAG AP Nr. 3 zu § 611 BGB — Abhängigkeit.

Scholz, Rupert, Die Koalitionsfreiheit als Verfassungsproblem, München 1971.

Schröder, Georg, Recht der Handelsvertreter, 5. Aufl., München 1973 (im wesentlichen Sonderdruck aus Schlegelberger, HGB-Kommentar, Bd. II, 5. Aufl.).

Schüller, Alfred, Vermachtungserscheinungen im tertiären Sektor, in: ORDO, Bd. XIX (1968), S. 171 ff.

Schütte, Wolfgang, Von einer Notwendigkeit und einem langen Weg. Plädoyer für eine IG „Massenmedien", in: Massenkommunikationsforschung, Bd. 1: Produktion, S. 229 ff., hrsg. v. Dieter Prokop, Frankfurt 1972.

Schuhler, Conrad, Mitbestimmung in Funk und Fernsehen, in: Kürbiskern 1972, S. 635 ff., Heft 4 „Abhängigkeit in der Kulturindustrie".

Schwenger, Hannes, Schriftsteller und Gewerkschaft. Ideologie, Überbau, Organisation, Darmstadt und Neuwied 1974.

— Schriftsteller — eine neue Arbeiterklasse? Ökonomisches und Sozioökonomisches zur Lage der Autoren, in: M. Paetzold / H. Schmidt (Hrsg.): Solidarität gegen Abhängigkeit, Darmstadt und Neuwied 1973, S. 37 ff.

Schwerdtner, Peter, Handelsvertreterrecht und Handelsvertreterwirklichkeit, in: BlStSozVArbR 1972, S. 17 ff.

— Fürsorgetheorie und Entgelttheorie im Recht der Arbeitsbedingungen, Heidelberg 1970.

Seidel, Norbert, Die arbeitnehmerähnlichen Personen im Urlaubsrecht, in: BB 1970, S. 971 ff.

Sell, Friedrich-Wilhelm Freiherr von, Die Funktion der freien Mitarbeiter bei der Erfüllung des Rundfunkauftrages, Freie Mitarbeiter in den Rundfunkanstalten, München 1973, S. 39 ff.

Sell, siehe Schmincke.

Siebert, Wolfgang, Die Abgrenzung zwischen Arbeitsverhältnis und selbständigem Dienstvertrag, in: BB 1949, S. 746 ff.

— Die arbeitnehmerähnlichen Personen, in: BB 1950, S. 47 f.

— Einige Entwicklungslinien im neueren Individualarbeitsrecht, in: RdA 1958, S. 366 ff.

Sieg, Karl, Betrachtungen zur Abgrenzung der selbständigen Tätigkeit von der abhängigen Beschäftigung, in: SGb 1968, S. 511 ff.

Silbermann, Alphons, siehe René König.

Silberschmidt, Die abhängige Arbeit im Lichte der neuesten Forschung, in: LZ 1927, Sp. 286 ff.

Simitis, Spiros, Die faktischen Vertragsverhältnisse als Ausdruck der gewandelten sozialen Funktion der Rechtsinstitute des Privatrechts, Frankfurt 1957.

Sinzheimer, Hugo, Grundzüge des Arbeitsrechts, 2. Aufl., Jena 1927.

Söhnen, Rüdiger, Die Selbständigkeit der freien Mitarbeiter, Diss. jur. Konstanz 1975.

Söllner, Alfred, Arbeitsrecht, 5. Aufl., Stuttgart u. a. 1976.

Soergel-Siebert, Bürgerliches Gesetzbuch, Kommentar, Bd. 2, Schuldrecht I, 10. Aufl., Stuttgart u. a. 1967.

Sombart, Werner, Die deutsche Volkswirtschaft im neunzehnten Jahrhundert und im Anfang des 20. Jahrhunderts, 7. Aufl., Berlin 1927.

Spitzbarth, Reimar, Wettbewerbsverbote bei den freien Berufen, in: NJW 1954, S. 453 ff.

Spoo, Eckart, siehe Hannelore Messow.

Stahlhacke, Eugen, Bundesurlaubsgesetz mit Nebenbestimmungen, 3. Aufl., Darmstadt 1971.

Stark, Felix, Die Ankündigungen von Kampfmaßnahmen der Ärzteschaft, in: Die Ortskrankenkasse 1964, S. 613 f.

Staudinger, J. v., Kommentar zum BGB, II. Bd., Recht der Schuldverhältnisse, 3. Teil, §§ 611 - 704, 11. Aufl., Berlin 1958.

Stein, Ekkehart, Staatsrecht, 5. Aufl., Tübingen 1976.

Steindorff, Ernst, Wirtschaftsrechtliche Maßstäbe im Arbeitsrecht, in: RdA 1965, S. 253 ff.

Steiner, Helmut, Soziale Strukturveränderungen im modernen Kapitalismus, Berlin 1967.

Stellungnahmen / Mediengewerkschaft, Auf dem Weg zur Mediengewerkschaft — Stellungnahmen: J. Stephan, E. Stotz, D. Lattmann, H. Ratajczak, D. J. Weder, J. Bubenik, H. Bormeister, in: GMH 1973, S. 290 ff.

Stieglitz, Heinrich, Der soziale Auftrag der freien Berufe. Ein Beitrag zur Kultursoziologie der industriellen Gesellschaft, Köln und Berlin 1960.

Stockhausen, Josef, Der ärztliche Beruf in der BRD 1973. Zahlen, Fakten und Tendenzen, Löwenich/Kr. Köln 1973.

Stolterfoth, Joachim N., Die Selbständigkeit des Handelsvertreters, Düsseldorf 1973.

— Buchbesprechung von J. Hensen: Die kartellrechtliche Mißbrauchskontrolle, in: ZHR 138 (1974), S. 168 ff.

— Tarifautonomie für arbeitnehmerähnliche Personen?, in: DB 1973, S. 1068 ff.

Stucka, Petr J., Die revolutionäre Rolle von Recht und Staat, (1921), Neuauflage Frankfurt 1969.

Stumpf, Hermann, siehe Herbert Wiedemann.

Teichmann, Robert, siehe Adolf Baumbach.

Thiele, Harald, siehe Ulrich Schmidt.

Thurn, Hans-Peter, Soziologie der bildenden Kunst. Forschungsgegenstand und Forschungsperspektiven, in: Künstler und Gesellschaft, Sonderheft 17 der Kölner Zs. f. Soziologie und Sozialpsychologie, Opladen 1974, S. 120 ff.

Tomandl, Theodor, Wesensmerkmale des Arbeitsvertrages, Wien / New York 1971.

— Die Metamorphose des Dienstnehmerbegriffes — Sacherfordernis oder Gelegenheitsjudikatur?, in: „Privatrechtliche Beiträge", Gedenkschrift Franz Gschnitzer, Innsbruck 1969, S. 431 ff.

Trinkhaus, Hans, Arbeitsrechtliche Probleme des Handelsvertreterrecht, in: RdA 1958, S. 11 ff.

— Handbuch der Versicherungsvermittlung, Bd. I, Provision und Abfindung der Versicherungsvermittler, Berlin 1955.

Uhlenbruck, Wilhelm, Der Ärztestreik als Mittel kollektiver Interessenwahrung, in: RdA 1972, S. 327 ff.

Ulmer, Peter, Der Vertragshändler, München 1969.

Unterseher, Lutz, Arbeitsvertrag und innerbetriebliche Herrschaft, Frankfurt 1969.

Vaubel, Ernst Dirk, Die Anwendbarkeit des Gesetzes gegen Wettbewerbsbeschränkungen auf Tarifvertragsklauseln, Diss. iur. München 1968.

Wahle, Kurt, Ist der Tankstelleninhaber eine arbeitnehmerähnliche Person?, in: Festschrift für Hans Schmitz, Bd. I, Wien und München 1967, S. 329 ff.

Weber, Manfred, Die Not der geistigen Arbeiter. Referat, gehalten auf der Generalversammlung des Vereins f. Sozialpolitik in Eisenach am 21. Sept. 1922, in: Die Zukunft der Sozialpolitik, Schriften des Vereins für Sozialpolitik, Bd. 163, München und Leipzig 1923, S. 165 ff.

Weyers, Hans-Leo, siehe Josef Esser.

Weyhenmeyer, Hans, Wettbewerbsrechtliche Auswirkungen eines Individualschutzes nach § 18 der Kartellgesetznovelle, in: WRP 1971, S. 155 ff.

Weimar, Wilhelm, Die arbeitsrechtlichen Vorschriften des neuen Handelsvertreterrechtes, in: AuR 1954, S. 15 ff.

Westrick, Klaus, siehe Harold Rasch.

Westrick, Klaus / Ulrich *Loewenheim*, Gesetz gegen Wettbewerbsbeschränkungen. Kommentar. 4. Aufl., Berlin / Herne 1977.

Wiedemann, Herbert, Das Arbeitsverhältnis als Austausch- und Gemeinschaftsverhältnis, Karlsruhe 1966.

Wiedemann, Herbert / Hermann *Stumpf*, Tarifvertragsgesetz. Kommentar, 5. Aufl., München 1977.

Wiedfeld, Hubert, Praktizierte Solidarität, in: Börsenblatt für den Deutschen Buchhandel, 1973, S. 148 ff.

Wiegand, Dietrich, Sozialstaatsklausel und soziale Teilhaberechte, in: DVBl. 1974, S. 657 ff.

Wiesand, Andreas Johannes, siehe Karla Fohrbeck.

— Berufsinteressen im Kulturbetrieb. Zur Frage einer Kultur- und Mediengewerkschaft, in: GMH 1973, S. 276 ff.

Wiese, Leopold v., Die Sozialisierung des Buchverlags, in: Die geistigen Arbeiter. Erster Teil. Freies Schriftstellertum und Literaturverlag, München und Leipzig 1922, S. 385 ff.

Wiethölter, Rudolf, Rechtswissenschaft, Funk-Kolleg, Bd. 4, Frankfurt 1968.

Wilhelmi, Hans, siehe Godin, Freiherr von.

Wlotzke, Otfried, Die arbeitsrechtliche Gesetzgebung in der 7. Legislaturperiode des Deutschen Bundestages, in: AuR 1974, S. 1 ff.

— Neuerungen im gesetzlichen Arbeitsrecht, in: DB 1974, S. 2252 ff.

Wolf, Ernst, Das Arbeitsverhältnis. Personenrechtliches Gemeinschaftsverhältnis oder Schuldverhältnis, Marburg 1970.

Woltereck, Frank, Wo der Sozialstaat versagt: „Freie Mitarbeiter", in: AuR 1973, S. 129 ff.

— Anmerkung zu BAG AP Nr. 10 zu § 611 BGB — Abhängigkeit, in: AuR 1974, S. 188 ff. (190 ff.).

— siehe Karla Fohrbeck.

Wolf, Manfred, Rechtsgeschäftliche Entscheidungsfreiheit und vertraglicher Interessenausgleich, Tübingen 1970.

Würdinger, Hans, Freiheit der persönlichen Entfaltung, Kartell- und Wettbewerbsrecht, in: WuW 1953, S. 721 ff.

Zacher, Hans F., Der Ärztestreik als Rechtsproblem, in: ZSR 1966, S. 129 ff.

Zeuner, Albrecht, Überlegungen zum Begriff des Arbeitnehmers und zum Anwendungsbereich arbeitsrechtlicher Regeln, in: RdA 1975, S. 84 ff.

Zöllner, Wolfgang, Die Einwirkung der erweiterten Mitbestimmung auf das Arbeitsrecht, in: RdA 1969, S. 65 ff.

— Unternehmerische Mitbestimmung und Einzelarbeitsverhältnis, in: Festschrift für E. Fechner, 1973, S. 155 ff.

— Privatautonomie und Arbeitsverhältnis, in: AcP 176 (1976), S. 221 ff.

Kolibri 360 GmbH
Ferdinand-Jühlke-Straße 7
99095 Erfurt, Deutschland
produktsicherheit@kolibri360.de

Druck:
CPI Druckdienstleistungen GmbH
im Auftrag der
Kolibri 360 GmbH
Ferdinand-Jühlke-Str. 7
99095 Erfurt